西南少数民族体育文化传承论

韩玉姬 王洪珅 著

九州出版社
JIUZHOUPRESS

图书在版编目（CIP）数据

西南少数民族体育文化传承论 / 韩玉姬 , 王洪珅著 . —— 北京 : 九州出版社 , 2020.7

ISBN 978-7-5108-9247-9

Ⅰ . ①西… Ⅱ . ①韩… ②王… Ⅲ . ①少数民族 – 民族形式体育 – 体育文化 – 研究 – 西南地区 Ⅳ . ① G852.9

中国版本图书馆 CIP 数据核字（2020）第 123276 号

西南少数民族体育文化传承论

作　者	韩玉姬　王洪珅　著	
出版发行	九州出版社	
地　址	北京市西城区阜外大街甲 35 号（100037）	
发行电话	（010）68992190/3/5/6	
网　址	www.jiuzhoupress.com	
电子信箱	jiuzhou@jiuzhoupress.com	
印　刷	北京亚吉飞数码科技有限公司	
开　本	787 毫米 ×1092 毫米　16 开	
印　张	20.25	
字　数	262 千字	
版　次	2021 年 3 月第 1 版	
印　次	2021 年 3 月第 1 次印刷	
书　号	ISBN 978-7-5108-9247-9	
定　价	90.00 元	

自 序

在地域广袤的西南地区,勤劳朴实的各族人民不断繁衍生息,他们千百年来历经自然灾害、部落战争、民族迁徙、社会变革而衍传至今,在利用自然和改造自然的伟大生活实践中不断积累经验,创造了光辉灿烂、风格各异、内涵丰富的民族传统文化,内容涉及宗教与哲学、民族舞蹈、民族医药、民族建筑、文字、民族服饰、民间工艺、民族节日和民族体育等多个领域。可以说,西南地区是我国少数民族传统文化的摇篮。其中,传统体育不仅融合在各民族的宗教仪式、民族节日之中,也是各族人民生产生活经验的集萃,透过传统体育这扇窗,可以窥见各族先民在丛林中用弓箭捕猎、在江河中泛舟捕鱼、在草原上骑马飞驰、在宗教活动中载歌载舞。来源于生活的民族传统体育,不仅锻炼了人民的体魄,也促进了人民的交流和交往,甚至是人们表达情感的重要方式,并在不断的演变中内涵得以丰富,少数民族传统体育文化作为民族传统文化成为民族精神的重要代表。西南地区少数民族传统体育文化丰富多彩,伴随各民族的生产生活而延续,在千百年历史长河的涤荡中不断演变和发展,形成了各具特点的活动内容和开展方式,并借助于不同的场域和媒介形成了各自的传承方式和传承模式,然而其内在机制却大同小异,都是通过传承主体间的社会互动实现了信息的代际传递,并在此过程中发生取舍和创新。

以身体活动为主要表现形式的少数民族传统体育文化也符合这一规律。作为近年来学界普遍关注的研究热点,少数民族传统体育文化一直吸引诸多学者将研究兴趣置于其中,不乏学者倾注多年精力来研究相关问题。本研究以传承机制为突破点,首要的研究内容是对传承机制进行解构,将传承这一看似普通和简单的问题进行要素细分,并从"传承链"的环节拆解和横向维度进行展开,在确定了"驱动机制、实施机制、表达机制、保障机制和反馈机制"5个主体内容的基础上,进行纵向维度的挖掘和分析,探索每个构成要素在少数民族传统体育文化传承过程中的作用。再者,传统体育文化在西南地区各民族的生活中存在并延续了千百年,到底是何种原因使这一传统文化能够不断延续?在延续的过程中发生了哪些演变?少数民族传统体育文化的传承能否从"传承链"的角度进行微观分析和探究?在影响其传承和发展的诸多元素及其相互关系中能否找出普遍性的机制?正是上述疑问激发了课题组的兴趣和研究热情,相信这些问题的求解也会在一定程度上消除部分学者的疑问。正所谓"心向往之,行必能至"。

"传统文化在其传承进程中,因为外力影响而陷入危机,出现自卑、自否,但因为其内在生命力之强,当物质条件允许时,便重获自觉、自信,达到自愈,从而回归到传统文化之核心。"[①] 鉴于此,西南地区各民族的传统体育文化,虽然在当前面临一系列的冲击和影响,但其传承的根基还在,千百年来形成的传统也未曾暗淡,新的生存环境和新的发展生态既是挑战也是机遇,以史为鉴,立足当下,检视自身,自我调适,重建重构,西南地区少数民族传统体育文化的有续传承可期,可持续发展的未来可期……

作　者

2020 年 4 月于成都

---

① 张举文.文化自愈机制及其中国实践[J].北京师范大学学报(社会科学版),2018(4):50-60.

前　言

在我国西南地区这片广阔的土地上,生活着藏、羌、彝、苗、水、土家、仡佬、哈尼等民族,勤劳智慧的各种人民虽然生活在不同地域,有着不同的民族信仰、不同的风俗习惯和不同的生产方式,但千百年来都积累经验,创造出风格各异、特色鲜明、底蕴深厚的传统体育文化。云南省作为我国民族种类最多的省份,有着风景如画的自然景观和民族色彩浓厚的人文风情,各族人民创造了"赛马""摔跤""爬花杆""打陀螺"等丰富多彩的传统体育活动;贵州省"地无三里平"的高原山地环境,不仅孕育了神奇秀美的自然风光和举世闻名的红军长征文化,也孕育了"独木龙舟""独竹漂""秋千""射弩""板凳舞""打花棍"等多姿多彩的传统体育活动;"熊猫之乡"四川省为三国文化胜地,有全国唯一的羌族聚居区、最大的彝族聚居区和全国第二大藏区,孕育了6处世界遗产和闻名遐迩的饮食文化,羌族的"推杆""跳莎朗",藏族的"格吞""赛牦牛""大象拔河",彝族的"赛马""摔跤""爬杆"等传统体育活动各具特色;"世界屋脊"西藏自治区,地处青藏高原,地形复杂多样、景象万千,拥有"一山见四季""十里不同天"的自然奇观和独具特色的宗教文化,"达久"(赛马)、"押加"(大象拔河)、"碧秀"(响箭)、"古尔朵"等传统体育活动极具高原特色;重庆市位于长江上游地区,为中西部唯一的直辖市、国家中心城市和国际大都市,长江、嘉陵江、乌江、涪江等河流流过,是中国唯一辖有民族自治地方的直辖市,有14个民族乡,巴渝文化特色鲜明,土家族、苗族、回族、满族等多个民族在此生活,创造了"划龙舟""摆手舞""漂滩""骑竹马"等多姿多彩的传统体育活动。西南地区是我国少数民族传统体育文化类型最多、最集中和最具特色的区域。然而,伴随各民族生产生活一路走来的传统体育文化,在社会现代化发展带来的各种冲击下,逐渐陷入传承和发展困境,"传承主体流失""传承后继乏人""传承环境巨变"等问题日益突出。但传统体育文化是各民族人民集体智慧的结晶,是我国传统文化不可或缺的重要组成部分,不仅是民族历史、民族记忆和民族文化的重要载体,也是增强民族认同的重要途径。

西南地区各民族的传统体育文化的传承不能中断,在历史回望中探寻其传承机制的缺漏,结合当前社会的发展实际进行补缺,使其传承机制得到调适和重构并保持自身品格和个性,从而实现有序传承和可持续发展是当务之急。鉴于此,本研究主要采用文献资料法、问卷调查法、个案分析法和数理统计法,将文化生态理论、系统理论、互动仪式链理论和文化适应理论作为立论基础,着眼于"微观"视角研究西南地区少数民族传统体育的传承机制,对西南地区少数民族传统体育的基本情况进行概括和总结,划分了基本类别,同时,从概念、内涵和特征等方面对少数民族传统体育文化进行了阐释;以驱动机制、实施机制、表达机制、保障机制和反馈机制为架构构建了西南地区少数民族传统体育文化传承机制的指标体系;为了检验指标体系的合理性并了解西南地区各民族居民对于传统体育文化传承的认识情况,以问卷的形式在西南5个省、市(自治区)进行了社会调查;同时,选取了云南景谷县的"打陀螺"和西藏的"古尔朵"作为个案,从指标体系的5个方面对其传承机制进行了深入分析;基于社会调查、前期调研和个案分析,梳理了西南地区少数民族传统体育文化传承机制的整体样貌,并从指标体系的5个方面对其进行了全面分析,总结了客观存在的问题;最后,对西南地区少数民族传统体育文化传承机制进行了总体性和整体性的审视,提出了调适的基本思路和具体措施,给出了重构西南地区少数民族传统体育文化传承机制的基本原则和具体路径。主要研究内容如下:

第一章:西南少数民族传统体育文化综概。此部分介绍了云南省、贵州省、四川省、西藏自治区和重庆市世居少数民族及其传统体育的基本情况,从基本特征和缘起方式两个维度对西南地区少数民族传统体育进行了类别划分,最后界定了西南地区少数民族传统体育文化的基本概念,描述了其基本内涵和基本特征。

第二章:西南少数民族传统体育文化传承机制指标体系构建。此部分在查阅文献资料和专家访谈的基础上,对西南地区少数民族传统体育文化传承机制指标进行了经验性预选,具体分为5个一级指标、22个次级指标和72个三级指标,发放了21份专家问卷,征求国内同领域专家的建议并根据专家建议对指标体系进行了修正。将修正后的指标体系进行了第二轮调查,共计发放157份问卷,由专家对各级指标进行评分,并对各指标进行了信度、效度检验,用SPSS软件对所收集到的数据进行处理,对西南地区少数民族传统体育文化传承机制的指标进行了筛选,最终确定了5个一级指标、24个二级指标和86个三级指标,构建了西南地区少数民族传统体育文化传承机制的指标体系,对各指标的具体含义进行了解释和说明。对最终确定的指标体系进行了第三轮专家指标赋权调查,最后运用层次分析法确定了各级指标的权重。

第三章:西南少数民族传统体育文化传承的社会调查。此部分针对西南地区(云南省、贵州省、四川省、西藏自治区和重庆市)少数民族群众进行调查,主要了解少数民族群众对于本民族传统体育文化传承的认识和理解,共设计了22个题项,其中有单选题10个,多选题12个。单选题主要围绕一些与传统体育文化传承直接相关,并且需要调查对象明确表态的内容来设计;在调查内容的设计和安排方面,问卷部分内容与专家问卷相同,从而保证了题项和选项的可取性和合理性。调查内容主要围绕调查对象的"参与情况"和"主观认识"两方面进行设计,通过"参与情况"了解族群参与本民族传统体育与传统体育文化传承之间的关系。对调查情况进行了梳理和归纳,并以数据的形式呈现调查结果,同时进行了较为细致的分析。

第四章:西南少数民族传统体育文化传承机制的个案研究。

此部分选取不同文化基础的云南景谷县"打陀螺"和西藏羌塘"古尔朵"作为个案,从"生成背景、传承情况、存在问题"3个方面进行考察,其中"存在问题"部分从"驱动机制、实施机制、表达机制、保障机制、反馈机制"5个方面进行剖析。以此呈现西南地区少数民族传统体育文化传承机制的基本样貌和客观存在的不尽完善之处。

第五章:西南少数民族传统体育文化传承机制诊视。此部分是从整体上对西南地区少数民族传统体育文化传承机制的分析,主要目的在于总结其整体样貌,并对存在的问题进行查找和整理。认为西南地区少数民族传统体育文化传承机制历史久远,是以血缘、地缘关系为基础建构起来且兼具稳定和封闭特征,总体以族群利益需求为主导,但客观存在传承主体能动性递减、机制内部互应性较弱、体系化程度总体较低和转型滞后等现实问题。同时,此部分从"驱动机制、实施机制、表达机制、保障机制、反馈机制"5个方面查找总结了西南地区少数民族传统体育文化传承机制存在的问题,具体如下:(1)驱动机制维度。传统家族规制对于传统体育文化传承的推动作用逐渐减弱,宗教的熏染力和促进作用也日趋衰微,而休闲娱乐逐渐成为主要驱动因素,竞技和竞赛逐步成为新驱动因素,传统体育的实用功能渐出历史舞台。(2)实施机制维度。传统传承机制中特定社会背景下产生的师徒制已经鲜有存在,以前相对封闭的族群制藩篱也逐渐被突破,但传承方式单一粗放的现象较为普遍。(3)表达机制维度。西南地区少数民族传统体育文化的传承群体数量和能力代际递减,传承场域建设也亟待加强,在传承媒介的使用方面比较保守。此外,传承内容筛选也缺乏客观标准,传承环境的内外整合优化也有待加强。(4)保障机制维度。西南地区少数民族传统体育文化传承的制度在出台和实施之间存在落差,经费来源渠道比较单一,传承活动普遍缺乏时间保障,并且传承者的利益难以保持平衡,传统体育文化在民族传统文化的承载力方面也存在一定欠缺。(5)反馈机制维度。总体来看,西南地区少数民族传统体育文化传承效果反馈的回路尚未形成,也存在传承效果评价实施者不明确、评价内容模糊、缺乏评价标准和评价制度缺失等现实问题。

第六章:西南少数民族传统体育文化传承机制的调适与重构。此部分主要对如何调试和重构进行探讨,认为西南地区少数民族传统体育文化传承机制的调适要遵循以下思路:第一,尊重历史:以历史演变为纲,探求调适策略;第二,重视传统:以文化传统为脉,创新调适路径;第三,调整为主:着眼于去芜存菁,优化传承机制;第四,查漏补缺:理论与实践结合,进行短板补齐;第五,达善臻美:借"他山之石",完善传承机制。在调适的具体措施方面,驱动机制的调整要由"分散"型调整为娱乐休闲和竞技竞赛"双重"驱动,实施机制方面的传承模式由"单向型"调整为师徒制和师生制"双师型",表达机制的调整要从以"内容"为核心调整为以"主体"为核心,保障机制的调适须从"多点支撑"调整为制度和经费"双项支撑",反馈机制方面的评价体系要从"缺失"转向以"传承效果"为中心。西南地区少数民族传统体育文化传承机制的重构,首先要确定基本原则,本研究认为需要坚持六大原则,即系统性原则、协调性原则、基础性原则、发展性原则、主体性原则和渐进性原则。同时,提出了以下 10 条重构西南地区少数民族传统体育文化传承机制的具体路径:(1)进行政府组织机构的职能和责任划分,明确实施主体;(2)培育少数民族传统体育民间自发组织,增强群众参与;(3)加强少数民族传统体育文化生态保护,优化传承环境;(4)大力实施"传承人"培育和保护工程,形成传承梯队;(5)推进少数民族传统体育文化产业发展,探索传承新径;(6)丰富少数民族传统体育文化传承媒介,突破传承范限;(7)探索类别划分基础上的多元传承方式,创新传承模式;(8)建构少数民族传统体育文化的传承场,改良生长土壤;(9)构建少数民族传统体育文化传承社区,融入群众生活;(10)协调国家介入与民间回应之间的关系,增强传承互动。

目　录

第一章　西南少数民族传统体育文化综概

　　西南地区是我国自然区划的一个概念，包括中国西南部的广阔地域，具体包括青藏高原东南部、四川盆地、秦巴山地及云贵高原大部；按照行政区划的标准，西南地区也被称为"西南五省（区、直辖市）"，具体包括云南省、贵州省、四川省、西藏自治区和重庆市，总面积 250 万平方千米。

　　西南地区是我国主要的少数民族聚居地之一，云、贵、川、藏、渝五省、市、自治区少数民族占全国少数民族人口的 52%，具有族群含量大、人口密度高等特点。其独有的、复杂的地形地貌，以及多元的气候类型使这一地区各少数民族的本位文化相互间不断进行撞击、分化与选择性整合，从而缔造出多棱多面又具有统一风格特征的西南地区少数民族传统体育。据不完全统计，该地区民族传统体育项目共有 470 余项，占全国民族体育项目总数的 48%，其中经常性开展、有代表性的民族传统体育项目有 70 多项 [1]。各民族种类多样的体育项目和丰富多彩的内容形式是西南地区少数民族传统体育文化的重要组成部分。

　　西南地区少数民族体育文化以西南地区独特的地理环境、经济状况、社会历史和民族文化为背景产生，是这一地区不同民族人民共有的思想感情、智慧和意识行为的体现，具有浓厚西南民族风情的合型文化形态 [2]。其具有以下几个方面的特点：（1）劳动生活的提炼性、浓缩性；（2）地方风俗的契合性、互动性；（3）民族文化的教育性、传承性；（4）余暇时间的浪漫性、创意性；（5）节日民

[1]　郭永东.西南地区少数民族体育项目分布及其文化特征[J].西南民族大学学报（人文社科版），2005，26（6）：50-53.
[2]　姜明，文格西.西南地区少数民族传统体育文化特点及发展趋势[J].西南民族大学学报（人文社科版），2004，25（10）：54-56.

俗的亲合性、娱乐性；（6）宗教信仰的崇拜性、强化性。

西南地区少数民族传统体育文化在各民族的日常生产生活中孕育而生，又在社会实践中不断丰富和发展，形成自身的特色，其资源丰富，特色鲜明，极具保护与开发利用价值；对西南地区少数民族传统体育文化进行深入挖掘，对其地域内的少数民族的基本概况以及各民族所开展的传统体育进行研究和分类梳理是必不可少且最为行之有效的途径。

第一节　西南少数民族概述

以云贵高原为中心的西南地区，分布着几十个民族，世代生活于此的各族居民创造了多姿多彩的民族文化，成为我国民族传统文化的宝库。这里试从分布地区、人口数量、语言、文字、宗教、节日等方面，简要概括各世居民族的基本情况，展现各民族文化的不同侧面。

一、云南省世居少数民族

云南省，简称"云"或"滇"，地处中国西南边陲，北回归线横贯南部，总面积 39.4 万平方千米，占全国总面积的 4.1%，是一个多民族的边疆省份。全省有 56 个民族成分，各民族分布为"大杂居，小聚居"，没有一个县为单一民族县（市），是祖国多民族大家庭的缩影。少数民族人口达 1415.9 万人，占全省总人口的 33.4%；族中人口在 5000 人以上的世居少数民族有 20 多个，其中 15 个民族为云南特有少数民族。

（一）哈尼族

哈尼族，主要居住在红河和澜沧江的中间地带的哀牢山区。哈尼族支系繁多，有"哈尼""卡多""雅尼"等多种自称，后来统称为哈尼族。哈尼族在 1949 年前没有本民族的文字，早期哈尼族的语言和彝语、拉祜族、纳西语差不多，后在中国科学院民族语言研究所的帮助下制定了一套属于本民族的文字。哈尼族人民信仰多神崇拜和祖先崇拜，认为存在着天神、地神、龙树神、山神、寨神和家神等，定期祭祀，祈求保佑，可以祛病除邪。哈尼族人能歌善舞，喜爱音乐，平时喜欢随身携带笛子、响篾、葫芦笙等乐器。民族舞蹈"三弦舞""拍手舞""扇子舞"以及打摔跤、磨秋、射弩、打陀螺、撑杆跳高等传统体育项目，在哈尼族盛大的传统节日里都很常见，热闹异常。哈尼族的传统节日非常多，主要有：（1）六月年，又称"苦扎扎"，是哈尼族传统的农业生产节日，每年五六月杀牛祭祀，祭祀完毕开展各种文体活动。（2）耶苦扎，每年农历六月的第一个属牛日开始举行为期 3～5 天的赛马、打陀螺、跳竹筒舞等活动。（3）扎勒特，每年农历十月间举行前后 6 天的庆祝活动，是哈尼族最大的节日。（4）嘎汤帕节，每年的 1 月 2 日到 4 日举行，是西双版纳哈尼族的主要节日。

（二）普米族

普米族，主要居住在滇西的兰坪、宁蒗、丽江、维西、永胜各县。普米族人民使用普米语交流，但在与其他民族的相处交往中也掌握了汉族、白族、纳西族、藏族、彝族等多种民族的语言。普米族没有文字，曾用藏文来记录本民族的历史、神话传说、民间故事和歌谣等，现惯用汉文。普米族人民信仰祖先崇拜、自然崇拜，也信仰藏传佛教，每逢佳节、嫁娶、出行、收获等，都要请巫师（汗归）杀牲祭献、诵经祈祷，以祈求诸事顺利、身体健康。普米族的传统节日主要有：（1）大过年，从每年的腊月二十九开始祭献祖先、吃年夜饭，直到正月初七过完人的生日方才结束，是普米族十分隆重的节日。（2）端阳节，每年农历四月初五家家户户酿新酒庆祝。（3）雪门槛游山节，每年农历五月五日，人们可以上山采挖草药、射箭摔跤、比试武艺、唱歌跳舞，或者谈生意，不举行宗教仪式，是普米族节日中人数最多而宗教气氛较淡的一个节日。（4）转山节，每年农历七月十五日举行的祭山神活动。

（三）傈僳族

傈僳族，主要聚居在怒江傈僳族自治州。云南各地的傈僳族都可以使用傈僳语交流，语言比较统一，所使用的文字分新、老傈僳文。傈僳族人民信仰原始宗教，他们以自然崇拜和灵魂观念为主要内容，患疾病或遇灾害时，经常杀牲口祭祀。祭祀活动主要由巫师主持，族中巫师分"尼扒"和"尼古扒"两种，除主持祭祀外，他们还会为人们占卜、卜卦等。因为狩猎是傈僳族日常生活中很重要的一部分，所以，傈僳族男子一般左腰佩带刀，右腰挂箭包。傈僳族能歌善舞，民歌主要有古歌、情歌、赛歌、祭歌、葬歌、颂歌等六大类，几乎成为了傈僳族的"第二语言"。舞蹈主要是模仿动物动作或表现日常生活的动作，舞姿生动形象，变幻莫测，淋漓尽致地展现了傈僳族人民豁达的精神面貌。傈僳族的传统节日主要有：（1）阔时节（过年），每年公历 12 月 20 日举行，节日期间会有祭祀、射弩、跳舞、对歌、春浴等活动，好不热闹。（2）刀杆节，每年农历二月十七日举行为期两天的活动，第一天"下火海"，第二天"上刀山"。（3）收获节，每年农历九月到十月期间举行，家家户户煮酒尝新，载歌载舞庆祝收获。

（四）独龙族

独龙族，自称"独龙"，他称"俅帕""曲洛"等，是中国人口较少的少数民族之一，人口约 7000 人，使用独龙语，没有本民族文字。独龙族主要分布在云南省独龙江峡谷两岸、怒江两岸，以及维西傈僳族自治县齐乐乡和西藏察瓦洛等地。独龙族在万物有灵的传统观念支配下，比较普遍地相信鬼魂的存在和作用，他们对自然界的认识和崇拜集中表现在对各种鬼魂的信奉与祭祀上。

（五）白族

白族，是我国第十五大少数民族，自称"白子""白尼""白伙"，主要由民家、勒墨、那马三大支系构成，是一个聚居程度极高的民族，在云南有 150 多万人，主要分布在大理白族自治州。白族的历史悠久，经济文化发达，白族和汉族自古以来联系密切，汉文一直为白族通用,但他们使用本民族的语言作为主要交际工具。白族人崇尚白色,所着服饰款式多样,各地不一,但皆以白色服饰为尊贵。受汉文化的影响,白族现今大部分习俗皆与汉族相同,除汉源节日外,白族特有的民俗传统节日主要有:(1)"三月街",又名"观音市",每年农历三月十五日至二十日在大理城西的点苍山脚下举行;千年赶一街,是白族盛大的节日和佳期。(2)火把节,是见于白族三大支系的白族内部唯一共同的节日,更被称作"东方的狂欢节",举行火把节的时间在农历的六月二十四日前后,主要活动有斗羊、斗牛、斗鸡、摔跤、赛马等。(3)"绕三灵",每年农历四月下旬的农闲季节,白族人民都会举行为期三四天的自娱性迎神赛会,延续至今已经1000多年了。(4)"蝴蝶会",民间称为"蝴蝶会",云南大理地区每年农历四月十五日前后举行,是白族民间的娱乐形式。

(六)纳西族

纳西族,人口总数约30.8万人,云南占其总人口的95.5%,主要居住在云南丽江纳西族自治县,宁蒗、永胜、香格里拉县三坝乡等地。纳西族有着"纳""纳西""摩梭"等多种自称和他称。纳西族使用本民族的语言交流,有东、西部两种方言。其使用的文字也有两种,一种是图画象形文字,另一种是"格巴",用象形文字书写的东巴经籍,享誉全球,流传至今。纳西族信仰神灵,崇拜大自然,认为万物皆有神灵主宰。每逢节日庆典,纳西族都要举行内容丰富多彩的民族体育竞赛。

(七)景颇族

景颇族,在云南约有11.8万人,主要分布在德宏傣族景颇族自治州的山区及怒江州泸水县的片古岗地区,有景颇、载瓦、勒赤、浪峨、波拉5个支系,主要使用景颇和载佤两种方言交流,有本民族的文字。景颇族既秉承传统的超自然信仰,又信仰外传入的基督教和天主教。目瑙节,是景颇族最隆重的传统节日,"目瑙纵歌",景颇语意为"大伙跳舞",每年农历正月十五以后的9天内择日举行,节期 3 ～ 5 天不等。

（八）怒族

怒族,是中国人口较少的民族,在云南有 2.6 万人左右,主要分布在泸水县、独龙族怒族自治县、福贡县匹河怒族乡及兰坪白族普米族自治县的菟峨。按来源不同,怒族大体可分为两支,一支自称"阿怒"或"阿龙",居住在贡山、福贡两县,是当地最早的土著居民,和独龙族有亲属关系;另一支自称"怒苏",居住在原碧江县。这两支怒族先民虽然来源不同,但长期生活在一起,相互交往通婚,逐渐形成为一个民族,统称为"怒族"。怒族人民使用怒语交流,习用汉文记载。怒族的传统节日主要有:（1）"鲜花节",每年的农历三月十五日至十七日举行,是云南省贡山一带怒族人民最为隆重的传统节日。（2）"怒族年节",又称"炉瑟",每年农历正月举行,节日期间,男子赛射弩,女子荡秋千,老人则聚在一起喝酒、唱民歌。（3）"祭山林节",每年正月初四五举行,此活动仅限于男性参加。（4）"祭谷神",又称"汝为",每年农历十二月二十九日举行的祭祀活动。

（九）拉祜族

拉祜族,又被称为"猎虎的民族",在云南有 40.8 万多人,主要居住在云南澜沧、孟连、耿马、沧源、勐海、西盟等县。拉祜族没有本民族的文字,多使用汉文;由于长期与汉族、傣族杂居,兼用汉语和傣语。拉祜族是典型的游猎民族,族中居民团结互助,每到冬季,寨中的男子就集体出去狩猎。拉祜族人民喜爱歌舞,每逢佳节,欢聚到一起载歌载舞,通宵达旦。歌曲和舞曲的调子大多来源于生活,较为丰富,舞蹈全是用足踏的动作,很具有感染力。拉祜族的传统节日有:（1）扩塔节,每年农历正月初一举行,为期 9 天,是拉祜族民间最隆重、最热闹、最欢乐的传统年节。（2）火把节,每年农历的六月二十四日开始,是拉祜族人民一年一度的大型传统节日。（3）此外还有新米节、祭祖节、卡腊节、搭桥节、葫芦节等。

（十）傣族

傣族是云南特有的民族，人口众多，在云南有101.4万人左右，主要分布在西双版纳、德宏两州，以及耿马、孟连、新平、元江的河谷坝区。傣族分水傣、旱傣和花腰傣，有自己的语言及文字。傣族人民普遍信仰小乘佛教，不少节日与佛教活动有关，主要有：（1）"泼水节"，又称"浴佛节"，是傣族新年，在傣历六月二十四日到二十六日（夏历四月中旬）举行为期3～5天的庆祝活动。（2）"开门节"，傣语称作"出洼"，意为佛主出寺，每年傣历十二月十五日举行，男女青年着盛装、携鲜花、食物、钱币等到佛寺去祭拜。（3）"关门节"，傣语叫"进洼"，意为佛主入寺，每年傣历九年十五日（农历七月中旬）举行，历时3个月。（4）"巡田坝节"，每年农历正月十三日举行为期一天的传统迎春歌集会，广泛流传于云南省绿春县骑马坝一带。（5）"花街节"，又叫"热水塘花街节"，每年农历正月初七举行，为期一天，在云南省元江一带傣族开展甚广。

（十一）佤族

佤族在云南有34.7万多人，主要分布在云南省的沧源、孟连、澜沧、西盟、耿马县和"阿佤山区"，在镇康、双江等县也有少量分布，与汉、傣、布朗、德昂、傈僳族、拉祜族等民族交错杂居。佤族拥有自己的语言和文字，有4种方言。佤族人崇尚红色和黑色，服饰多以黑为质、以红为饰，喜爱歌舞，"圆圈舞""甩发舞""舂米舞"等舞蹈比较常见，逢年过节，佤族人们会不约而同地聚到一起歌舞3天。佤族的传统民俗节日主要有：（1）"新米节"，每年农历七八月份（佤历九十月间）举行，是佤族最隆重的节日，主要是围绕农业生产而产生的一系列敬神祈福的祭祀性活动。（2）"拉木鼓"，多于每年农历十一月（佤历一月）进行，是佤族盛大的宗教祭祀活动。

（十二）基诺族

基诺族，目前约有2.5万人，主要居住在云南省景洪市的基诺山,其余散居在周边山区。基诺族自称"基诺",意为"舅舅的后代"或"尊敬舅舅的民族"。基诺族使用本民族的语言,但无文字,以前靠刻竹木记事,习习用汉文。基诺族信仰祖先崇拜,认为万物有灵,遇有灾难或疾病时会请巫师宰杀牲口祭鬼神,以祛除邪灵。平常主持的祭鬼神巫师有"布腊包"和"莫丕"两种,在重大的祭祀活动时,一般由村寨中的"卓巴"(寨父)和"卓生"(寨母)举行剽牛仪式。基诺族的传统节日很多:(1)"过年",是基诺族最隆重的节日,时间为每年春节前后。(2)"打铁节",每年农历十二月举行,为期3天,节日第一天由寨父、寨母主持举行剽牛仪式,仪式结束后会响起牛皮大鼓,人们跟随着鼓点围着大鼓跳起"太阳鼓"舞。(3)"新米节",每年农历七八月间,基诺族人会举行一些简单的尝新仪式,然后请亲戚朋友到家里共同品尝新米、陈酒、鲜肉。(4)"特懋克节",每年2月6日至8日,基诺族的人们杀猪宰羊,开怀畅饮,此外还会开展丰富多彩的民间体育活动。

(十三)阿昌族

阿昌族是云南境内最早的土著民族之一,自称"蒙撒""蒙撒禅""汉撒""阿昌",在云南有3.35万人左右,主要分布在德宏州户撒和九保、曩宋等阿昌族乡。有本民族的语言,通汉语和傣语,使用汉文和傣文。受特殊社会环境的影响,阿昌族的宗教信仰也演变成了多种宗教并存的状态,有自然崇拜、鬼神崇拜、小乘佛教、道教等。由于长期受汉族、傣族等民族文化和佛教文化的影响,导致阿昌族民俗传统节日众多:户撒的阿昌族,一年较大的几个节日,如"赶摆""蹬窝罗""会街节""尝新节""泼水节""进洼""出洼"等,都与小乘佛教有关。此外,"做摆",更是阿昌族和傣族民间交往的重要形式。阿昌族最隆重的节日是"阿露窝罗节",每年3月21日、22日举行,庆祝内容丰富多彩,万人空巷。

(十四)德昂族

德昂族,又称为"崩龙族",人口数量较少,在云南约有1.53万人,主要居住在潞西县三台山和镇康县军弄等地。德昂族居住分散,有"德昂""镇康""尼昂""纳昂""崩龙""昂"等多种自称,更有"红崩龙""花崩龙""黑崩龙"等多种他称。德昂族人民信仰佛教,严格禁止杀生,村寨中一般有供着佛像的奘房,有自己村寨的佛寺、佛爷和小和尚。射弩、打铜炮枪和泥弹弓等,既是长期生活在山林中的德昂族人们生产生活中不可或缺的自卫武器,又是狩猎工具,更是闲暇时节人们喜欢的体育运动。此外,德昂族武术,包括拳术、棍术、刀术、剑术、叉术、勾镰等项目都是人们日常生活中或传统节日中的重要内容。德昂族的传统节日大多跟宗教祭祀有关,如"泼水节""关门节"和"开门节""烧白柴节"等。

（十五）布朗族

布朗族是云南土著民族,有8.1万多人,主要分布在勐海县布朗山布朗族乡,以及西定和巴达等山区。布朗族居住在山区,过着"靠山吃山"的采集、狩猎、刀耕火种的生活,没有自己的文字,习用汉文,但至今仍保留着独具鲜明特征的民族语言,有着极为丰富的口头文化。布朗族人民信仰原始宗教和上座部佛教,他们对森林非常敬畏,很早以前就划定出要维护的、具有生态保护功能的龙山森林和坟山森林,森林中的动物不分大小、种类都是崇拜的对象,尽管他们会狩猎,也绝不会捕杀被当作动物神的大象和野牛。布朗族的传统节日大多与长期的农业生产生活和宗教祭祀活动有关,如"尝新节""关门节""开门节""祭寨神""洗牛脚"等节日。由于布朗族长期与汉族和彝族杂居,所以,节日大多数也与汉族和彝族相同。除此以外,"桑堪比迈"是布朗族的年节,在每年4月中旬举行,是布朗族最为隆重和热闹的节日。

二、贵州省世居少数民族

贵州省,简称"贵"或"黔",地处西南腹地,毗邻四川、重庆、云南、湖南和广西,下辖贵阳、六盘水、遵义、安顺、毕节、铜仁6个地级市,全省有 3 个民族自治州、11 个民族自治县和 253 个民族乡①。贵州是一个多民族共居的省份,全省共有民族成分 56 个,其中苗族、仡佬族、白族、布依族、水族、侗族、土家族、彝族、毛南族、壮族、畲族、蒙古族、仫佬族、回族、满族、瑶族、羌族等民族长期在此居住。

（一）苗族

苗族是贵州各少数民族中人口最多、分布最广的民族,全国 60% 的苗族分布在贵州,贵州黔东南苗族侗族自治州是苗族最集中的地区。苗族人口较多的代表性村寨有:全世界最大的苗寨——西江千户苗寨、位于贵州凯里市三棵树镇的南花苗寨、位于贵州省雷山县西南的独南苗寨、位于黔东南州丹寨县境内的麻鸟苗寨和大簸箕苗寨,另外还有格多苗寨、坡脚苗寨和苗王城等。苗族族源和族称皆十分古老,不同地区的苗族有各自的称谓,如"蒙、模、髦、雄、毛"等。在古代典籍中有 5000 多年前苗族先民的相关记载,其先祖可上溯至原始社会时期的蚩尤部落。苗族族称早在甲骨文时期就有记载,"三苗""五陵蛮""荆蛮""南蛮"等称呼,在唐代、宋代以前都是对苗族的称谓,宋代以后,"苗"逐步脱离各种混合称呼的"蛮",成为单一的民族称谓。据有关专家考证,苗族历史上曾由于战争、生育频繁、疾病流行、饥馑、农田荒芜等原因而经历过 5 次大迁徙,大致从黄河流域迁至今天的贵州、湖南和云南省,这 3 个省也是现在苗族人口最多的地区。在宗教信仰方面,苗族信仰万物有灵、崇拜自然、祀奉祖先。苗族的传统节日较多,主要有"苗年""芦笙节""吃新节""四月八""端午节""龙船节"等,其中规模最为宏大、场面最为隆重、影响最为深远者是苗族的"四月八"(农历四月八日)庆祝活动,活动内容丰富多彩,主要有"傩戏""打花鼓""狮子舞""上刀梯""下火海""打秋千""武术"等。

---

① 贵州概况.贵州省人民政府网[EB/OL]. http://www.gzgov.gov.cn/.

（二）布依族

布依族是贵州的第二大少数民族，主要居住在黔南布依族苗族自治州和黔西南布依族苗族自治州，安顺、遵义、六盘水等地也有部分散居。布依族与古代的"僚""百越""百濮"有渊源关系，大部分以"布依"或"布越"自称，"布"是"人、民族"之意，"依"即"越"，是布依族族名专称，"布依"就是"依人（越人）"之意。布依族居所的显著特点是依山傍水，聚族而居，素有"水稻民族"之称，居住的河谷坝区土地肥沃、水源便利，传统农业以水稻耕作为主。布依族有自己的语言，1949年后创造了布依文。民间文学有神话、诗歌、寓言、谚语等。民间歌曲有大歌、小歌、山歌、酒歌、浪哨歌、叙事歌、礼俗歌等。舞蹈有铙钹舞、转场舞、花棍舞、织布舞、响篙舞等。戏剧有花灯戏和地戏。乐器有铜鼓、铜锣、皮鼓、唢呐、芦笙、姊妹箫等。布依族传统节日有"二月二""三月三""四月八""六月六""六月二十四""牛王节"等富有本民族特色的节日。其中最隆重的节日是"六月六"，有"过小年"之称。

（三）侗族

侗族，民间多称"侗家"，其名称最早见于宋代文献中的"仡伶"，明、清时期有"峒蛮""峒苗""峒人""洞家"等他称，新中国成立后统称侗族。侗族源于古百越族系，秦汉时期，百越西瓯中的一支从沅水迁至贵州、湖南、广西三省区毗邻地区，主要分布在贵州黎平、从江、榕江、天柱、锦屏、三穗、镇远、剑河、玉屏一带，有南侗和北侗之分。侗族的文化、艺术丰富多彩，有"诗的家乡，歌的海洋"的美称。几乎每个侗寨都有歌队。对歌、赛歌一般在"侗年节""吃新节""春节"等节日中进行。侗族民间舞蹈也具有鲜明的民族特色，主要有"哆耶"、芦笙舞和舞龙、舞狮等。"哆耶"是群众性的集体歌舞，或男或女，彼此互相牵手搭肩，围成圆圈，边走边唱。芦笙舞是由舞者吹奏芦笙边吹边舞的集体舞蹈。

（四）彝族

彝族是一个历史悠久的民族，有说法认为彝族是古羌的分支。据不完全统计,贵州彝族人口约 70 万人,主要分布在黔西的威宁、赫章、毕节、大方、黔西、纳雍、织金、金沙及六盘水等县市。彝族有本族语言和文字。彝族的居所多分布在较为平缓的山坡上或山间的小盆地中,村落较分散,住宅形式与汉族相同。彝族信鬼神,崇拜祖先,主要节日有火把节、丰收节、祭山节等。

（五）土家族

土家族,自称"毕兹卡""密基卡"或"贝锦卡",意为"土生土长的人"。贵州土家族主要分布在黔东北的沿河、印江、思南、江口、德江等县,与汉族等其他民族杂居。据说土家族是古代由贵州迁入湘西的"乌蛮"的一部。此说根据《溪州铜柱记》说:"盖闻牂牁接境,盘瓠遗风,因六子以分居,入五溪而聚族。"认为土家族来自贵州。贵州境内一直有"比兹"族,如民国《大定县志》卷五谓:"比济系白罗罗之名,因号其地为比跻,久之讹为毕节"。元代的《经世大典 招捕总录》的《八番顺元诸蛮》篇中也说今贵阳、惠水之间有"必际"一族。土家族有自己的语言,属于汉藏语系藏缅语族,但绝大多数讲汉语。土家族没有本族文字,通用汉文。土家族崇拜祖先,信鬼神。其主要节日有"过年""四月八""端午""六月六""重阳"等。

（六）仡佬族

仡佬族是贵州省历史最悠久的土著民族,自称为贵州"本地人"。仡佬族主要居于务川和道真两个仡佬族苗族自治县及石阡县,人口总数约 5 万。仡佬族有本族语言,属汉藏语系,很多人都会说汉语、苗语、布依语等,没有文字,通用汉文。仡佬族过"春节""吃新节""六月六"等传统节日;仡佬人崇拜祖先,奉祀竹王、蛮王老祖、山神。仡佬族的文体活动主要有"打篾鸡蛋""抱龙蛋""磨磨秋""打鸡"等。

（七）水族

水族,自称"睢",三都是全国唯一的水族自治县,其余散居在荔波、独山、都匀、榕江、从江等县市。水族的族源与布依族、侗族相同，都是古越人的分支，和侗族一道几经迁徙，现居黔、湘、桂边境一带，在贵州主要生活在苗岭以南、都柳江上游，人口有32万多人。水族有自己的语言，属汉藏语系列壮侗语族侗水语支。有一种古老的文字，叫"水书"，为鬼师占卜之用，老百姓不认识，也不使用。水族普遍通用汉文。水族的信仰文化属于原始宗教信仰范畴。水族认为万物有灵而崇奉多神。自然崇拜，祖灵崇拜，神灵崇拜构成了水族信仰的核心。水族的民间舞蹈艺术有铜鼓舞、角鼓舞、芦笙舞、斗角舞等，每逢节庆即舞蹈助兴。水族的岁时节日有20多个，如"端节（借端、吃端）""额节（借额）""敬霞节（敬霞、拜霞）""春节（借荐）""铜鼓节""十月春牛粑"等。

（八）瑶族

瑶族是贵州省的世居民族之一，小聚居、大杂居，点状分布于黔湘、黔桂边境地区，东起铜仁、石阡，南至黎平、榕江、从江、雷山、丹寨、麻江、剑河、三都、罗甸、望谟，西迄贞丰、紫云、关岭，都有瑶族分布。瑶族按支系聚居，大的聚居点为一个瑶族乡，一般是自成村寨。瑶族有"陀螺节""盘王节""六月卯节""糯考节"等传统节日。瑶族传统体育有"打陀螺""摔跤"和"传统武术"等。

三、四川省世居少数民族

四川是一个多民族的聚居地，世居少数民族有14个。四川省内有全国最大的彝族聚居区、全国唯一的羌族聚居区和全国第二大藏族聚居区。彝族是四川省境内少数民族人口数量最多的少数民族，主要聚居于凉山彝族自治州的大小凉山与安宁河流域（马边、峨边彝族自治县）；四川省境内的阿坝藏族羌族自治州、甘孜藏族自治州及木里藏族自治县、北川羌族自治县是藏族和羌族的主要聚居区。羌族是我国历史最悠久的民族之一，主要居住在岷江上游的汶川、茂县、理县、黑水和松潘等地，另外一部分居住在绵阳市的北川。

（一）藏族

四川境内的藏族主要分布在甘孜藏族自治州、阿坝藏族羌族自治州和凉山彝族自治州木里藏族自治县，总计 142 万多人，占全国藏族总人口的四分之一。其中，甘孜藏族自治州，藏族人口占 95% 以上。阿坝藏族羌族自治州是藏族和羌族集中聚居的市州，其中藏族占 58.1%，是四川省第二大藏区。凉山彝族自治州木里藏族自治县位于四川省西南边缘，位居凉山彝族自治州的西北，藏族有 45056 人，占 32.82%。四川藏区经济以畜牧业和农业为主，近年来旅游业也得到了较大的发展。四川藏族语言属汉藏语系藏缅语族藏语支，说康巴、安多方言属及嘉戎语，通用藏文和汉文。信仰藏传佛教，以青稞为主食，喝酥油茶，或以牛、羊肉和乳酪佐食。婚姻以一夫一妻制为主，塔葬、火葬、天葬、水葬、土葬等是常见的丧葬方式。"藏历年""转山会""雪顿节"和"望果节"等大多数民族节日都与宗教有密切关系。

（二）羌族

四川的羌族主要聚居于阿坝藏族羌族自治州的茂县、汶川、理县，北川羌族自治县，其余散居在阿坝州松潘、黑水、九寨沟等县。羌族（古羌和现代羌族）是中国最古老的民族之一，自称"尔玛""尔麦""日玛""日麦"等，意为本地人，现居茂县南部的羌族自称"日麦"，北部赤不苏地区自称"日玛"，理县羌族则多自称"玛"。羌族聚居区处于青藏高原的东部山脉，地势陡峭，羌寨一般建在高半山，故而羌族被称为"云朵中的民族"。据中国民族文化网中羌族的数据，羌族现有 32 万人左右。羌族是信奉"万物有灵"的多神教，崇拜的神有 30 种，大致可分为 4 类：第一类，自然界诸神；第二类，家神；第三类，劳动工艺之神；第四类，寨神及地方神。羌族的多神崇拜最大的特点是所崇拜的天神、地神、山神、寨神和自然界一切神祇，都没有固定的偶像，而是融合在白石崇拜的祭祀习俗中。羌族是个"嗜祭尚祀"的民族，羌族民间的祭祀礼仪，名目繁多，模式不一。在众多的祭祀活动中，每年的祭山会是最隆重、规模最大、礼仪最为完整、极有代表性的一种。羌族人民能歌善舞,舞蹈音乐优美。羌族的节日较多,其中羌历年是最为隆重的节日之一,每年农历十月初一举行,一般5天至10天。此外还有"祭山会""羌族端午节""春节""三月三""七月七""山王会""妇女节(传歌节)""传统祭天会""川主会"等传统节日。

（三）彝族

彝族,是我国第六大少数民族,分布在云南、四川、贵州等省市,其中,四川省西南部的凉山彝族自治州是全国最大的彝族聚居区。新中国成立前,彝族支系繁多,大约几千年前,有"武、乍、糯、恒、布、慕"6个分支,后来分别迁徙到云南、四川、贵州等地,目前较大的几个支系是"阿细、撒尼、阿哲、罗婺、土苏、诺苏、聂苏、改苏、车苏、阿罗、阿扎、阿武、撒马、腊鲁、腊米、腊罗、里泼、葛泼、纳若等"[①]。彝族有许多不同的他称和自称,主要的他称有"夷、黑彝、白彝、红彝、甘彝、花腰、密岔"等。不同地区的自称也有所不同,四川大小凉山的彝族自称"诺苏、纳苏、聂苏"。新中国成立后,经过民族识别,以"彝"作为统一的民族名称。彝族有自己的语言文字,语言属汉藏语系藏缅语族彝语支,彝语分为六大方言。彝族音乐舞蹈艺术种类繁多,风格各异。彝族有许多传统的民族节日,大致可分"祭祀性、庆贺性、纪念性、社交性和农事性节日"五大类。具体有"火把节""彝历年""插花节""密枝节""赛装节"等传统节日,其中"火把节"最为盛行和隆重。

四、西藏自治区世居少数民族

西藏自治区位于中华人民共和国西南边陲,是中国5个少数民族自治区之一。西藏自治区主要的少数民族有藏族、门巴族、珞巴族等。比较而言,西藏是少数民族数量较少的自治区,但却是藏族分布最集中的区域。

---

① 资料来源:彝族人网.http://www.yizuren.com/survey/gyyz/32229.html.

（一）藏族

西藏的藏族居民遍布各个地区，拉萨、阿里、林芝、山南、日喀则、昌都等地都有世居的藏族居民。居住地不同，自称也不同。居住在西藏阿里地区的人自称为"堆巴"，后藏地区的人自称为"藏巴"，前藏地区的人自称为"卫巴"，居住在西藏东境的人自称为"康巴"，居住在西藏北部的人自称为"安多哇"。历经几千年的发展，藏族从远古走来，在特殊的地理和气候环境中生存繁衍，勤劳朴实的藏族人民创造了灿烂的藏族文化，宗教文化、民俗节庆文化、建筑文化、服饰文化、饮食文化、传统艺术、传统体育文化等都特色鲜明，多姿多彩。

（二）门巴族

西藏自治区主要的少数民族还有门巴族。门巴族历史文化悠久，主要聚居于西藏自治区门隅和上珞渝的墨脱一带，该地区地处喜马拉雅山脉南麓，山高谷深，道路艰险，交通闭塞，历史上被视为神秘的地方，藏语称"白隅吉莫郡"，意为"隐藏的乐园"，其面积约1万平方千米。据2010年第六次人口普查数据，门巴族共有10561人。门巴族有本民族的门巴语，没有自己的文字，通用藏文，主要的宗教信仰是苯教和喇嘛教，生产方式以农业为主，以畜牧业和狩猎为辅。门巴族通用藏历，藏历元旦是门巴族人民最重要的节日。其民间文学丰富，民歌独具特色，因长期与藏族人民一起生活，在政治、经济、文化、生活习俗方面两个民族有诸多共通之处。

（三）珞巴族

西藏的少数民族除了藏族和门巴族以外还有珞巴族，主要居住在西藏珞渝地区，以察隅、隆子、米林、墨脱、朗县等最为集中。2010年第六次人口普查时珞巴族的具体人数为3682人。有本族语言，没有本民族文字，少数人通晓藏语和藏文，刻木结绳记数、记事的原始方法在很长一段时期内保留和使用。珞巴族的宗教信仰以崇拜鬼神为主，相信万物有灵。珞巴族依靠祖辈相传的口头传说延续文化传统,在长期的生产生活中也创造了独具民族特色的音乐、舞蹈和建筑文化。资料显示,西藏境内也零星居住着怒族、独龙族、纳西族、白族等少数民族。

五、重庆市世居少数民族

在重庆市,有土家族、回族、苗族、侗族、仡佬族、满族等56个民族,各少数民族主要分布在渝东南,境内设有酉阳、秀山、黔江、彭水4个土家族苗族自治县和石柱土家族自治县,少数民族聚居区约有1.7万平方千米。据不完全统计,直辖市重庆有少数民族198万人,其中土家族约有113万人,苗族约52万人,两个民族人口总数占重庆少数民族人口的95%以上。

（一）土家族

土家族是重庆的主要少数民族,除了上述的5个自治县多有分布以外,东北部的奉节云雾、长安、龙桥、万州恒合、云阳清水、忠县磨子、巫山红椿和邓家土家族乡也是土家族集中分布的区域。土家族传统文化以图腾崇拜、祖先崇拜和土王崇拜为基本架构,以此文化背景为基础,土家人创造了摆手舞这种标志性的文化形态。作为一种祭祀性舞蹈,摆手舞反映了土家族生产生活实践和信仰文化,逐渐成为重庆市少数民族传统文化的名片,因其广泛的影响力和鲜明的地域特色,对当地政治、经济、文化的发展均起到了一定的带动左右。在摆手舞开展的各个自治县中,酉阳被称为"土家摆手舞之乡",摆手舞也成为土家族的非物质文化遗产。除此之外,梯玛跳神和打绕棺也是土家族祭祀文化的重要体现。

（二）苗族

重庆苗族跟土家族的分布区域大致相同,均在土家族苗族自治县。苗语是苗族的本族语言,现已没有本族文字。苗族的宗教信仰以原始宗教为主,具体包括"自然崇拜、图腾崇拜、鬼神崇拜和祖先崇拜"。苗族有多个传统节日,具体包括农事活动、物资交流、社会交往、祭祀纪念和庆祝等主题,在多年的生产生活实践中创造了"踩堂"这种集体歌舞,后来改称为"芦笙舞",是苗族传统文化的典型代表之一。

第二节 西南少数民族传统体育概况

西南地区勤劳淳朴的各族人民,在生产生活中积累经验,创造了类型多样、风格各异的传统体育活动,通过身体活动的形式来表达情感、传承民族文化、构筑民族个性。与多种民族文化相融相生的传统体育,是民族传统文化的重要组成部分,同时也是洞察各民族传统文化的重要窗口。

一、云南省少数民族传统体育

云南省少数民族较多,分布地域较广泛、居住环境多样,在各民族的生产、生活、宗教、风俗习惯等背景下,云南各族人民在长期的历史发展进程中,创造了形式独特、名目纷繁、称谓不一的传统体育活动。各民族的体育活动在场地器械、竞赛规则和开展方式等方面有较大差异,在各民族的传统文化中占有重要的地位。据调查,云南堪称民族体育王国,流传在云南各少数民族中的传统体育多达300余项,占《中华民族传统体育志》所列的少数民族传统体育项目的40%以上[①]。这些项目既有竞技性、对抗性,又有观赏性和趣味性,其中有的项目已经逐步发展,形成了独具特色的民族传统体育表演项目,譬如"射弩""陀螺"2个项目已成为全国少数民族传统体育运动会竞赛项目,此外,参加全国、全省民族运动会表演的项目已达100多项。

(一)哈尼族传统体育

哈尼族是山居民族,聚居地常位于半山地区,其生产方式已

---

① 陈辉,饶远等.云南少数民族体育资源产业化的SWOT分析与策略[J].山西师大体育学院学报, 2008, 23 (1): 56-58.

从游牧型向农耕型过渡,这一状况明显体现在其传统体育活动之中。哈尼族的民族传统体育项目主要有"摔跤""陀螺""打石头架""跳高跷""阿努塔拉手""跳猴子""秋千(磨秋、荡秋、车秋)""哈尼武术"等。哈尼族的传统体育中竞技性的项目较多,如"摔跤""陀螺"等都与其传统的生产方式有关,同时结合其聚居地的地理环境,一些适应于山区开展的体育项目在民族中有较高的流传性,如打陀螺等。受周边彝族等民族传统活动的影响,磨秋等活动内容在哈尼族中也有开展,而哈尼武术中许多内容与汉族武术有较多的相通之处。哈尼族的摔跤、打陀螺与彝族的摔跤、打陀螺基本一致。另有一项活动极具民族特色——"斗牛"。哈尼族的"斗牛"是人模仿牛抵角争斗的对抗性游戏,以两人头顶头或肩抵肩(右抵左或左抵右)的形式进行,游戏双方在规定的范围(一般为圆圈)内进行,从中线开始,在裁判发令后开始互抵,被顶出界线者为负。此外哈尼族在娱乐体育方面较喜爱"打磨秋",在传统节日进行,特别是六月"苦扎扎"节的到来,"打磨秋"遍及整个哈尼山寨。

（二）普米族传统体育

普米族的传统体育受其游牧生产方式的影响,典型的传统体育活动包括"射箭""射弩""摔跤""秋千(磨秋)""板羽球""堵鲁""丢鸡毛球""转山转海""划猪槽船"等。普米族射弩狩猎是经常性的活动,年节期间,各村寨都要举行群众性的射弩比赛。射弩所用的靶,各式各样,有用油煎粑粑或腊肉做箭靶的,谁射中就归谁所得,最后射获油煎粑粑和肉片最多的人,就是最优秀的射弩手,受到人们的尊敬。此外,"摔跤"也是普米族一项有代表性的传统体育活动,其历史久远,开展过程中没有年龄、体重、时间等方面的限制,具有一定的民族特色。

（三）傈僳族传统体育

傈僳族是云南特有民族,生产生活方式以山区狩猎为主,因此,其传统体育项目具有一定的狩猎特性特征,"爬竿""爬绳""扒爬子""顶杠""扭扁担""尼昂急""拉绳""踢脚""四方拔河""滑板子""跳牛""陀螺""秋千（磨秋、荡秋、车秋）""投掷""弩弓射击（射耙耙、射鸡蛋、射刀刃）""泥潭弓""爬刀竿"等是主要的传统体育活动形式。其中"爬刀竿"技巧性及观赏性较强，是傈僳族较有代表性的民族传统体育活动。

（四）白族传统体育

云南白族主要分布在大理自治州，其传统体育主要有"霸王鞭""射箭""赛马""登山""人拉人拔河""抢秧旗""耍海会""老虎跳""跳花棚""陀螺""跳火把""秋千（荡秋千）""耍龙""白族武术"。其中，赛马、霸王鞭和射箭主要源于民族发展早期的生产活动，登山、赛花船则与其生活的"背靠苍山、面向洱海"环境有关联。

（五）纳西族传统体育

纳西族统体育活动内容丰富，主要有"摔跤""赛马""草球""布球""木球""投石器""秋千（磨秋、荡秋）""猪尿泡球""射箭""东巴跳""登刀梯""达理兹""拔河""转山转海""老大打老二""母鸡棋""踢毽子""驯牛""掷坑"等。其中最为典型的是"东巴跳"，多在宗教祭祀活动中开展。东巴跳内容丰富，形式多样，独具特色，有模仿动物跳的，也有模拟神跳的，由于巴东教是多神崇拜的原始宗教，又盛行于山区，所以神多、动物也多，舞蹈语言丰富。

（六）景颇族传统体育

景颇族也是山区民族，其传统体育与这种生活方式有着密切的联系。景颇族传统体育项目相对较少，但特色鲜明，有"景颇武术""爬滑竿""打弹弓""摔跤""秋千（荡秋）""扭杠""走子琪"等。其中，目瑙纵歌是景颇族最大规模的群体活动，有较多的身体活动内容，其中包含了一些体育教育方面的内容。目瑙纵歌在农历正月中旬择双日举行，为期2～3天。活动在广场上举行，广场中心竖有一根高约 20 米的"目瑙柱"。典礼开始时,盛装的景颇族妇女先背着礼物篮入场,大家互换礼物,然后由 4 名穿龙袍、头插各种鸟类羽毛、装饰着野猪长牙的"闹霜"(领舞者)首先跳起舞来,领着大家按规定的路线行进。男人手持亮闪闪的长刀,妇女手持花环或花手帕,边跳边舞,通宵达旦,舞队好似一条长龙在场内缓缓移动。景颇族非常爱长刀,男孩一出生,外公、外婆就为他备一把长刀,刀有单刀和双刀,五六岁时开始佩戴小刀,从此刀不离身。做父亲和长辈的教会孩子刀术,有"十字跳""五步跳"和"三步砍豹"等刀法,村里有拳师也可请教。景颇族武术有砍地、劈兽、开路等动作,骠悍、顽强、机智的性格从中得以体现。

（七）怒族传统体育

怒族是云南特有民族,居住环境较为封闭,传统体育特色明显,"秋千(荡秋、磨秋、车秋)""射弩""摔跤""跳竹""怒球""爬绳""老鹰捉小鸡""老熊抢石头""滑草""滑猪槽船"等是其主要的传统体育活动。"射弩"是怒族较有代表性的体育项目,也是云南现代民族传统体育的代表性项目,弩弓是怒族的生活和生产中必不可少的工具,多用于自卫、保护庄稼和猎获野兽。怒族男子弓弩不离身,妇女也有射弩的习俗,她们像男子一样从小每人有一支弩弓,用它射猎飞禽和山鼠等小动物。孩子长到十多岁,父母就要给他做正规的弩弓了。射弩这项传统活动一直沿袭至今,在怒族地区十分普及,技术水平也较高。怒族的"跳竹"活动类似于跳高,一般在节日和农闲季节进行。这种跳高不用跳高架,就地取材,用一根本地的新鲜龙竹片或很细的竹子,长约四五米,弯成弓形,将其两端分别插入土地,其高度由插入地下竹片两端的距离调整,距离越近,弓背越高,高度也越高。跳高开始,青年们依次从竹子弓背最高处跳跃而过,竹竿的高度不断增加,跳的最高者获胜。

（八）基诺族传统体育

基诺族传统体育项目主要有"高跷踢架""扔石头""赛跑""翻

竹竿""扭竹竿""打毛毛球""顶竹竿""丢石头""爬竹竿""跳竹竿""泥弹弓""射箭""丢包""羊打架""跳牛皮鼓""牛尿泡球""独绳秋"等。基诺族居住的山区盛产竹子,竹子除用来制作生产工具和生活用具外,也常用作文体活动的器材,基诺族传统的顶竹竿、扭竹竿以及翻竹竿等活动器材都是用竹竿来制作的。基诺族的踩高跷很有特点,高跷不是绑在脚上,而是在一根长2米的小竹竿上镶一块踏脚版,踏脚板距地面60厘米左右。踩高跷时,两手扶住竹竿上端,两脚踩在脚踏板上即可行走,"高跷踢架"就是两人踩在高跷上互相踢脚架的一种比赛,比赛时双方看准时机,互踢对方高跷的杆部,使之失去重心跌下高跷为输。基诺族高跷的技巧很高,常出现精彩场面。

二、贵州省少数民族传统体育

据《贵州省志·民族志》等文献记载中的不完全统计,以下传统体育活动项目在世居的7个少数民族中较为常见和典型,即"赛马""上刀梯""秋千""跳芦笙""射弩""打磨秋""打毽""打花鼓""打猴鼓""板凳舞""木鼓舞""粑棒舞""抱腰""打花棍""花棍""传统武术"。此外,诸如"踩火龙""爬竿""高跷""翻竿脚""爬树""独脚鸡""放风筝""打陀螺"等以典型的传统体育方式存在的传统体育项目和"踩月亮""芦笙芒筒舞""芦笙斗鸡舞""响篙舞""迁徙舞""个人芦笙舞"等以传统舞蹈方式存在的传统体育项目也现实存在。

(一)苗族传统体育

(1)"射弩"。弓弩是苗族先民的生产工具和御敌的武器,随着生产力水平的提高和生存环境的改变,弓弩的实用功能逐渐弱化,随着传统的"玩弩"习俗而逐步发展为一种传统体育活动。苗族射弩在贵州苗族聚居区广为流行,在黔西北的毕节地区和六盘水市的苗族聚居区尤为盛行。位于毕节市与安顺市交界处的织金县实兴乡有"射弩之乡"的称号,1992年贵州省第8届少数民族传统体育运动会授予实兴乡"传统民族体育先进乡"称号。射弩作为苗族传统体育,其活动方式有非竞赛对抗的自由活动和竞赛对抗两种。非竞赛对抗的自由活动中,既可多人一起活动,也可单人独自活动;而在对抗性的射弩比赛中,以"射中率"判别胜负。比赛"靶样"的选定因比赛规模而共同商定,"靶样"形式多样,无特殊要求,静止和移动的"靶样"皆可。1982 年,贵州省第一届少数民族传统体育运动会,开展了射弩比赛。

（2）"苗族划龙舟"。又称"划龙船、龙舟竞渡",历史悠久,是一项文化内涵十分丰富、影响面大、受关注度极强的传统活动。据乾隆时期的《苗疆闻江见录》载:"苗民好斗龙舟,多以五月二十日为端午竞渡于清水江宽深之处。其舟以大整木刮成五六丈,前安龙头,后置凤尾,中能容纳二三十人,短桡激,行走如飞。"划龙舟是苗族祖辈所喜爱的传统体育活动,不同区域的对抗比赛多在端午节或五月下旬举行。历史上尤以黄平石牛,施秉白洗、廖洞,台江施洞最为热闹[①]。贵州省龙舟比赛多次在麻江下司进行,往往以村寨为单位展开比赛。

（3）"板凳舞"。也称"板凳操",是贵州苗族有着悠久传承历史的群体性传统体育活动。板凳舞所用板凳是被人们称为"小板凳"的坐具,长、宽、高度分别在 30 厘米、20 厘米、25 厘米以内。活动过程中,参与者每人一手拿一个小板凳,双手使两凳面撞击而发出有节奏又整齐的响声,以此为节奏指挥多人边击边舞,上下肢协调配合,上肢舞动或碰撞板凳的同时,下肢完成各式各样的舞步。流行于安顺市苗族群众的板凳舞主要动作有:横走三步,击板凳三次,脚踢一次;走一步,踢一次脚,用力击一次板凳;退两步,横一步,在头顶用力击板凳三次等。另一种是在酒席后多人手持板凳起舞,参与者都是两两相对,全体围成一个圆圈,相对的两人在与全体参与者共同转大圈或改变队形成排的同时,两人还相向转小圈。每转一圈,两人手中板凳左右各碰击对方板凳

---

① 编写组.贵州省志·民族志[M].贵阳:贵州民族出版社,2002.10:91.

一次,方式有下蹲击凳、转身反手击凳、高位翻身击凳等。板凳舞大多在本民族节日和民俗活动时开展,尤以办酒席时最为常见,主要流行区域为凯里、麻江、黄平、安顺、兴仁、贞丰等地。板凳舞作为传统体育项目参加了少数民族传统体育运动会,还改编为"板凳操"引入了学校体育。

(二)布依族传统体育

(1)"托篾球"。据(南宋)孟元老《孟华录》卷之九及周密《武林旧事》卷之四载:"仲夏日,僚人……编竹为球,以手托之,前后交击为胜。因僚人住地山高水寒,手足疫冻,故其男子常托弄之。"①可见,托篾球是布依族的一项历史悠久的传统体育活动。此项活动的起源也与当地的自然环境有关,布依族聚居区的竹子较多,具备了制作篾球的条件。篾球是用竹篾条多层交叉编制而成,直径 10 ~ 15 厘米。"托篾球"是集体活动,人数不限,所有参与者合围成一个圆圈,先由一人将球向圆圈上的任何人抛托,离球近者随即也用手将球推托给距离自己最近的选手,如此持续而行,因各种原因未成功者视为失败。另外一种玩法是,两人或两队对抗,相互推托,未能将篾球推托至对方或未触球者为失败。布依族托篾球对负方的处罚方式是喝歌、跳舞或在地上打滚,以此为乐。

(2)"板凳龙"。"板凳龙"是由布依族传统武术——板凳拳改造而来的一项传统体育活动。布依族板凳拳是利用板凳的特殊结构与形态,在传统武术步型和步法的基础上,完成具有攻防含义的动作,并按攻守进退、动静疾速、快慢相间、刚柔相济的规律编排而成的拳术演练活动。后来,人们将其打斗功能逐步弱化,将动作进行适度的抽象和艺术夸张,适度改变动作结构,把个人练习的方式改变为群体共同参与的练习方式,使大众乐于接受和便于推广,就成为"板凳龙"。"板凳龙"深受布依族群众的喜爱,是布依族节日和民俗活动中的一项重要活动内容,现主要流行于

---

① 编写组.贵州省志·民族志[M].贵阳:贵州民族出版社,2002.10:250.

黔西南布依族苗族自治州的安龙、册亨、望谟一带的布依族聚居山寨。2006年贵州省第6届少数民族传统体育运动会期间，黔西南布依族苗族自治州代表团挖掘整理了该项目传统的活动方式，以"布依族板凳龙"命名了其项目名称，代表黔西南布依族苗族自治州参加了表演项目类的比赛。

（三）土家族传统体育

（1）"摆手舞"。土家语称为"社巴巴"，是土家族独有的一种全身活动性舞蹈，历史悠久，其动作最为典型的特征是双手不断摆动，也因此而得名。动作规律是出左脚摆左手，出右脚摆右手，在不断行进和变化的步伐中，双手自始至终不停摆动。动作内容是在遵从摆手舞活动规律的条件下，模仿或反映战场搏杀、生产劳动及各类生活活动的动作，这些战场搏杀、生产生活中的基本动作，是形成摆手舞动作的原型。土家族的"摆手舞"多在春节前后的农闲时节举行，一般从腊月二十九开始。相邻而居的土家族民众按土家族习俗相约而至土家摆手堂，族中长者或组织者指挥大家围着场地站立，待指挥节奏的鼓点一起，众人便随之而舞之蹈之，并放声合唱同一首歌。摆手舞是众人共同参与的群体活动，人数无限制，只要场地可以容纳即可。"摆手舞"不仅在农村土家族山寨广泛流行并得到了良好的传承与发展，而且经整理已经走进了城镇，成了城镇居民广泛参与的体育锻炼方式。沿河土家族自治县县城的乌江岸边，每到傍晚都会有千余人在音乐伴奏下一起跳摆手舞[①]。

（2）"金钱竿"。"金钱竿"是一种广泛流传于黔东北地区土家族的传统体育活动。"金钱竿"用一根长1米左右、两端附有铜钱并扎有彩绸的竹竿做成，制作工艺简单，所用器材简便，仅需一个相对平整的场地，大小视参加人数多少而定。常见的活动方式是：参与者一只手握竿的中部，通过前臂的旋内、旋外，腕部的内

---

① 冯胜刚.贵州少数民族传统体育理论与方法[M].贵阳：贵州民族出版社，2011.4.

收、外展等动作,配以下肢步伐,使竿的两端按一定节奏分别击打左右两肩、左右两腿及腾空跳起之后脚,或是身体与器械协调、有节奏地完成其他难度不高的动作。

（四）仡佬族传统体育

（1）"打篾鸡蛋"。该项目是最为典型的仡佬族传统体育项目,具有鲜明的仡佬族文化色彩。仡佬族打篾鸡蛋有"个人争抢""分组对抗""打呆子"3种玩法。其中,"个人争抢"是仡佬族中流行较早、较为传统的一种玩法,所有参与者以个人身份参赛,一般使用"花龙"（内含响铃或铜钱等能发出响声的篾球）比赛。在所有参与者在场地做好准备后,场外一人向场内空中抛"花龙",参与者通过挤、撞、推、跳等动作,争抢花龙,抢到花龙者边喊"我抢到花龙了",一边再次向空中抛出花龙,以提示参与者花龙的具体位置,以便于下一球的公平争抢,待花龙下落,参与者又蜂拥而上再次争抢。比赛到规定时间后,由场外裁判清点和宣布比赛结果,抢到花龙次数最多者为优胜。

务川仡佬族在苗族自治县民族宗教事务局的支持和鼓励下,对另一种对抗方式仡佬族"打篾鸡蛋"进行了整理和归纳,把篾鸡蛋攻入对方的"板斗"（打稻谷时使用的接谷容器）的方式改进为在场上设"公主"运动员,并允许"公主"配合本方进攻队员,用小背篓接球以示进攻成功的方式,并且整理出了新的规则。当前,这一规则已进入务川民族中学体育课程教材,并在该校较为广泛地开展。改进后的"打篾鸡蛋"于2006年代表遵义市参加贵州省第6届少数民族运动会,并获得金奖;2007年代表贵州省参加第8届全国少数民族传统体育运动会,并获一等奖[①]。

（2）"高台舞狮"。道真仡佬族苗族自治县的高台舞狮,是一项具有久远的历史传统、难度较高、观赏性很强的民族传统体育项目。仡佬族高台舞狮,在运动项目的类别划分上,属表演类少数民族传统体育项目中的"技巧"类项目。高台舞狮最为主要的

---

① 冯胜刚.贵州少数民族传统体育理论与方法[M].贵阳:贵州民族出版社,2011.4.

特征是表演一些不可思议和十分危险的技术动作,这些高难度动作与"目连和尚拜请孙猴一同救母"的神话故事相连,以故事发展为主线进行展示。仡佬族高台舞狮所用的"高台"与其他少数民族所用的高台有所不同。其他少数民族所用的高台往往是用"8 ~ 12张大方桌一层层叠垒而成"①,而仡佬族所用的高台是9张称为"八仙桌"的方形饭桌叠垒而成,象征所要表现的故事情节中的"九重天"。最高处的一张桌四条腿向上直指蓝天,以备表演猴、单人狮、双人狮的演员等在上到最高处时,在四条腿上完成各种惊险的动作。

仡佬族高台舞狮表演分为两个部分:第一部分为上高台前的序幕式表演,多以各种手翻、空翻、打斗或某些描述故事情节的表演或滑稽动作为主要内容。第二部分是扮演猴、双人狮、单人狮的演员,通过或穿行翻转,或倒挂卷腹,或绕空穿插,或倒向反爬等多种方式,充分显示其出众的灵巧和敏捷,并造成环环相扣的惊险环节。这些动作按仡佬族的称谓有翻筋斗上桌、过金桥、天外探天、鳌鱼吃水、倒上桫椤、断桥插柳、节外生枝、碰头设计、蜘蛛吊线、倒挂金钩、遥视苦海等。当以这些方式上到高台的顶端后,表演者将在锣鼓的指挥下,单脚独立于一条朝天桌腿,表演多种平衡动作甚至是俯身前探动作。在最高桌腿之间的连接木上,表演者还表演肩肘倒立以及将腿伸向桌外等十分惊险刺激的动作。高台舞狮中,在上高台及台顶端完成的各种动作,都是在无保险装置的条件下进行的②。

（五）彝族传统体育

（1）"赛马"。彝语称为"姆乍",是贵州彝族历史久远、普遍流行并开展范围很广的传统体育活动。彝族赛马活动的影响力一直辐射至周边的其他民族,彝文文献所载"骑士们到来,跨上这骏马,跑到广场上,威势如破竹,行动如飞仙。像云里的奔月,如

---

① 周伟良.中华民族传统体育概论高级教程 [M].北京:高等教育出版社,2003.11:286.

② 冯胜刚.贵州少数民族传统体育理论与方法 [M].贵阳:贵州民族出版社,2011.4.

天上的流星,戴斗笠的汉,着披毡的彝,云集着跑马,大家都夸奖,彝给汉增荣,汉给彝助威"[1],反映的就是彝汉共同赛马的盛况。贵州彝族赛马活动大小规模均有,涉及全体族人的大规模赛马的赛场有 2 个:一个是在织金县三塘镇大的桧地;另一个是在威宁彝族回族苗族自治县盐仓镇的百草坪,历史最为悠久、规模最大、最为壮观。其他如水城县的彝区赛马,规模也逐步扩大。彝族赛马为"骑滑马",且马匹大部分为自己所饲养。传统赛马活动对胜负不太看重,更加注重参与和娱乐,而且比赛有较大的随意性,不限定参赛人数,遵循自愿参加的原则,甚至未报名也可以现场参赛,比赛按性别分组而不按年龄分组。彝族经久不衰的赛马活动,虽然并不太在意胜负的争夺,却有效地促进了彝族骑马技艺的提高,在彝族中涌现出一批优秀的骑手,并在各种级别的少数民族传统体育运动会上取得了优异成绩。近年来的赛马活动在赛制、规则、规范性等方面都有所改进,赛马活动的影响力越来越大,且具有了多种社会功能[2]。

(2)"摔跤"。彝族摔跤在贵州彝族聚居区广泛普及,在彝族节庆活动、民俗活动中经常开展,参加者为彝族男性,无严格的场地规定,在较为平整、柔软的泥草地上都可进行。摔跤比赛活动一般采用"三战二胜制",也不按体重分级,大都没有裁判,参与活动的双方自己判断胜负。比赛前,双方必须四手相互交叉、相对抱好,开始后各自凭借自己的力量与技巧,在破解对方进攻的同时,寻找合适的机会,选择合适有效的技法,尽力将对方摔翻在地,或是使其失去重心,除两脚之外的其他身体部位着地。彝族节庆活动、民俗活动和聚会活动中开展的摔跤,会组织各彝族村寨代表队之间的友谊对抗赛[3]。

(六)水族传统体育

(1)"赛马"。水族大型的传统赛马活动多在"端节"和"卯

---

① 编写组.贵州省志·民族志 [M].贵阳:贵州民族出版社,2002.10:488.
② 冯胜刚.贵州少数民族传统体育理论与方法 [M].贵阳:贵州民族出版社,2011.4.
③ 冯胜刚.贵州少数民族传统体育理论与方法 [M].贵阳:贵州民族出版社,2011.4.

节"举行,悠久的历史使赛马活动成了水族端节不可或缺的活动内容。这一活动的盛行,与当地水族居民日常生活中经常使用马匹有密切的关系。水族端节赛马在"端坡"和"卯坡"进行,因此端坡和卯坡又称为"跑马坡"。赛马的跑道是一条由平地向山坡延伸的不规则道路,跑道的起点有一段几十米长的平直跑道,道面也相对较宽,此后跑道变窄,最窄处只能容两匹马并行,且多为上山的山道,斜度大的可达50度左右。赛马跑道的长度没有统一的规定,大多以地形而定,一般仅为两三百米。水族传统的端节赛马活动开赛前,都要在赛马起点举行"开道"仪式。先摆酒席供奉祖先,并在地上插"竹标",由族中长者祭祀开道,众骑手立马云集其后。长者身着崭新的青绸长衫、青绸马褂,头戴新的毡帽,跨上骏马,先拔地上的"竹标",沿马道纵马"开道"。长者"开道"跑完一段路停住,以示此段为赛道全程,众骑手方可进入比赛。水族赛马活动,骑手既不按年龄分组也不按体重分级,而是自由组合分批进入起点。水族赛马为"骑滑马",只配缰绳以便控制马,不执马鞭,仅用口哨指挥,赛马活动的优胜者将获得红绸冠马首以示嘉奖。

（2）"斗角舞"。水牛,自古以来都是水族人民耕田耕地的主要动力来源,是水族人民生活中的重要财富。在与水牛长期相处的过程中,受水牛之间相斗现象的启发,水族人民模仿水牛相斗的场面和过程,创造出了一种具有水族古老传统文化特征的身体活动方式——斗角舞。水族"斗角舞"的开展,至少要有5支芦笙和5支共鸣的芒筒伴奏,并以节奏指挥全场舞者活动。水族"斗角舞"的另一重要特征是动作的变化多样,参与活动者尤其是手持"牛头"的两位舞者,根据场上情况及时调整自己的动作方式,所以真正是"打无定式"。

三、四川省少数民族传统体育

四川是一个多民族的聚居地,从人口数量、是否世居、代表性等方面考虑,选取四川省的藏族、羌族和彝族作为考察对象,对其代表性传统体育项目进行挖掘与梳理。

（一）四川藏族代表性传统体育概览

（1）"赛马"。藏语称"达久"。藏族赛马是康定县民间最为古老、最为流行的竞技体育运动和娱乐方式之一，集军事、民俗、宗教、生活、娱乐、文化于一体，是藏族人民物质文化、精神文化的真实写照，是藏族传统体育的重要组成部分。康定县藏族人民生产、生活的各个方面，如放牧、交通运输、宗教祭祀、民俗节日、婚嫁迎娶、商贸等都离不开马，马是藏族人民最亲密的朋友和最有力的依靠。藏族人民通过赛马活动，可以增强体质，强身祛病，培养勇猛顽强的意志，丰富文化生活。所以，凡岁时节令、祭祀祈福、行军出猎、骑士聚会，无不由赛马竞技活动唱主角或配角，添姿增彩。此外，每年七月上旬在四川阿坝举行的"草原赛马会"，每年农历五月十三日举行的"康定跑马山赛马大会"等，都是传统的赛马大会，也可以说是马的节日。赛马，一是比马的健壮、速度、耐力；二是比马的骨骼清奇、步伐平稳；三是比骑手的骑技。比赛的场地简单，山坡、场院、沙滩、草地等都可作为表演和比赛场地。比赛的方式多样，主要有速度赛马、小跑赛马、马上拾哈达、快马折腰、迅跑中拔旗、挥刀斩旗杆、马上打靶射击等。

（2）"押加"。藏语叫作"浪波聂孜"，又称"大象拔河"和"藏式拔河"，在四川藏区，又被称作"格吞"，在不同地区称谓不同，是藏族民间一项传统的较力型竞技运动。押加，不仅是藏族节日庆典的重要项目之一，也是藏民们茶余饭后、农牧闲暇时，在牧场上、在田间的主要游戏内容和力量宣泄方式，体现了藏区特殊的自然环境和独特的民族风俗习惯，以及藏民朴实、乐观、真诚、勇敢的生活态度。"押加"，在第1届至第5届全国民族运动会中作为表演项目，在1999年第六届全国民族运动会上被正式定为竞赛项目。"押加"的活动形式有大象拔河、颈力比赛、腰力比赛和手力比赛等，比赛方式可采用面对面、背对背、站式、跪式、卧式等。甘孜州的"格吞"比赛主要有以下3种方式：第一，"也吞"，即仰身拔河。两人相对而立，绳带套在脖子后面，得令后，两人奋力仰脖后退，以将标记拉到自己一侧者为胜。第二，"抵脚格吞"。两人面对面席地而坐，双脚伸直相抵，绳带套于脖子后面。得令后，以颈部发力，奋力后拉，将对方身体拉离地面者为胜。第三，"背向格吞"。两人背向四肢着地，绳带经腋下、胯下套于脖子后面，将对方拉过标记线为胜。

（3）"射箭"。藏语称之为"达喷"。藏族射箭既是原始社会的狩猎手段，又是军事技能，到后来逐渐发展成为强身健体、兼具娱乐性的民族传统体育活动，其承载着藏族优秀的历史文化记忆。弓箭在藏族人民的生活中运用广泛，深刻地影响着人们的精神世界和社会生活，是窥见藏族民族历史、生活画卷、民族生活习惯和生产活动的重要渠道，是藏族人民机智勇敢、顽强拼搏的民族尚武精神的重要体现。通常藏族的转山会、插箭节、藏历新年、望果节等传统节日以及在宗教祭祀、喜庆丰收、婚丧嫁娶的时候都会举行射箭活动。此外也有专门的射箭节，如"藏族尔苏射箭节"和"达瓦洛色节"。"藏族尔苏射箭节"，每年一次，定在春耕大忙季节前的农历三月初一。2009年，在四川甘洛召开了"藏族尔苏射箭节"研讨会，并于同年将"藏族尔苏射箭节"列入第二批省级非物质文化遗产名录，其代表性传承人是王连清。"达瓦洛色节"，每年农历二月，藏族男子利用农闲时间举行射箭比赛活动，这是藏族男子专门比赛射箭的节日。射箭比赛的内容主要是远程射箭和响箭比赛。

（4）"赛牦牛"。"赛牦牛"是藏族民间一项充满竞技性和娱乐性的传统体育项目，是藏族人民在生产、生活过程中，为了增强体质、获得技能、丰富闲暇生活而产生的一种特殊文化形态。通常在藏族望果节（秋收前）和响浪节（农历六月中旬）进行。比赛往往是由一个部落或地区发起，邀请邻近部落参加，受到邀请的部落都会精心准备，也有闻讯而来的参赛者。比赛方式是：由经验丰富的牧民驾驭精心洗刷和装扮一新的牦牛疾奔2000米，以时间来计算名次。比赛形式分预赛、决赛。从预赛中选拔出参加决赛的骑手和牦牛都不能更换,否则比赛成绩无效或取消比赛资格。决赛中获胜的选手和牦牛都将被观众热情以待,并获得奖励,参赛的选手亦可获得纪念品,无一空手而归。此外,在平时劳动之余或喜庆佳节,两三个牧人也会聚在一起,以牧场为赛场,以乘牛为赛牛,即兴而赛,驾驭牦牛疾驰一定米数,以先到者为胜,获胜者获得观众的祝贺和酒肉奖励。比赛中,性情暴躁的牦牛往往"不守规矩",给节庆活动添加了许多欢乐。所以,人们常说:"赛马看技巧,赛牛看笑话。"实际上,不少藏区的牦牛比赛,目的正是为了娱乐。

（5）"藏式摔跤"。藏语称为"北嘎""加哲"或"有日",康定地区藏人叫"写泽"。藏式摔跤是藏族民间一项历史悠久的竞技体育运动,是藏族人民风俗习惯、宗教信仰、军事斗争、生产劳动、爱情婚姻、精神面貌等民族文化的重要体现。藏式摔跤在藏族地区十分流行,每年的国庆节、藏历新年等大型节日,当地的体育行政部门都会组织各地举行大型的摔跤比赛;藏族人民,在酥油花灯节、雪顿节和望果节等节日上,在集会或丰收后的庆祝活动上也都会进行摔跤比赛,甚至在日常劳动闲暇之余摔跤比赛也随处可见,儿童更是以摔跤为日常功课。此外,在各大藏传佛教寺院的祭祀仪式或宗教大会上,摔跤也是其中一项重要的内容。如在每年的元旦、正月十五的释迦牟尼降生节、正月二十三的魔难木大会、七月的说法会等,甘孜州的德格寺、阿坝的纳木寺、拉卜楞寺等寺院都要举行盛会,当地寺院喇嘛培养的专业摔跤选手这时都会登场进行摔跤比赛。四川平武地区的白马藏人在正月十五至日十七日进行的"驱鬼"仪式和一年一度的"禁火节"中,也都要进行大规模的摔跤比赛。藏族摔跤的规则简单,两人必须先抓住对方的腰或腰带,采用抛、甩、绊、勾等技术将对方摔倒,膝关节以上着地者即为负。比赛方法有:"三摔定胜负"的单淘汰制、双淘汰制、团体赛、大小循环赛、三人轮赛等。

（6）"抱石头"。藏语为"朵加",与"角乎"(举皮袋)同属举重一类,所以,也称之为藏族举重。抱石头是藏族劳动人民在生产劳动的实践过程中发展起来的一项竞技、娱乐活动,后逐渐演变成为藏族独特的民族传统体育项目之一,是藏族人民价值观、伦理道德、行为方式、思维方式的民族精神集合体。抱石头这项民族民间体育项目在群众中喜闻乐见,田间地头、牧场,民俗节庆,劳动闲暇、茶余饭后均要举行这项活动。如康定"四月八"转山会、甘孜"迎秋节"、藏历新年等都会进行抱石头比赛。

（二）四川彝族传统体育概览

（1）"摔跤"。彝语称为"杏格",是彝族人民在长期的生产、生活中形成的一项典型的人与人之间力量、技巧抗衡的竞技体育项目。"杏格"也是彝族年轻人之间进行思想交流、情感沟通的重要形式。在彝族所有的传统体育运动中,摔跤是最重要,也是最普遍的体育活动,特别是在火把节、春节和彝年期间,摔跤是必不可少的内容。目前,彝族摔跤已成为国家民族运动会指定的中国少数民族传统体育运动会项目。2013 年,彝族摔跤"杏格"技艺被列入凉山州第四批州级非物质文化遗产名录。2017 年 12 月28 日,李有贵入选第五批国家级非物质文化遗产代表性项目(彝族摔跤)代表性传承人推荐名单。四川凉山美姑县彝区更是享有"摔跤之乡"的美名。凉山彝族的摔跤法多种多样,归纳起来,一是"缅依",意为"抱摔"法;二是"我尔",意为胸摔法;三是"堵刚",意为"抱腰摔法"。但不论何种摔法,都不能使用绊脚或用脚缠绕对方的脚而使之倒地,不能抓扯对方衣裤;不能用力将对方推倒在地或从上往下压倒对方等。比赛一般采用三赛两胜制,以被摔在地下或先倒地者为输,并列倒地为平,败者退下,换另外运动员上场。胜者直至无人与其较量,将被誉为"大力士",并奖红布数丈。

（2）"赛马"。彝语称"木子",是伴随着彝族民众生产、生活实践而发展起来的一项赛马力、跑速和赛骑技、姿势、技巧等的综合性竞技体育项目。彝族赛马不分时间季节,凡集会、祭祀活动、婚丧、节日庆典、亲友相聚、逢场之时、劳作、放牧之暇多有非正式的竞赛活动。正式比赛活动则多在火把节盛会和隆重的葬礼仪式上举行。非正式的彝族赛马一般在坝子上的平地举行，像火把节等比较隆重的大型赛马活动则要在正规的圆形赛马跑道上进行。正规的赛马跑道，彝语叫"觉呷"。

（3）"射箭"。作为一项古老而又新兴的民间传统体育项目，最早是彝族先民的狩猎工具和战争防御武器，后逐渐演变成了一种高雅的休闲娱乐健身运动。彝族式射箭具有较强的娱乐性、趣味性和竞技性，是彝族独特山地文化、生产方式、宗教信仰、民族精神和生活习俗的生动反映。彝族射箭通常在节日庆典、庆祝丰收时举行，如"火把节""彝族年""拜本主会""密枝节""跳歌节"等。随着全民健身活动的蓬勃发展，射箭运动受到国家的重视和鼓励。从 2009 年开始，每逢节假日，州市体育部门和射箭协会都会在凉山民族风情园射箭场举办"彝族式传统弓射箭游客免费体验活动"，深受游客的喜爱。射箭比赛形式有两种：一是射远，以同一位置起射，射远者为胜；二是射准，以木石为靶，以射中箭靶上的环数多者为胜。比赛所使用的弓，为彝族人民自己制作的传统弓。凉山彝族所使用的弓叫"棒棒弓"，弓弦是用麻制成的，箭筒为腰鼓形，斜挂于左腋下。箭有两种：一为须箭，作战打猎时用；二为练习箭，射箭比赛时用。射箭方式：用执弓手握住弓，并伸直执弓臂，再用拉弦手向后拉弓弦，拉弦时采用"捏箭拉法"，即以拇指与食指捏住箭尾，直到满弓点后撒放。

（4）"跳火绳"。"跳火绳"是彝族民间独有的一项群众性体育项目，表达的是彝族人民丰收的欢乐、征战的勇敢、爱情的追求、繁荣的渴望。在四川凉山彝族聚居区，每逢喜庆佳节和丰收之后的夜晚，跳火绳都是必不可少的特色项目，尤其是彝族的火把节，跳火绳更是壮观之至，万人空巷。跳火绳所使用的火绳是用当地天然的藤条所拧成，藤条上扎以浸透松油、煤油或桐油的布条等易燃之物，绳的长短因人的高度而异。比赛场地简单，选择一块平地为赛场，在场地两端划上起点线和终点线即可。比赛的距离也没有严格的规定，一般在 30～50 米之间。比赛形式有单人跳和集体跳两种。无论是个人赛还是集体赛，在比赛过程中，参赛者都不得持火绳跑步或走跑，否则视为犯规，不计比赛成绩。

（5）"斗牛"。凉山彝语"牛顶"，是凉山彝族民间最喜爱的，集竞技性、娱乐性和观赏性于一体的一项传统体育运动。彝族的斗牛，给彝族人民带来了诸多欢乐，丰富了彝族人民的精神文化生活，激发了彝族人民昂扬向上、不畏强暴、坚忍不拔的意志，是彝族人民质朴善良、对牛的尊重和敢于追求、创造美好生活的民族精神的重要体现，更是彝族传统的生活习俗与宗教信仰结合的产物。彝族每年农历六月二十四日的火把节、农历十月的彝族年或遇重要喜庆活动和农闲时节，便会以村或乡为单位举行斗牛比赛。每年农历六月初一，更是彝族专门的斗牛节，届时热闹非凡，观者云集。彝族的斗牛是牛与牛之间的角斗，人不参与其中，而是欣赏者。参赛的牛必须是公牛，牛的犄角不能太长、太锋利，牛按体重分成若干级别，比赛在同级别间进行。比赛场地：四周为山岳，中间有一宽敞的圆形或椭圆形的草坝上。开赛前，由彝族大毕摩率毕摩队伍，踏着巫步举行祭畜神仪式。祭毕，把按抽签决出的两头参赛牛牵入比赛场内，进行顶力和耐力较量，直至一方体力不支夺路而逃。最后，以淘汰的方式决出"冠军"。获胜的牛披红挂彩，由主人牵着绕场一周，接受场上观众的热烈祝贺。

（6）"蹲斗"。彝语称"互布吉则"，意为雄鸡斗架，是流行于大小凉山彝族地区的一项传统较力型竞技体育活动。蹲斗是彝族人民在节日庆典或劳动闲暇之余以模仿公鸡斗架的情形所开展的活动，既是彝族民众之间表达信任、交情、和谐、互惠等人际交谊的一种方式，又是彝族生活习惯、价值观念、心态感情的重要体现。"互布吉则"比赛，具有独特的民族特色和地方特色，比赛方法也非常简单，主要有两种：一种是互撞比赛，分2人互撞和4人互撞。比赛时，双方相对，采取半蹲姿势，两手手掌合拢于胸前，似雄鸡昂头状；当欢乐的芦笙、笛子乐曲的伴奏响起后，双方相互用左肩撞右肩或右肩撞左肩，激烈争斗至一方首先失去重心倒下或被对方撞倒，手、臀部着地或抱膝的手松开即为失败；互撞时不得用手推,否则视为犯规。比赛一般为三赛二胜制。另一种是耐力比赛,参加人数不限,比赛者按照一定的形状蹲着走,坚持时间最长者为胜。此外,每年农历六月二十四日"割火草节"也会举行"互布吉则"表演,表演者两手各执 5 只彩绸扎连的铜铃,两足脚踝上各挂一串(10 只)小铃铛,边跳边舞,脚步灵活,节奏明快,动作协调,斗姿优美。

(三)四川羌族代表性传统体育概览

羌族在长期的生产、生活中创造了大量民族特色鲜明的传统体育活动,包括竞技性和表演性较强的体育项目、娱乐性和观赏性较强的传统体育活动、健身性较强的羌族传统舞蹈,表现出羌族文化的灿烂和悠久。通过考察特色羌族聚居点——黑虎羌寨、萝卜羌寨、桃坪羌寨、石椅羌寨、吉娜羌寨,以及其他羌族居民聚居点,了解羌族传统体育起源、演变和发展的相关情况,进行了相关情况的记录和图像、资料的收集,分类整理,将能够充分体现羌族传统文化特色的典型传统体育活动做简要叙述。

(1)"推杆"。在羌语称为"无勒泽泽",是羌族地区流行的最具特色的一项活动。作为羌族典型的传统体育活动,参加了2008 年北京奥运会开幕式的表演。根据竞赛方法和形式的不同,具体可分为"推杆"和"顶杆"两种,同时可有 2 ~ 6 人参加,多在婚嫁节日期间进行。其中,"推杆"分为"双人推杆"和"多人推杆"等形式,1985 年首次参加全国民族体育运动会表演,如今已成为一项较为成熟的体育活动,被列为两年一度的州民族运动会的传统比赛项目"[1]。

(2)"羊皮鼓舞"。羌语称之为"莫恩纳莎""莫尔达沙"或"布滋拉",也称"跳经",是"释比"在法事活动中跳的一种祭祀舞蹈,是羌族祭祀活动中主要的舞蹈形式,是羌族居民的生活状况、宗教信仰和内心世界的生动反映,表现了特色鲜明的羌族文化。

---

[1] 王洪坤,霍红.羌族传统体育发掘研究[J].体育文化导刊,2010(8):128-131.

2006 年 12 月，"羌族羊皮鼓舞"作为阿坝藏族羌族自治州汶川县的民间舞蹈，被列为第一批四川省非物质文化遗产名录（编号为 62 号），于 2009 年 8 月被列为国家级非物质文化遗产，其国家级代表性传承人为朱金龙，省级代表性传承人为杨骏清和赵邦蓝。"羊皮鼓舞"是羌族"释比"文化的重要载体之一，原是祭神、驱鬼、求福、还愿以及送死者灵魂归天时由巫师表演的法事舞蹈。按照羌族习俗，一般在每年二月的还愿、四月的祭山会、十月初一的羌历年和请神、送神、祛病去灾等宗教活动中跳羊皮鼓舞，分独舞、双人舞、集体舞 3 种。羌族风俗中，人生病或死后举行葬礼时均要跳羊皮鼓舞，由巫师领跳，亲朋都要参加。主要步法有"蹲跳猫步、两侧踮跳、松膝走步、八字步全蹲跳步、甩鼓击鼓步"等，具有较强的健身效果。

（3）"跳莎朗"。即羌族的锅庄舞，起源于古羌舞，大体分为礼仪舞蹈、集会舞蹈、祭祀舞蹈、自娱型舞蹈 4 类。"跳莎朗"的队形基本呈圆圈状，有封口与不封口、男女分段站位和间隔站位的区别。舞队采用的形式和名称依舞蹈伴唱的歌曲内容而定。"跳莎朗"的脚步动作复杂多样，有顿、踢、跳、提等，而手部动作只有提起放下和前后摆动。羌族凡事都可以"跳莎朗"，喜庆"莎朗"在节日、婚礼上跳；"忧事莎朗"是送葬时在火葬场边跳，以慰藉亡灵；此外，还有篝火"莎朗"等[①]。"羌族莎朗"现为四川省省级非物质文化遗产，有苏成秀、王川两位省级代表性传承人。

四、西藏自治区少数民族传统体育

西藏民族传统体育丰富多彩、形式多种多样、文化内涵厚重，具有鲜明的地域文化色彩，是西藏民族传统文化的重要组成部分，具有悠久的历史和优良的传统。西藏民族传统体育作为一种民俗活动广泛流传和赓续，在长期的发展演变过程中逐渐形成了"民族性、地域性、共通性、传承性、竞争性、生产性、娱乐性、审美

---

① 徐学书.嘉绒藏族"锅庄"与羌族"锅庄"关系初探[J].西藏艺术研究，1994（3）：13-16.

性、大众性、健身性、季节性和形式多样性"①的基本特性,同时,还具有"教育功能和增强民族集体意识、提高民族凝聚力的作用,以及弘扬藏族文化的功能"②。具体而言,西藏少数民族传统体育主要由藏族传统体育、门巴族传统体育和珞巴族传统体育构成。

(一)藏族传统体育概览

(1)"达久"(赛马)。藏族赛马历史悠久,既是藏族传统节日中的重要内容,也是古时军队练武强体的重要手段之一。藏族赛马一般在某个重要节日时进行,因此藏区也出现了各种各样的赛马节,如"藏北赛马节、江孜达玛节、羌塘恰青赛马会、定日赛马节、松宗赛马节、当雄赛马会、定日赛马节"等。古代的藏族赛马有两种比赛方式:一种是长距离赛马,即以最短的时间从起点到达终点者为胜;另一种方式也是比试速度,只不过是事先选好一个中心点,从不同的方向设定等距离的出发点,参赛者相向而行,最先到达中心点者为优胜。相比而言,草原上的赛马形式更为多样,具体分为长跑(大跑、小跑、走步)、短跑、跑马射击、马上技巧等项目,此外,还有快马折腰、迅跑中拔旗、捡哈达、挥刀斩旗杆、马上打靶射击等与马匹有关的项目。马上技巧是赛马中一个比拼骑术的项目,有骑射、骑马拾哈达、骑马敬献青稞酒等活动形式,参赛者一般都是头戴大红帽,身着民族盛装,在飞驰的马背上做行礼、仰卧起坐、左右转身、左右弯腰、倒骑马背等各种惊险动作。"骑射是在相距50米处各放置一个红底黑心的射靶,由射手高举火枪飞速射向第一靶,然后迅速将火枪背起,左手取弓,右手抽箭射向第二靶;骑马拾哈达是骑手身跨在马背的一侧,在马飞奔中将跑道上的哈达拾起;骑马敬献青稞酒由3名骑手共同配合完成,第一名骑手擎着空杯飞马驰过跑道,把酒杯放在跑道上,第二名骑手擎着酒壶飞马从酒杯旁驰过,将酒杯斟满酒,第三名骑手驰马端起酒杯,不得将杯中酒洒泼。骑射和骑马拾哈达已经成

① 丁玲辉.西藏民族传统体育的特性[J].西藏体育,2003(4):13-14.
② 丁玲辉.略论西藏民族传统体育的社会特性和功能[J].中国藏学,1999(3):124-130.

为全国少数民族运动会上的比赛项目"①。

（2）"押加"。也称之为"浪波聂孜""格腾"，即"大象拔河"，是一项藏族的特色传统体育活动，相传已经有 400 多年的历史，因比赛时参赛选手的身体姿态模拟大象，故得名。比赛一般是两人之间对抗，基本规则与汉族的拔河相似。赛前在相对平整的地上划两条相距 1 米的平行线作为"河界"，中间划一条中界，用一条 4.5 米长的布带两段打结系好，参赛双方将布带套在脖子上，并将布带经腹部从裆下穿过，在布带中间系一条红布为标记，垂直于"河界"中间。参赛双方背向趴在地下并两膝着地，比赛开始后双方用颈部和四肢的力量背向前爬，将红布标记拉过河界者为胜。

（3）"碧秀"（"响箭"）。流行于西藏地区，林芝地区工布江达的"响箭"更为普遍，也是一项历史悠久的藏族传统体育活动。"碧秀"在形质上与普通弓箭类似，长 80 厘米，竹制箭杆，尾部插天鹅羽毛，头部有木制椭圆形装置，四侧有小孔，射出后，因空气进入小孔而发出"哗——秀——"的声响，故得名"碧秀"。比赛射程一般为 30 米，靶场空中悬吊直径 20 平方厘米的靶子，靶心为"活靶"，射中后会脱落，比赛以命中率高低判别胜负。其比赛分为远射和近射，近射主要比准确性，远射同时比试远度和准确度。

（4）"古尔朵"。"古尔朵"是藏族牧区普遍流行的代表性传统体育活动之一。将黑白牦牛毛搓成毛线后编制而成，长约两米，一端编有可套在中指上的环，中间有一块梭形的、用来包裹石块的"乌梯"，末梢缀有羊毛做成的梢子，可在挥动过程中发出声响。"古尔朵"在实用层面是一种"抛石器"，使用时将环套在中指上，"乌梯"中包上近似卵形或圆形石块，通过挥动手臂使其旋转，利用离心力将石块甩出，一般可抛至 150 米远。"古尔朵"起初作为武器抵御野兽侵袭和坏人，后来逐步用于放牧。"根据藏文史书

---

① 西藏民族体育 .360 百科 [EB/OL]. http: //baike.so.com/doc/9123810-9456816. html.

中记载,旧时牧民比赛"俄尔多",主要有两种形式:一是把四五个牛角叠放起来,上边再放上一个石块,'俄尔多'(古尔朵)打出的石头要把上边的石块打掉在地上,而牛角堆不垮掉为胜;二是打染成红色的牛尾巴,在规定的距离内看谁打得准"[①]。"古尔朵"在藏族居民的生产和生活中有"放牧工具、法器、玩具、传统体育项目"等多种用途。

(5)"抱石头"。"抱石头"是一项起源于藏族日常生产劳动的、力量和技巧结合的传统体育活动,在农牧区较为流行,一般都在节庆或集会时举行。据考证,"抱石头"源于松赞干布时期,大昭寺、桑耶寺、布达拉宫等寺庙壁画中有"抱石头"的场景。新中国成立以前,拉萨多次于藏历正月十八日在大昭寺松曲绕瓦(广场)举办抱石头比赛,经过挑选的椭圆形石头重量达 300 斤左右,并涂上油脂增加难度,比赛时,选手抱起石头走约 10 米后将石头放回原处就算成功。牧区的"抱石头"比赛用酥油涂抹石头以增大难度,比赛时裁判员根据重量打分,评定成绩列出名次。比赛分为两轮,第一轮为原地抱大石,选手们要将重达 230 斤的大石头抱起,再从肩上翻过,每人两次机会;第二轮为直线搬大石,选手们要将 259 斤重的大石头抱起,看谁走得远,每人有 3 次机会。

(6)射箭。藏语称之为"达喷",是一项伴随藏文化历史发展的传统体育活动,源于原始社会时期的狩猎,弓箭在当时作为生产工具和战争中的武器。据敦煌史料载:吐蕃有 7 位体育强人,其中就有以射箭见长的高手。17 世纪中叶,五世达赖所规定的男子必备"九术"中,射箭也位列其中。可见,藏族是一个比较喜欢射箭的民族,在民间也较为普及,现今西藏工布地区的林芝县、米林县、工布江达县一带的藏族居民酷爱射箭,凡传统节庆都会举行射箭比赛。藏族射箭比赛一般在上半年进行,大多以村寨为单位。藏族传统射箭所用的"弓"是传统的牛角弓,"弦"用牛筋制成,"箭"由羽毛、箭杆、箭镞组成,所用的羽毛皆是秃鹰、猫头

---

① 丹珠昂奔.试说藏民族的形成 [J].中央民族大学学报,1999(5):139-146.

鹰、山鹰等猛禽的翅羽,箭杆用松木、竹子等原料制成,"箭镞"是用铁打制而成,一般有棱镞、尖状镞等。"箭靶"用土培制而成,上方为半圆形或三角形,下方为方形。从 20 世纪 90 年代开始,射箭用的弓箭大部分是国家制造的专用铁弓、铁箭。

（二）门巴族传统体育项目概览

在吐蕃统一青藏高原之前,门巴族先民已经在西藏南部生活,如今主要居住在墨脱、林芝、米林、错那、乃东和拉萨等地,在长期的生产生活中创造了具有门巴族特色的传统体育活动。

（1）"巴加惹比或江姜巴"。其意思是"拉藤索",是墨脱地区的门巴族对拔河的叫法,一般在过节或举办婚礼等喜庆场合开展,是一项深受门巴族男女老幼喜欢的娱乐性体育活动。"巴加惹比或江姜巴"一般是在相对平整的坝子（场地）进行,所用藤（绳）索有 2 个大拇指粗,长约 50 米。参赛者自由组队,每队20 ～ 30 人,无严格限制,既可以男女混合编队,也可以分男队、女队对抗。比赛时,以事先放置好的竹棍或石头作为中线,比赛中被拖过中线的一方为负方,一场过后交换场地再赛。两轮定输赢,若双方各胜一场则握手言和结束比赛,裁判由不参赛的观众担任。比赛重在娱乐,胜负往往不被看重。

（2）射箭。门巴族称之为"米嘎巴",一般都是男子参加,分为集体和个体两种比赛形式,以集体为主。比赛一般在较为平坦的地方进行。参赛者自愿组合为各 5 ～ 8 人的两队,将 2 个箭靶间隔 3 米左右平行立放在离比赛者 30 米处。每一轮比赛,参赛队各派人数（一般派 5 人左右）相等的队员参赛,每人射两箭,两队参赛者分别轮流出场,双方均完成射箭后,裁判根据射中率来判别胜负,若双方射中率相同,则依据射中位置与靶心之间的距离远近判别高下,命中靶心和距离靶心近的数量多者为胜方,负方则集体向胜方敬酒献歌,之后再进行下一轮比赛。

门巴族的"米嘎巴"比赛,队员需自备弓箭,所用的弓一般都是平时打猎所用的弓,所用的箭多为"梨欣"竹制作的竹箭,不用铁箭镞；而比赛所用箭靶是由芭蕉树的主干做成，一般都选较粗的主茎，长度80厘米左右，剥去外层后把一面削成宽度约25厘米的平面，在正中用黑炭划上同心圆和靶心。

（3）门巴族的"龙普勒"。即抱石。因为是一种竞力活动，所以一般都是青年男子参加，在节日和劳作之余均有开展。节日期间比赛所用的石头为大的"圆石"，劳作之余比赛所用石头多为就地取材，形状无严格限制，只需参赛选手认可。门巴族的"龙普勒"比赛的规则相对简单，比赛中参赛者将石头举至胸口即达到要求，胜负判定以石头大小和举起高度为依据，因此冠军会有多个，都会作为赢家被他人尊重，接受他人敬酒并享受大力士的殊荣。选手在抱石的过程中可以将石头放在双膝上休息，也可以贴着身体往上挪动，但石头一旦抱起就不能随便放下，否则即为犯规而被判输。

（三）珞巴族传统体育项目

（1）射箭。珞巴族自古善射，精于狩猎，健康男子一生用于狩猎时间为40年左右，狩猎工具主要为弓箭，同时也用弓箭防身，弓箭不离身。珞巴族有从小习练弓箭的传统，每个男子都是优秀射手，因此，射箭比赛在珞巴族民间经常举行，所用弓为平时狩猎所用的弓，箭头为竹箭头。靶子为随意选定的树干、树叶、竹竿等，有时也用中央划了圆圈的木板，一般靶距80米左右，比赛进行时，参赛者各自在箭头上做标记，轮流张弓举箭，每人射3～5支箭，射中多者为优胜。

（2）跳竿。珞巴族男女均可参加的传统体育活动。跳竿所用竹竿有3根，其中有两根需在一端留有5厘米长的支杈，间隔一定距离插立在地上，另一根竹竿作为横杆放置在竖立竹竿的支杈上。跳竿时可以在十步远之内助跑，要求越竿和落地时双脚尽可能并拢，越竿时只能腾空不能跨越，以跳的高者为胜。

（3）摔跤。珞巴族男性参加的一项传统体育活动。比赛时，双方互相抱住对方腰部，将对方摔倒并使其背部着地者为优胜。

但比赛过程中,双方相互抱住后不能松手,也禁止用拳击人,用脚勾、踢对方,同时,腰部以上不准接触,否则即判违例。

（4）举重石。举重石是一项男子参加的传统体育项目,比赛所选重石根据各自体力而定。参加者须两腿直立,躬身,双手举石,与肩部平,之后将重石向身后推出,要求参加者原地站立不动,否则就算违规,以举起石头最重者为优胜。

五、重庆市少数民族传统体育

（一）重庆土家族传统体育概览

重庆土家族主要分布在乌江流域,在长期的民族演化和发展过程中创造了丰富多彩的传统体育活动,其中既有与水域有关的"划龙舟""潜水游泳""脚踩独龙穿急流""漂滩",也有陆地上开展的"滚坛子""滚环""捡子""踢毽""撒尔嗬""骑竹马""踩脚马""地龙""打陀螺""摇旱船""打飞棒"等。此外,舞蹈类的传统体育活动有"摆手舞""舞草把龙""茅古斯""花灯舞""鹿子灯舞""铜铃舞""撒尔荷""跳红灯""板凳龙""花棍""舞花棍"等；竞力类的传统体育活动有"摔跤""斗角""石锁""石担""抱蛋""对顶木杠""扳手腕""担劲""抵扛""搭撑腰"等；技巧类的传统体育活动有"倒挂金钩""高脚马""跳马儿""撑杆跳远"等。也包括一些与生产生活有关联的其他形式的传统体育活动,如"扁耍陀""肉连响""跳红灯""抢贡鸡""抱磨盘赛跑""拉头巾""踏木桩""攀藤""拔地功""荡秋千""武术""玩抱姑""射箭""打粉枪""独木桥""人龙""打猎""打长鼓""滚龙莲萧"等。代表性的传统体育活动有以下几种。

（1）"摆手舞"。摆手舞是土家居民主要通过"摆手"这一独特动作形式,并辅以头、脚、腿、腰、髋等身体部位动作及队形变化演示和讲述本民族的生产、生活、宗教、礼仪、祭祀等民族文化的一项体育活动或舞蹈形式。摆手舞包括"祭祀、跳摆手舞、唱摆手歌、表演'毛谷斯'和游戏"等内容,有大摆手与小摆手之分。由于土家族分布地域比较分散,不同地区的土家族摆手舞在动作方面有一定的差异，重庆与贵州不同，甚至同处乌江流域的土家族摆手舞也有所不同。西阳一带"摆手舞"的动作主要有单摆、双摆、抖虼蚤、叫花子烤火、螃蟹上树、磨鹰闪翅、状元踢死府台官、播种、栽秧、薅秧、割谷、打谷、挑谷等，与贵州沿河地区土家族摆手舞的犀牛望月、回旋摆、亮肘同边摆、单手同边摆、擦背、打糍粑、撒种、纺棉花、打蚊子等动作有较大的差别。

"摆手舞"是土家族的祭祀性舞蹈，其产生背景为图腾、土王、祖先崇拜，其内容在长期的生产生活中不断得以丰富。其起源有两种说法：其中得以考证和认可的说法是土家族摆手舞源于"巴渝舞"。《华阳国志·巴志》中有"阆中有渝水賨民多居水左右，天性劲勇，初为汉冲锋陷阵，锐不可挡，帝善之专曰：'此武王伐纣之歌也。'乃令乐人习学之，今所谓巴渝舞也"等记载。在汉高祖定三秦以后，"巴渝舞"成为宫廷乐舞，并用于日常交际和招待宾客。唐、宋时期，"巴渝舞"逐渐从宫廷的歌舞演奏中消失，但"巴渝舞"却在相对封闭的武陵山区被部分地保留了下来，并演化成为两套表演内容。其中一套以民族迁徙为题材，展现了土家先民在迁徙途中的苦难历程[1]。源于宗教祭祀是另外一种说法，据《蛮书校注》卷十所载："巴氏祭祖，击鼓而祭。"是土家族摆手舞源于祭祀的一个例证；如今，在西阳后溪镇的爵主宫供奉着彭公爵主，是渝东南地区现存唯一的与宗祠为一体的土家摆手堂。土家族摆手舞以其原生性、祭祀性、民族性、群众性、健身性和娱乐性等特征，逐渐成为土家族居民祭祀、收获、节日和婚丧嫁娶等活动中传达感情、表达愿望和了解民族历史、学习生产生活技能的一种方式。

（2）"磨磨秋"。秋千的一种，是土家族历史悠久的传统体育活动。磨磨秋方便开展，并且娱乐性和趣味性较强，制作简单，磨磨秋是用横竖两根木桩制成。将高约1.5米的竖木桩一端做成锥形或木柄状，另一端在事先选好的较为平整的场地里埋稳固，选

---

① 张世威，张陵.我国民族传统体育文化发展的安全审视——以重庆西阳土家族摆手舞为个案研究[J].北京体育大学学报，2011，34（12）：22-24+27.

一根稍细、长约 5 厘米的木头作为横木（"磨手"），将其中间凿孔套于竖木桩，或用绳子将其固定在竖木桩的木柄上，确保"磨手"能够凭借埋在坑里的木桩为支点进行上下翘动和旋转。土家族磨磨秋的玩法有两种：一种类似于跷跷板，要求参与双方的体重相当，具体过程与跷跷板极为相似，只是磨磨秋可以在旋转中上下翘动；另外一种玩法是参与者分别等距离伏在"磨手"的两端，通过蹬地使磨秋获得平移的动量并开始旋转，同时上下起伏地做圆周运动。

（3）"抵牛角"。"抵牛角"是一项身体对抗型传统体育活动，趣味性和娱乐性强，活动不需要器材，只需要一块相对平整的场地，画一条线把场地分为两个半区，比赛双方在线两侧距离相等处双脚站立，俯身头顶相抵，双手下垂但不能触地，裁判立于中线。比赛开始后，参赛双方发力头顶相抵，力争使对方手或胸触地，或者使对方不断后退，直到其中一方的脚越过中线，裁判以此判别胜负。从形式上来看，此项活动与斗牛的抵角相斗类似，或者就是模仿牛的争斗而生，其真实性却暂无可考。

（4）"划龙舟"。重庆土家族多临水（主要是乌江和锦江）而居，其日常生活中舟楫的使用较为频繁，划龙船这项传统体育活动因缘而生，其影响力也逐步扩大。尤其是端午节时，土家族经常举行划龙船比赛，通常每个村寨选拔 10 ～ 20 人参赛。比赛时，队员中的一人站在船头的龙头处握住"龙角"使其竖立，龙尾也有一人掌梢，并有节奏地敲锣击鼓，划船手分坐龙船两侧，在锣鼓声的指挥下整齐地划桨，使龙舟以最快的速度前进，最先到达目标线或终点线为胜者。龙舟有两种形式：一种是将事先单独做好的木质龙头和龙尾安装在一个木质船上，比赛结束后将木质龙头和龙尾拆卸单独保存，而木船可以继续生产和作业；另外一种是在比赛时，临时在木船的两头分别用一些铁质、竹质或木质等材料装制成为龙头和龙尾。

（二）重庆苗族传统体育概览

目前对重庆苗族传统体育的相关研究较为鲜少。重庆苗族的"汉化"程度较深，诸多传统节日逐渐"遇冷"，包括传统体育在内的传统活动也在渐渐失去空间和平台。根据上述情况，本研究对重庆苗族聚居区有一定群众基础的少量传统体育活动（主要是舞蹈类）进行整理，具体如下。

（1）"苗族鼓舞"。"苗族鼓舞"是一种较为古老的传统舞蹈，击鼓时以舞蹈相应和，颇具民族特色，在重庆苗族聚居区较为普遍和流行，并且种类繁多，具有鼓点激烈、节奏欢快、步伐矫健、动作优美的特点。表演形式有单、双、四人鼓舞等。重庆苗族鼓舞是用大鼓伴奏的一种舞蹈，舞蹈时需两个人，其中一人双手拿鼓，一人边敲鼓边击拍，边打鼓边舞。表演时，先将牛皮大鼓置于木架之上，表演者手拿小木棒，一个人在鼓的正面表演，一个人敲击鼓边伴奏，鼓点和伴奏者的敲边节奏须和谐一致。苗族鼓舞的传统动作较多，有种地、梳头、煮饭、纺纱、织布、割谷、挑担等动作套路。另外，苗族鼓舞还分为"庆年""庆神"2种，"庆年"俗称为年鼓，从夏历正月初开始一直到正月半截止。每每晚餐后闲时无事，约好之后，抬着鼓到村寨的宽坪之中进行，用来愉悦和热闹新年。"庆神"俗称为神鼓，是秋冬举行祭祀活动的时候进行的。但"年鼓"是属于公众游戏，"神鼓"却属于典祭庆祝。一场好的跳鼓表演能够完美再现生产、生活的各种场面，给人一种美的享受[①]。

（2）"苗族接龙舞"。"苗族接龙舞"是苗族人民世代相传的一种舞蹈表演形式，源于苗族"接龙"宗教祭祀仪式。苗族接龙舞动作优美、生动别致，基本步伐多为半圆步，似游龙蜿蜒，线条流畅。表演的动作有龙翻身、龙现爪、龙穿花、龙跳门、龙抢宝、龙护宝、龙进门、关龙门等。伴奏音乐由苗族打击乐、唢呐、苗歌组

---

① 王一波．陈廷亮．咏梅．浅析苗族鼓舞的起源和发展[J].北京舞蹈学院学报，2008（1）：69.

成。苗歌在接龙仪式中演唱多采用苗歌平腔,在接龙舞中多采用高腔及其他声腔。

第三节　西南少数民族传统体育的类别划分

西南地区各民族所创造的传统体育活动,由于源起方式不同、依托形式不一、适用地域各异而呈现出不同维度的特征。对于其传承机制问题的研究,需要以其类别为主要参考依据,因此,有必要对其类别进行划分。

一、基本特征维度的分类

西南地区少数民族传统体育在各民族的日常生产生活中孕育而生,又在社会实践中不断丰富和发展,形成自身的特色。通过对西南地区各族少数民族传统体育活动进行全面分析,就会发现其具有竞技表演、益智娱乐、健身性、游憩性等基本特征,从这几个基本特征的维度对西南地区少数民族传统体育进行分类梳理,有助于进一步剖析西南地区少数民族传统体育文化的内涵。

（一）竞技表演类

竞技表演类传统体育是指经过各种实践、改革与调整,这一类民族传统体育逐渐近似于西方的体育模式,自身除了竞技性外,大多融体育与艺术于一体,具有很高的艺术欣赏价值,仍然充分体现了西南地区少数民族传统文化的特色。其主要项目包括舞龙舞狮以及抢花炮、蹴球、毽球、陀螺、龙舟、秋千、射弩、高脚竞速、板鞋竞速、摔跤、蹲斗、斗牛等。板鞋竞速是壮族民间传统体育项目,在壮族群众中具有广泛的影响力。2005 年,国家民委、国家体育总局批准将"板鞋竞速"项目列为全国少数民族传统体育运动会的正式比赛项目。此外,抢花炮也是一项竞技十分强烈的体育运动,在侗族、壮族、仫佬族、土家族等民族中盛行。据考证,此项运动至少有 500 年的历史,被称为"勇敢者"的运动。竞技表演类的传统体育文化通常都具备比较完善的竞赛规则,项目竞技性强,场面十分激烈,具有一定的观赏价值。

（二）益智娱乐类

益智娱乐类传统体育是指本身与人民群众生活密切相关,健心、娱乐、益智等功能较为突出的传统体育。益智娱乐类传统体育项目多在各少数民族中普遍开展,具有普遍适应性的文化特点;部分是在特定的民族内开展的,其民族文化特色浓郁。益智类体育在运动量上追求无过而无不及的中庸适中性,受儒家、道家、玄学等文化影响较深。典型的体育文化项目有九子棋、三子棋、三虎棋、梅花棋子等。娱乐类体育文化中的许多项目是在民族传统体育节日里集中举行,如蒙古族的"那达慕"节日大会、侗族"芦笙会"节日里举行的"芦笙踩堂"等。此类传统体育文化,由于在推动人们精神文明中能发挥积极的作用,在民间具有广大的民众基础。

（三）健身类

健身类传统体育是指以中国传统体育修身养性、保健强身作用为目的的传统体育活动。其竞技性弱、养生健体性强,以精神肉体的合一观为指导,强调"身心合一",也强调"生命在于运动"的重要性。体育文化项目主要包括瑶族的跳八音、苗族的爬竿、跳竹竿等。苗族的跳竹竿是一种古老独特的活动,也是一项令人陶醉的文艺体育运动。它不但姿态优美,富于节奏,而且气氛非常欢快热烈,吸引众人。这一类型的传统体育文化由于在现代生命文化、保健文化等背景下的存在价值,在人民群众中有着为数众多的推崇者与潜在受众。

（四）游憩类

西南地区少数民族中游憩活动十分丰富,如果从参加者的年龄和性别来分:有少年儿童开展的游憩活动,有青年参加的游憩活动,有全体社区群众参加的游憩活动,有男性参与的游憩活动,有专供女性参加的游憩活动等。西南地区少数民族的游憩活动无论哪一种类都以娱乐、健身为根本目的,竞技性不十分明显,往往与民族的社交、礼仪等活动密切相关。如:壮族青年男女的抛绣球就是一种社交活动,瑶族"丢花包"也是青年人的一种交往活动。抛绣球是壮族人民喜闻乐见的传统体育项目,人们在茶余饭后互相抛接以娱乐身心,起到沟通感情的作用,并伴随着历史的发展,逐渐演变成为壮族男女青年表达爱情的方式。游憩类的传统体育文化活动中往往伴有对歌、说唱,是一种综合性的文化活动。

（五）其他类

其他类型的传统体育,如藏族的放风筝、闯马城、骑马,壮族的狩猎,土家族的"赶仗",门巴族的狩猎等。壮族的狩猎是壮族原始的生存方式。土家族的"赶仗"、门巴族的狩猎也是民族古老的狩猎活动。"赶仗"是土家族的狩猎活动,土家族人善于狩猎,每年冬春的"赶仗"已成为历史的传统习惯。土家族人的"赶仗",主要不是为了猎食野兽肉,而是为了驱逐害兽、保护庄稼和纪念猎王的一种娱乐活动。这些集体进行的狩猎活动都有体育活动的诸多要素,从古代军事体育的训练,最后发展为跑、跳、投、射弩、射箭等现代体育项目,其影响是深远的。

二、缘起方式维度的分类

少数民族传统体育的产生与特定的时代背景以及社会结构相关,从其缘起方式的维度对西南地区少数民族传统体育进行分类梳理,有助于进一步系统地掌握西南地区各少数民族传统体育的源起与发展。

（一）源于生产劳动

狩猎与农事是少数民族生产方式中最重要的两个内容,因而也成为少数民族体育项目最主要的反映内容。以狩猎为起源的体育项目主要围绕着跑、跳、投、攀、射、骑等活动展开。藏、彝族的射箭,藏、彝、白、怒族的赛马,还有土家族的飞石子、打飞棒等投掷类项目,均从不同角度反映出狩猎所需的技能技巧。反映农事生产的如苗族的跳鼓——是根据犁田、插秧、割谷、挑担等各种姿势编成的,用以反映丰收后喜悦心情的一种舞蹈。以类似动作编成的舞蹈在其他民族中也广为流传。

（二）源于古代军事

西南地区少数民族多居于边陲地区,地处国防要冲,由于历史上各统治阶级间的相互斗争和民族矛盾,致使少数民族人民不得不拿起武器投身于战斗。正是这样的历史条件使他们形成了一种尚武精神,在长期的战斗中,少数民族人民积累下丰富的持械或徒手格斗的经验,并随着社会的变迁与历史的发展形成了各种带有军事体育色彩的体育项目。如景颇族的射弩,藏、彝、回族的摔跤,都具有明显的军事特征。

（三）源于民风民俗

西南地区少数民族传统体育项目中有不少是反映社会现实生活的,由民风民俗演变而成,其反映内容的主流当属婚恋。围绕着这个永恒的主题,许多民族都有不同表现形式的体育项目。如傣族的"丢花包"就是一种典型的求爱方式;又如哈尼族的"打磨秋",这是在"苦扎扎"节里举行的一种较为大型的青年男女社交活动,小伙子和姑娘们可以籍此选择自己的意中人;阿昌族的"阿昌刀"是婚礼上的必演节目,新郎要通过娴熟的套路和矫健的身手向人们表明他有足够的能力捍卫自己的家庭。

（四）源于宗教信仰

古代少数民族的文化崇拜可根据崇拜的对象分为自然崇拜、图腾崇拜和祖先崇拜。自然崇拜又分为天象崇拜（日、月、星辰）和自然物崇拜（土地、山川、河流等）,而图腾崇拜则是在自然崇拜基础上发展起来的一种原始氏族社会的信仰形式。少数民族群众至今仍保留了一些图腾信仰习俗。如云南傣族群众就把孔雀作为自己民族精神的象征,以跳孔雀舞来表达自己的理想和愿望。祖先崇拜根植于灵魂不死的鬼灵观念，反映了原始先民的思维所具备的某种类型的逻辑概念，其崇拜对象包括氏族首领、神灵鬼怪、民族英雄以及家庭祖先。

（五）源于文化生活

除了上述类型以外，还有一些项目是为了满足人们的文化娱乐需要而产生的，均带有较强的娱乐性和趣味性，对场地要求不高，易于组织开展。如四川白马藏族的"搭底板"（即踢毽子），藏族的"丢窝"，哈尼族的"阿鲁达"（意为"斗牛"，即人和人模仿二牛相斗的一种对抗性游戏），以及阿昌族的"耍青龙白象"、布朗族的"藤球"、凉山彝族的"蹲斗"等，都具有典型的娱乐特征。

第四节 西南少数民族传统体育文化述略

西南地区是中国少数民族分布最为集中的区域，各民族在漫长的历史演变和文化变迁中创造了丰富多彩、形态各异、特色鲜明的传统体育文化，并伴随民族的变迁和发展传承至今。各民族的传统体育文化作为民族传统文化不可或缺的重要组成部分，承载了重要的民族历史和民族文化信息，体现了民族的总体风貌和基本精神。以传统体育项目为基本表现形式的少数民族传统体育文化，虽然有部分传统体育项目受多种因素的影响退出了历史舞台，但大多数传统体育项目都伴随民族传统文化的延续而传承下来，构成了一幅五彩斑斓的民族传统体育文化画卷。然而，文化的发展是一个复杂的过程，期间会经历不同程度、不同强度、不同周期的冲突、调适、演变，有的甚至会在此过程中日渐式微直至消亡。无论是从文化发展的"文化变迁理论"，还是从"文化周期论"等理论角度来看，任何一种文化都会普遍性地经历多次变迁和演变，最终在不断地适应中传承和发展。

一、基本概念

（一）少数民族传统体育

少数民族传统体育的概念界定,学界各有所钟,在民族学、民俗学和体育学领域都有涉及,也由于该关键词已经作为一个普遍意义上的基本名称,所以关于其定义却较为少见,也没有一个相对统一的概念。目前,各学界对于少数民族传统体育的定义有4种基本观点:(1)少数民族传统体育是古代体育的延续,因此是指近代体育传入以前我国各民族就已有的体育活动。(2)凡是目前一些民族地区仍在流传的具有民族特色的体育活动(包括自娱活动)都属于民族传统体育范畴。(3)少数民族传统体育是各少数民族世代相传、具有民族特色的各种体育活动的总称。(4)少数民族传统体育是具有民族性、传统性、体育性的活动项目。由此可以看出,少数民族传统体育概念的界定需要从其"所属、所归、所为"3个维度进行。李志清教授认为少数民族传统体育是"指长期流传在各少数民族中,具有浓厚民族色彩和特征及强健体魄和娱乐身心作用的各种活动"①。王洪珅教授认为:"少数民族传统体育是中国除汉族以外的民族,在民族形成、演变和发展过程中创造并分化形成的,以身体活动为基本表现形式的各种社会性活动的总称"。这一界定既表明了"所属"——少数民族,也明确了"所归"——社会性活动,"在民族形成、演变和发展过程中创造并分化形成"一定程度上反映了"传统"的基本特征,因此本研究将此概念作为相关内容论述的基础。

（二）少数民族传统体育文化

少数民族传统体育文化,是以少数民族传统体育为基础的概念,具有文化的基本属性和层次特点,在内涵上比少数民族传统体育丰富,在外延上也超越了少数民族传统体育本身。关于其概

---

① 李志清.少数民族传统体育起源与变异探析[J].体育科学,2004(1):68-72.

念的界定也莫衷一是,甚至有些文献中出现了"少数民族传统体育""少数民族传统体育文化"两者混淆使用和等同的情况。

关于少数民族传统体育文化的概念界定问题,国内学者袁华亭在其《对少数民族传统体育文化基本概念的探讨》(2006)一文中,从文化、体育、传统和民族4个维度进行了深入分析和探讨,认为"中国少数民族传统体育文化是指中国55个少数民族在其民族发展历程中所形成的具有地域性特色,能体现本民族生活态度和生活方式的,通过身体活动以追求身心与精神全面健康的思维方式和行为方式的总和"[1]。本研究认为这一概念不仅与少数民族传统体育的界定有明显区分,也对其基本特征和基本内涵进行了明确,故将此界定作为下文分析的基础。

二、基本特征

(一)劳动生活的提炼性、浓缩性

西南地区少数民族世代居住于高山或丛林地区,多从事以小农经济为主的农业生产,故农耕文化视为民族体育文化的奠基石之一。狩猎与农事是少数民族生产方式中最为重要的两方面内容,经提炼与浓缩后成为民族体育项目最经常反映的内容。以狩猎为起源的体育项目主要围绕着跑、跳、投、攀、射、骑等活动展开。藏、彝族的射箭,藏、彝、白、怒族的赛马以及土家族的飞石子、打飞棒等投掷类项目均从不同角度反映出狩猎所需的技能技巧。苗族的"跳鼓"是根据犁田、插秧、播谷、挑担等姿势编成,用以表现丰收后的喜悦心情,是有关农事生产的较为直接的体现。以此类动作为素材的体育项目在各民族间广为流传。

(二)地方风俗的契合性、互动性

每个民族都有自己的行为模式。体育作为文化的一部分,往往被封闭在本民族风俗的外壳内,具有相对的稳定性,是其他民

---

[1] 袁华亭.对少数民族传统体育文化基本概念的探讨[J].武汉科技学院学报,2006,19(12):208-211.

族难以全然接受和吸收的。某个民族相对于周围民族的不同文化特点,正是该民族成员相互认同的重要标识,也是凝聚该族群众的永久黏合剂,因而备受重视和珍惜。西南地区诸多少数民族族群的存在,正是靠其鲜明的民风民俗及系统的传承方式来维系自身的发展与强盛的。而西南地区民族体育项目作为体现本民族地方风俗的一大亮点,同时又依托于地方风俗庞大而系统化的传播网络,在经历了几千年的历史巨变之后仍然以强大的生命力流传于本民族或多民族间,体现出体育文化与地方风俗完美的契合性与互动作用。

（三）民族文化的教育性、传承性

西南地区民族传统体育是一种综合性的民族文化,包含着人们的价值观、伦理道德、审美理念以及人们的行为模式,从古至今对该地区的民族教育有着重要影响,同时也是学校教育不可或缺的内容之一。民族传统体育在人类的早期教育中,是通过舞蹈与体育活动的形式得以实施,这类教育在学校教育尚未出现之前就已萌生。原始的早期教育是从将生存技能传授给下一代开始的,在没有文字和书本的时代,这种教育主要靠口传心授、身体活动的模仿来进行,由此而产生了一些生动有趣的游戏。另外,在祭祀、庆典中也以巫师为导师传授某些技能,传授礼仪习俗及部落历史知识,而下一代也会在督导和自觉下进行模仿学习。这种教育方式是下一代获得技能和知识的唯一途径,也是民族传统体育得以延续发展的重要原因。

（四）余暇时间的浪漫性、创意性

在汉民族几千年的发展中有重文轻武的文化传统,因而导致了其内敛的民族个性。而西南地区少数民族多居于偏远山区,以农耕或畜牧为社会经济的主要形式,他们朴实、率真的审美观来源于其终日的身体劳作,也因此演化出通过舞蹈、游戏等以身体活动为主要特征的文化艺术,其形式直观外露,且具有浪漫性、创意性特点,是西南地区少数民族传统文化中的一朵奇葩。在物质文明和精神文明高度发展的今天,各种民族体育项目都在为社会提供精神产品,而且更具观赏性与艺术性。这一发展趋势逐渐脱离了过去民族体育单纯的功利性、实效性特征,转而讲求艺术、表演效果和审美价值。如土家族的"摆手舞"就从原来单一、粗糙的插秧、播谷等直接来源于农事生产的动作,或来源于战斗场面的动作,逐渐趋向于讲求表演效果,不仅动作含量有所增加,表演身法更加精致,相关的服装、音乐等整体艺术形象都趋于丰满化。现代的"摆手舞"所表现出来的强烈的动感、优美的姿态、欢快的节奏、和谐的韵律以及深蕴的意境,无不给人带来强烈的美的感受,充分体现了民族体育项目的浪漫性和创意性。

(五)节日民俗的亲合性、娱乐性

民族体育从来没有独立存在过,而总是和人们的军事、农作、生活密切相连,在漫长的发展和演变过程中,逐渐朝着竞技化和表演化的方向发展,出现娱乐化趋势,并依靠民间赛会和节令活动得以开展,依附民俗习惯得以沿袭。民俗是由于各民族生活在不同的自然环境和社会环境,经过长期的生产和生活,逐渐形成的具有自己民族特色的性格及民间传承习俗。节日民俗中的民族传统体育是民俗的一种独特的表现形式,具有非常浓厚的民族文化色彩。西南地区少数民族有着众多的民族节日,这些节日中的民俗随着社会的发展,往往与人们的生产活动、纪念活动、社交活动和文化娱乐活动及民族间的相互影响有着密切的联系。虽然各民族的节日民俗从时间上、纪念意义上、活动内容上不尽相同,但把民族传统体育作为节日民俗的一项重要内容却是相同的,节日民俗与民族传统体育之间的这种亲合性也正是二者互动发展的原动力。

(六)宗教信仰的崇拜性、强化性

宗教信仰是少数民族文化的一个重要组成部分,许多体育项目都表现出了这一特点,有的甚至直接来源于宗教活动。祭祀和巫术都是原始宗教的重要表现形式,而巫师则是这一活动的执行者,必须把本民族的有关历史、宗教、道德、风俗、礼法等最终以身体活动的形式表现出来。民族宗教信仰就是这样蕴于民族传统体育文化之中,一方面因体育项目的不断继承而终得以保存和强化,另一方面则随体育项目的不断演变而得到修改和发展,使我们的文化本源不致因时代的变迁而终被摒弃于古代文明的废墟中。

第二章　西南少数民族传统体育文化传承机制指标体系构建

少数民族传统体育文化传承是一个比较抽象和复杂的过程，大众对于文化传承的认识也基于传承性是所有文化的基本特征之一，然而，文化传承过程有哪些具体环节和构成要素是多数人不能全面认识和言明其理的，对于传承机制的理解则更觉抽象。为此，本研究以系统理论和社会互动为立论基础，采用"剖解"少数民族传统体育传承过程的方式，对这一过程进行逐一分解，从现有可查文献中找寻有关"传承"的因素并将其进行归类，在遵循文化传承一般规律的前提下，进行因素的指标化处理，使整个传承过程得到更为"具象"的呈现，使所有指标以一定的逻辑层次关系排列。为了保证指标之间关系的科学性和合理性，研究采用专家意见征询等方式对指标进行了修正，并通过 SPSS 软件对指标进行了量化统计和分析，使各个指标得到信度和效度的检验筛选，最终形成了西部地区少数民族传统体育文化传承机制的指标体系，并依此展开后续的研究和讨论。

第一节　基本概念

一、机制

"机制"原指"机器的构造原理和工作方式、机器内部各部分间的组合、传动的制约关系"①。18 世纪后开始被其他学科借用，时至现代，"机制"被政治学、经济学、心理学、社会学等学科借用，

---

① 刘建明，张明根. 应用写作大百科 [Z]. 北京：中央民族大学出版社，1994.10.

其内涵也较之以往有了一定程度的延展和改变,在应用到新的学科领域之后,机制泛指"引起、制约事物运动、转化、发展的内在结构和作用方式,包括事物内部因素的耦合关系、各因素相互作用的形式、功能作用的程序以及转变的契机等"①。关于"机制"的定义,不同学科之间存在一定的差异性,《哲学百科小辞典》中是从自然科学和社会科学的角度界定的,认为机制是"用来表征事物或系统的内在机理、内在联系和运动规律"②的;在《现代汉语新词语词典》中,机制"泛指一个工作系统的组织或部分之间互相作用的过程和方式"③。综上来看,机制是描述事物内部因素及其关系或相互作用方式的一个概念,相比而言更加接近事物的"本质"。机制具有以下两个特征:"第一,相对稳定性。机制一旦形成,便具有一定规律和准则,保持其相对稳定特点。它以一定的运作方式把事物的各个部分联系起来,使它们协调运行而发挥作用。第二,系统性。每个机制都是围绕一个核心而形成的,各个要素之间具有内在联系,是相互制约和影响的有机体"④。

二、文化传承机制

"文化传承是文化具有民族性的基本机制,也是文化维系民族共同体的内在动因"⑤。关于文化传承机制的界定,需要以"文化""传承"和"机制"三个概念为基础,关于"文化",其概念和界定在此不做赘述,关于机制,上文已有所表述。而"传承"乃"传播和继承"⑥"更替继承"⑦之意,基本可理解为"传"和"承"两个关键词的合意,透过字表望其内,"传"所表达的是"传播"(信息

① 刘建明,张明根.应用写作大百科[Z].北京:中央民族大学出版社,1994.10.
② 刘文英.哲学百科小辞典[Z].兰州:甘肃人民出版社,1987.1.
③ 亢世勇,刘海润.现代汉语新词语词典[Z].上海:上海辞书出版社,2009.11.
④ 李超.我国优秀传统文化传承机制研究[D].河北师范大学,2013:9-10.
⑤ 赵世林.论民族文化传承的本质[J].北京大学学报(哲学社会科学版),2002(3):10-16.
⑥ 莫衡,等.当代汉语词典[Z].上海:上海辞书出版社,2001.4.
⑦ 阮智富,郭忠新.现代汉语大词典·上册[Z].上海:上海辞书出版社,2009.12.

的交流和分享①）或"更替"之意，即有了更大范围的认知或具有了更新或改变；而"承"乃"继承、承接"之意，所表现的是一个连续过程的结果。从"传承"的界定出发，文化传承的界定则更为容易，有学者认为文化传承是指"文化在一个人们共同体（如民族）的社会成员中作接力棒似的纵向交接的过程"②。

综合以上几个概念，尝试性地对文化传承机制作以下界定："引发、促进并制约文化传承的内部因素的耦合关系及各因素之间相互作用的形式和规律"。相应的解释如下：第一，文化传承是一个纵向交替的循环过程。这一点着眼于文化的发展演变过程，即"传承性"是文化的一个基本特征，而这种特征普遍存在于所有文化类型之中，所有文化基本都遵循"传→承→传"这一循环规律，实现其自身的赓续和发展。第二，文化传承由多个内部因素构成。文化传承虽然是一个纵向交替的过程，但这一过程像一个完整的"链条"，可细分为若干个环环相扣的环节，并且每个环节都在不同程度上受到所处环境的影响和制约。第三，文化传承的实现是内部因素相互作用的结果。文化传承链条的完整性是其有效传承的前提，而这一过程的实现是各内部因素彼此关联、相互作用、互为支应的结果，任何一个环节的缺席都会对文化的有效传承形成阻碍。第四，文化传承存在一定的规律性。文化传承虽然是个相对复杂的过程，但不同类型文化之间的传承存在一定的共性，其在内部因素构成、作用方式、受环境影响等方面都有一定的相似性，在发生、发展、演变等方面也有近似的规律可循。

第二节 指标体系构建的理论基础

指标体系的构建是一个相对复杂的过程，不仅需要从实践层面进行多方面的分析总结，同时也需要一定的理论作为指导和立

---

① 甘惜分.新闻学大辞典[Z].郑州：河南人民出版社，1993.5.
② 赵世林.论民族文化传承的本质[J].北京大学学报（哲学社会科学版），2002（3）：10-16.

论基础。本研究从各民族传统体育文化的基本特征出发,反观构成其整体的各个方面,认为少数民族传统体育文化传承机制首先是一个系统性的问题,各个构成因素的共同作用才使传承得以实现和维系。此外,少数民族传统体育文化的发展从来就不是单线进行的,在整个过程中与其他社会因素密切相关,是多种社会因素的相互作用和影响促成了少数民族传统体育文化的产生、传承和发展。因此,本研究将系统理论和社会互动为基础,探讨少数民族传统体育文化传承指标体系构建的理论基础。

一、系统理论

西南地区少数民族传统体育文化传承机制是由多个因素构成的,传承机制的运行基于各因素的相互作用。从结构拆解的角度而言,构成传承机制的各个因素就是构成传承机制体系的各级指标,从此意义上来看,"传承"之所以发生,是所有因素共同作用的结果,其内部机理是一个系统性的运行过程。因此,西南地区少数民族传统体育文化传承机制指标体系的构建,首先要从系统理论出发。

系统理论(·Systems Theory),是一种基于系统思维方法的理论,而系统思维的要旨在于从整体上系统地思考和分析问题。"系统"(System),源于古希腊语,其最初的内涵是"由部分构成整体",具体到定义层面是指:"由若干要素以一定结构形式联结构成的具有某种功能的有机整体",其中包括了系统、要素、结构、功能4个概念,表明了要素与要素、要素与系统、系统与环境3个方面的关系①。这一理论能够很好地解释西南地区少数民族传统体育文化传承机制的指标体系构成问题:首先,西南地区少数民族传统体育文化传承机制是一个相对复杂的系统,包括了传承主体、传承内容、传承介质、传承方式等多个要素,不同要素的组合构成了传承机制的内部结构,不同结构所具有的功能各有不同而

---

① 系统理论 .360 百科 [EB/OL].https: //baike.so.com/doc/5714821-5927547.html,
2018-08-26.

又相互关联,最终使"传承"这个过程相对完整地发生和延续;其次,西南地区少数民族传统体育文化传承机制的指标体系是"传承"相关构成因素的集合,同级指标和次级指标之间首先构成了一个相对合理的结构,包含其中的各个因素或要素通过相互作用形成一个相对完整的"系统",这一"系统"在各种要素的集合作用下,通过各种结构发挥各自功能,共同促进了"传承"这个过程的发生。

系统思想历史久远。美籍奥地利人、理论生物学家 L.V.贝塔朗菲(L.Von.Bertalanffy)对系统思想进行了归纳和升华,于1932 年提出"开放系统理论",系统论的思想由此提出;系统论的理论基础自 L.V.贝塔朗菲在 1937 年提出"一般系统论原理"之后得以巩固。其系统论认为"整体性、关联性、等级结构性、动态平衡性、时序性"等是所有系统的共同的基本特征。这一点也与西南地区少数民族传统体育文化传承机制和指标体系构成有着很大程度的吻合度:第一,整体性。"少数民族传统体育文化传承机制"是一个多要素的集合,其运行依赖于各要素作用的整合,而其中的"传承"是一个由"传者、传承内容、传承介质、承者"等要素所构成的完整"传承链",任何一个环节的缺席都会从整体上导致传承的断裂,因此,在整体性这一点上,系统论可以为西南地区少数民族传统体育文化传承机制指标体系的构建提供理论支持。第二,关联性。如上文所述,少数民族传统体育文化的传承是一个环环相扣的"链条",各要素之间相互作用、互相影响、彼此牵制,且各要素与整个"传承链"之间也具有上述几种关联关系,因此,系统论所具有的关联性特征与西南地区少数民族传统体育文化传承机制之间高度耦合。第三,等级结构性。"系统论的基本思想就是把所研究和处理的对象当作一个系统,分析系统的结构和功能,研究系统、要素、环境三者的相互关系和变动的规律性"[①]。其中,等级结构性是系统论的一个重要内容,但凡系统

---

① 系统理论.360 百科[EB/OL].https://baike.so.com/doc/5714821-5927547.html, 2018-08-26.

都是由不同要素构成的,要素之间的彼此关系会形成一个界限相对明显的结构层次,就西南地区少数民族传统体育文化传承机制指标体系而言,指标之间也存在并列、包含与被包含等关系,且有一级、二级、三级指标的区分,由此可以明确地看出其中存在的等级和结构,因此而言,西南地区少数民族传统体育文化传承机制指标体系的构建需要从系统论的思想中找寻依据。第四,动态平衡性。世间万物都是变动不居的,"一切实际系统由于其内外部联系复杂的相互作用,总是处于无序与有序、平衡与非平衡的相互转化的运动变化之中的,任何系统都要经历一个系统的发生、系统的维生、系统的消亡的不可逆的演化过程。也就是说,系统存在在本质上是一个动态过程,系统结构不过是动态过程的外部表现。而任一系统作为过程又构成更大过程的一个环节、一个阶段"①。这是系统科学的动态演化原理的基本内容,结合西南地区少数民族传统体育文化传承机制来看,其存在和运行也是一个总体动态平衡的过程,意即包含在传承机制这一系统内的各要素,其存在是根据所处环境的改变而不断变动的,且各要素之间的相互作用也是变动的,要素与整个传承机制系统之间的关系也是动态的,甚至传承机制作为少数民族传统体育文化发展过程中的一个环节,其与整个发展过程这一系统之间的关系也是总体保持动态平衡的。第五,时序性。在某种意义上而言,任何系统都存在于一定的时空环境之中,虽然空间环境有一定的抽象性,但时间维度上的存在是一个客观事实。可以说,相同的系统在不同的时间范围内,其结构和功能会发生较大程度的改变,甚至其构成要素也会发生不同程度的改变。从系统的内部来看,各要素的存在和发挥功能,也存在一定的时序性,结合西南地区少数民族传统体育文化传承机制来看,"传承"这一总体过程是一个以"时间"为基本轴而发生的,即先有"传"才有"承",而且两者之间并非即刻发生,在时间维度上存在一定的先后,这就是"时序性"方面系

---

① 系统理论.360百科[EB/OL].https://baike.so.com/doc/5714821-5927547.html,
2018-08-26.

统理论与少数民族传统体育文化传承机制之间的绵密关联。

二、社会互动

文化传承，从某种意义上是一种人的社会活动，毕竟文化是人类的专属。文化的代代传承是发生和存在于人的交往、交流之中的，也就是说，文化传承在一定意义上是一个社会互动过程。

从基本概念上讲，社会互动（social interaction）是指："社会上个体与个体之间、群体与群体之间通过接近、接触或手势、语言等信息的传播而发生的相互依赖性行为的过程"[1]。结合少数民族传统体育文化来看，其传承过程就是一种社会互动，因为这一过程发生在族群成员和群体之间，借由语言、文字、身体等介质实现信息的沟通和传递，实现的是一个信息"输出"和信息"接收"的过程，发生在特定的社会环境和特殊人群的互动之中。

从内涵方面讲，社会互动所具有的"7个方面的内涵"[2]与少数民族传统体育文化的传承机制也存在很大程度的契合度。第一，少数民族传统体育文化的传承是在"传者"和"承者"之间发生的，虽然两者都非单一个体所指，但其最小单元就是族群成员的单独个体，这一点与"社会互动必须发生在两个或两个以上个体之间"是符合的。第二，社会互动仅形成于发生了相互依赖性的个体之间、群体之间，结合少数民族传统体育文化的传承情况来看，这一过程首先发生在个体或群体之间，就具体的个体和群体而言，少数民族传统体育文化传承的参与者均为同一族群及其成员，彼此之间存在一定的血缘关系、地缘关系，同属一个地域文化区和民族文化圈，有着共同或极为相似的生产、生活、饮食、起

---

① 廖盖隆，等.马克思主义百科要览·下卷[Z].北京：人民日报出版社，1993.3.
② 社会互动的内涵：（1）社会互动必须发生在两个或两个以上个体之间。（2）个体之间、群体之间只有发生了相互依赖性的行为时才存在互动，并不是任何两个个体的接近都能形成社会互动。（3）社会互动以信息传播为基础。（4）社会互动总是在特定的情境下进行的。同一行为在不同的时间、不同的场合具有不同的意义。（5）社会互动可以是面对面的，也可以在非面对面的场合下发生。（6）社会互动还会对互动双方及他们之间的关系产生一定的影响，并有可能对社会环境形成一定的作用。（7）个体间的互动往往遵循一定的行为模式，具有一定的互动结构。

居、体育方式,遵守相同的民族风俗习惯,可以说彼此之间的相互依赖关系不言而喻。第三,"以信息传播为基础"是社会互动和少数民族传统体育文化传承的另一方面的切合,少数民族传统体育文化的传承,以"基本知识(项目的历史起源、基本特点等)、基本规则、开展方式方法"等为基本内容,这些内容在某种意义上都是可以借由语言和文字进行传输或传递的"信息",也在一定程度上成为文化传承的基础。第四,之所以说少数民族传统体育文化的传承是一种社会互动,还因为传承是"在特定的情境下进行"的。从现实情况来看,各民族的传统体育文化大都在"节日庆典、宗教仪式、生产劳动、休闲娱乐"等时空环境进行,要么在规定的时间,要么在特定的场合,或者两者兼具。由此可见,在特定情境这一点上,少数民族传统体育文化的传承就是一个社会互动的发生过程。第五,就发生的场合来看,少数民族传统体育文化传承和社会互动也存在一定的共性,即少数民族传统体育文化的传承既可以通过面对面的交流和手把手的教授进行,也可以通过文字表述、音频资料和视频的形式实现,后者在某种程度上跨越了空间和时间的限制,发生在多种形式的场合之下。第六,社会互动发生过程中的个体或群体,与少数民族传统体育文化传承过程中的族群及成员是相对应的元素,其共同点还在于族群成员之间因为有了传统体育文化的传承而形成特殊的关系,如有些传统体育活动(武术)是通过"师徒"形式传承的,在这个过程中形成了师父和徒弟这种关系密切的人际关系;还有些传统体育活动,在传承过程中促进了成员之间的情感沟通,青年男女因此结为姻缘。可以看出,少数民族传统体育文化的传承过程是多种人际关系形成的过程,且这种关系的形成会一定程度上营造一种氛围,对其他族群成员形成潜移默化的影响。第七,社会互动的个体间往往遵循一定的行为模式,具有一定的互动结构。少数民族传统体育文化的传承,在一定意义上而言,是少数民族族群成员在本族传统文化的熏染之下产生的一种社会行为,父辈的行为模式对子孙辈有教育作用,不自觉地形成了一种相对传统但有效的传承方式——代际传承,可以说这是诸多少数民族传统体育文化共有的一种传承模式,其动力基础就是不同辈分的族群成员的互动。

从构成因素的角度来看,社会互动一般要具备3个因素:(1)必须要有两个或两个以上的互动主体;(2)互动主体之间必须发生某种形式的接触;(3)参与互动的各方有意识地考虑到行动"符号"所代表的"意义"。其中的前两个因素上文已经有所阐述,就第三个因素而言,少数民族传统体育文化的传承过程中,"传、承者"作为这一活动的主体,彼此之间已经具备了一定的关系基础,他们多年来共享某种民族文化、风俗习惯、生活方式,甚至有共同的宗教信仰,可以说,这种关系是基于对日常生活中各种"符号"(方言、文字)的意义共识基础上建立的。传统体育活动中某一个动作的来源、内涵、所表达的情感等,在族群成员之间是作为一种"公共"信息来共享的,其"意义"层面的认知也是一种"共识"。

第三节　西南少数民族传统体育文化传承机制指标体系的构建方法与确定

西南地区少数民族传统体育文化的传承涉及多种社因素,其传承机制也是个较为复杂的事项,而其指标体系的构建也是如此。其中既要考虑指标的合理性和科学性,也要考虑各指标之间的相互关系,因此,在方法方面就尤为重要,选取科学和可行的方法,是保证指标体系科学性、客观性和有效性的重要前提。

一、西南少数民族传统体育文化传承机制指标的经验性预选

本研究依据系统理论、社会互动和国内外学者关于文化传承机制的相关论述,借鉴研究过程中的专家访谈意见,以及少数民族传统体育文化传承机制的内涵、特征和实际情况,采用因素分解和经验法,初拟了"西南地区少数民族传统体育文化传承机制"的指标体系,包括 5 个一级指标、22 个次级指标和 72 个三级指标(表 2-1)。

表 2-1　西南地区少数民族传统体育文化传承机制指标体系

一级指标	二级指标	三级指标
A1 动力机制	B11 家族文化主导型	C11 家祭
		C12 家法
		C13 家礼
		C14 族规
	B12 宗教文化主导型	C21 宗教政治
		C22 宗教哲学
		C23 宗教伦理
		C24 宗教礼仪
	B13 娱乐休闲主导型	C31 健体
		C32 益智
		C33 养生
		C34 交往
	B14 竞技竞赛主导型	C41 民间非正式竞赛
		C42 官方正式比赛
	B15 实用功能主导型	C51 生产工具
		C52 交通工具
		C53 防卫武器
A2 运行机制	B21 师徒制	C61 师傅 – 学徒型
		C62 师父 – 徒弟型
	B22 族群制	C71 同姓（氏）型
		C72 同村（寨）型
	B23 师生制	C81 教师 – 学生型
		C82 教练 – 队员型
A3 约束机制	B31 传承主体	C91 技能水平
		C92 知识储备
		C93 个人愿望
		C94 经济条件
		C95 健康状况
		C96 总体数量
		C97 年龄结构
		C98 家人态度
		C99 工作类型

续表

一级指标	二级指标	三级指标
A3 约束机制		C910 文化水平
		C911 族群地位
	B32 传承内容	C101 知识
		C102 技（工）艺
		C103 技术（能）
		C104 民族文化
	B33 传承场域	C111 自然场域
		C112 公共场域
		C113 随机场域
		C114 特定场域
	B34 传承介质	C121 身体
		C122 文字
		C123 语言
	B35 传承环境	C131 内部环境
		C132 外部环境
	B36 传承目标	C141 模糊不定
		C142 明确具体
A4 保障机制	B41 制度	C151 国家制度
		C152 地方制度
		C153 家族制度
	B42 文化	C161 宗教文化
		C162 风俗文化
		C163 节日文化
	B43 情感	C171 个体情感
		C172 集体情感
	B44 利益	C181 个人利益
		C182 族群利益
A5 评价机制	B51 传承主体评价	C191 人数变化
		C192 技能水平
		C193 参与时间
		C194 参与频度
	B52 传承内容评价	C201 完整性

续表

一级指标	二级指标	三级指标
A5 评价机制	B53 传承过程评价	C202 系统性
		C203 合理性
		C204 集体组织
		C205 个人随机
	B54 传承效果评价	C211 知晓度
		C212 参与度
		C213 认可度
		C214 自觉度

在一级指标方面,本研究结合国内关于机制和传承机制的相关成果认为,少数民族传统体育文化的传承是一个相对完整的"链条"。基于"为什么能够传承?通过何种形式传承?传承的具体内容有哪些方面?传承是在何种条件下完成的?传承的效果如何?"等问题,本研究初拟了西南地区少数民族传统体育文化传承机制的一级指标。首先,少数民族传统体育文化的传承看似是一个自觉、自然的过程,但参与其中的族群居民在某种程度上是有一定的"需求"的,这一点可以从互动仪式链理论中的"情感能量"内容中找见依据,即任何族群成员个体在参与本民族传统体育的过程中,总是有一定的"目的",其参与的行为驱动存在个体差异,但正是这种"动力"才促成了其参与的行为发生。基于此,本研究将"动力机制"作为少数民族传统体育文化传承机制的一级指标之一。其次,少数民族传统体育文化的传承是如何进行的?都是哪些传承方式促进了"传承"这一过程的实现?基于这样的疑惑,本研究进行了分析论证,认为少数民族传统体育文化的传承是围绕着人和人之间的关系而进行的,毕竟文化的传承不能脱离人这一主要因素而发生;以少数民族传统体育文化传承脉络的梳理为基础,结合其传承过程中形成的人际关系类型,确定了维系少数民族传统体育文化传承的第二个一级指标——运行机制。再次,少数民族传统体育文化的传承是基于一定的前

提条件的,只有具备了一定的条件,"传承"这一过程才可能发生,可以说这些条件既是构成"传承"环节的重要元素,也是一种具有约束性的条件因素。基于此,本研究认为少数民族传统体育文化传承所必须的因素,构成了一个约束性条件集合,因此将"约束机制"作为又一个一级指标。 再者,少数民族传统体育文化在传承的过程中会受到多种不利因素的影响,但总体来看,大多数传统体育文化都是在经历了风风雨雨之后延传至今,是何种因素为这一过程的顺利完成"保驾护航"呢? 可以说这是一股与不利因素对抗的力量,在少数民族传统体育文化传承遇到阻碍的时候,这些因素在促进传承方面发挥了重要的保障作用。因此,本研究认为诸多促进少数民族传统体育文化传承的因素共同形成了一种保障机制。最后,在上述四种机制的共同作用下,少数民族传统体育文化得以顺利传承,但在此过程中是否完成了相关"信息"的完整传递? 其中有没有丢失? 这些问题的存在引发了关于"传承效果"的思考,即传承到何种程度才可以称之为"有效传承"? 在传承过程中有没有创新元素的加入和传统元素的舍弃? 基于上述疑问,本研究将"评价机制"作为少数民族传统体育文化传承机制指标体系的一级指标。

在二级指标方面,本研究对以往研究成果中影响少数民族传统体育文化传承的因素进行了梳理、归纳和综合,并结合拟定的一级指标进行归类,初拟了 22 个二级指标,以此呈现少数民族传统体育文化传承机制的基本内容和指标体系的大致结构。

三级指标基于二级指标的内涵而确定,主要还是根据目前少数民族传统体育文化传承过程中的相关因素而拟定。其间参阅了国内学者关于文化传承、少数民族传统体育、体育文化、少数民族传统体育文化传承等方面的文献,力图通过三级指标使少数民族传统体育文化传承机制得到更为明确的呈现,同时,通过各级指标的逻辑关系,表现不同环节的内在关联。

二、西南少数民族传统体育文化传承机制指标专家筛选结果与分析

在指标的第一轮意见征询过程中,将初拟指标设计成《西南地区少数民族传统体育文化传承机制指标体系构建》专家问卷,采用普遍使用的特尔斐法征询选定专家的意见和建议,采用了邮件发放问卷、纸质问卷和微信填写等形式。其中邮件和纸质问卷发放给北京和西藏的两个专家,微信填写和"问卷星"平台结合,问卷发放采用定点发放的形式,征求国内体育文化、少数民族传统体育、体育社会学等领域的专家对于指标构成的建议,专家以高校教授和具有博士学位的副教授为主。问卷星问卷发放时间为 20 天,涉及地区 12 个,完成调查专家共计 21 个(图 2-1)。

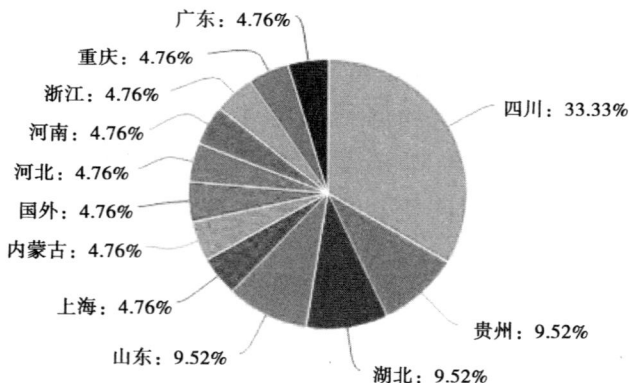

图 2-1　西南地区少数民族传统体育文化传承机制经验性预选指标专家意见征询问卷来源及比例图（问卷星）

此次问卷发放主要以国内为主,在少数民族传统体育文化及相关领域中有一定知名度的专家是本次调查的主要对象,各个专家从不同角度对初拟的一、二、三级指标及其逻辑关系提出了建设性建议,为指标体系的修正提供了大量有价值的信息。

（一）第一轮专家调查结果与分析

把表 2-1 初步筛选的预选指标按照一级指标、二级指标、三级指标分别设计在第一轮专家调查问卷中,让专家在备选项中选

择建议入选指标及"其他或建议"请专家进行筛选,当指标的选中率在 2/3（66.67%）及以上时,则该指标入选。

1. 一级指标筛选结果及处理

从专家对一级指标的评价来看,绝大多数专家都表示赞同,各指标被选中的情况比较乐观,有 4 个指标的选中率都高于 80%（图 2-2）,这在一定程度上反映出各位专家对于一级指标的认可程度,这一点在频数分析中也得以体现（表 2-2）。

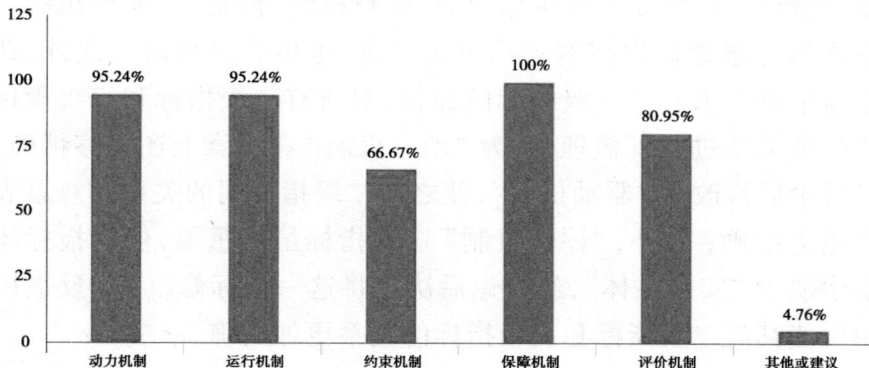

图 2-2　西南地区少数民族传统体育文化传承机制"一级指标"的选中率

表 2-2　西南地区少数民族传统体育文化传承机制"一级指标"频数分析

名称	选项	频数	百分比（%）	累积百分比（%）	处理结果
动力机制	未选中	1	4.76	4.76	选项名称修改为"驱动机制"
	选中	20	95.24	100.00	
运行机制	未选中	1	4.76	4.76	选项名称修改为"实施机制"
	选中	20	95.24	100.00	
约束机制	未选中	7	33.33	33.33	选项名称修改为"表达机制"
	选中	14	66.67	100.00	
保障机制	选中	21	100.00	100.00	
评价机制	未选中	4	19.05	19.05	选项名称修改为"反馈机制"
	选中	17	80.95	100.00	
其他或建议	未选中	20	95.24	95.24	
	选中	1	4.76	100.00	
合计		21	100.0	100.0	

但是,从中不难看出,专家对于"约束机制"这一指标的认可程度偏低,经过后期与相关专家沟通后得知,约束机制下的"传承主体、传承内容、传承场域、传承介质、传承环境和传承目标"是传承过程中的重要构成因素,用"约束机制"这一名称欠妥,且容易造成误解,因此,在考虑多个专家建议的基础上将这个一级指标名称修正为"表达机制"。再者,有专家认为"运行机制是个大概念,理论上包括动力、约束、评价等机制",基于这条建议,课题组进行讨论后将原一级指标中的"运行机制"修正为"实施机制",使之与二级指标之间的关系更为明确,也更容易理解。此外,课题组根据专家对于一级指标的建议,对所有一级指标和二级指标之间的关系进行了梳理,认为"动力机制"在表意上还不够精确,经讨论后修改为"驱动机制",使之与二级指标间的关系和意思表达更为准确;另外,"评价机制"这一指标虽然重要,但在指标体系中缺少"实施主体",经讨论后决定将这一指标修改为"反馈机制",使其与二级指标和三级指标的关系更加明确。

2. 二级指标筛选结果及处理

二级指标起到的是"桥梁"作用,既是一级指标的具体化又是三级指标的统领,因此,课题组综合考虑了专家意见和具体研究内容,对二级指标进行了调整,具体情况见表2-3。

表2-3　西南地区少数民族传统体育文化传承机制"二级指标"筛选情况

序号	二级指标	选中率(%)	专家建议	处理结果
1	家族文化主导型	85.71	"主导型"不合实际,建议删除,仅保留选项前半部分,并考虑增加"民族情节"方面的选项	修改
2	宗教文化主导型	100.00		
3	娱乐休闲主导型	95.24		
4	竞技竞赛主导型	71.43		
5	实用功能主导型	66.67		
6	师徒制	95.24		保留
7	族群制	95.24		保留
8	师生制	66.67		保留
9	传承主体	76.19		保留

续表

序号	二级指标	选中率(%)	专家建议	处理结果
10	传承内容	85.71		保留
11	传承场域	90.48		保留
12	传承介质	76.19		保留
13	传承环境	80.95		保留
14	传承目标	71.43	与其他选项逻辑关系不对应	删除
15	制度	100.00		保留
16	文化	76.19		保留
17	情感	76.19		保留
18	利益	71.43		保留
19	传承主体评价	90.48	对指标表达方法进行提炼，并考虑与三级指标的关系。建议改为"传承主体""传承内容""传承形式"和"传承效果"	修改
20	传承内容评价	95.24		修改
21	传承过程评价	100.00		修改
22	传承效果评价	100.00		修改

　　第一,将一级指标"动力机制"下的5个二级指标(家族文化主导型、宗教文化主导型、娱乐休闲主导型、竞技竞赛主导型、实用功能主导型)的名称进行了调整,修改为"家族文化、宗教文化、娱乐休闲、竞技竞赛和实用功能"。这一方面基于少数民族传统体育文化传承过程中并非单纯由某种因素"主导"的现实;另一方面使各二级指标之间的关系更加"并列",在逻辑和层次关系上更趋合理。再者,有专家提出要"足够关注民俗强大的惯性作用,关注深爱本民族传统文化的民族情结等方面的动力作用",课题组认为这一建议具有重要意义,故增加"民俗文化"作为二级指标。

　　第二,原"约束机制"下的6个"二级指标"——传承主体、传承内容、传承场域、传承介质、传承环境和传承目标,其中的"传承目标"在逻辑关系上与其他5个二级指标对应度不高,处于同级指标逻辑层次的考虑,将"传承目标"这一指标删除;同时有专家认为现有指标不够完整,"经济"和"时间"也是少数民族传统体育文化传承的重要指标,课题组认为专家建议可以参考,决定增设为二级指标。

第三，由于原一级指标"评价机制"的名称调整，故将其下的4个二级指标(传承主体评价、传承内容评价、传承过程评价和传承效果评价)修改为"传承主体、传承内容、传承形式和传承效果"。需要说明的是，有专家对于原指标——"传承过程"和三级指标的含义不甚理解，有产生"歧义"的可能，故修改为"传承形式"，使其与三级指标——集体组织、个人随机的关系和意义表达更为明确。

第四，根据专家建议，在保障机制一级指标下，增设"经费""时间"和"平台"3个二级指标，通过课题组认真讨论认为，增设的3个二级指标与少数民族传统体育文化的传承关系密切，增设后会使二级指标更加全面。

3.三级指标筛选结果及处理

三级指标是少数民族传统体育文化传承的具体表现因素，专家对其关注和建议较多，出于对指标体系科学性、完整性、准确性、系统性和客观性的考量，课题组对专家建议进行逐条梳理和讨论，对三级指标进行了调整和修正。具体见表2-4。

表2-4 西南地区少数民族传统体育文化传承机制"三级指标"筛选情况

序号	三级指标	选中率(%)	专家建议	处理结果
1	家祭	80.95		保留
2	家法	47.62		删除
3	家礼	85.71		保留
4	族规	95.24		保留
5	宗教政治	52.38		删除
6	宗教哲学	52.38		删除
7	宗教伦理	90.48		保留
8	宗教礼仪	100.00		保留
9	健体	95.24		保留
10	益智	71.43		保留
11	养生	80.95		保留
12	民间非正式竞赛	95.24	民间也有正式比赛,建议修改为"民间竞(比)赛"	修改

续表

序号	三级指标	选中率(%)	专家建议	处理结果
13	官方正式比赛	85.71	修改为"官方竞(比)赛"	修改
14	生产工具	85.71		保留
15	交通工具	66.67		保留
16	防卫武器	80.95		保留
17	师傅－学徒型	71.43		保留
18	师父－徒弟型	90.48		保留
19	同姓(氏)型	71.43	建议修改为"族内型"	修改
20	同村(寨)型	90.48	建议修改为"族间型"	修改
21	教师－学生型	95.24		保留
22	教练－队员型	61.9		删除
23	技能水平	95.24		保留
24	知识储备	71.43		保留
25	个人愿望	85.71		保留
26	经济条件	71.43		保留
27	健康状况	76.19		保留
28	总体数量	47.62		删除
29	年龄结构	66.67		保留
30	家人态度	57.14		删除
31	工作类型	57.14		删除
32	文化水平	61.9	与"知识储备"有重复之嫌	删除
33	族群地位	95.24		保留
34	知识	76.19	建议为"基本知识"	修改
35	技(工)艺	100.00	两个指标"有重复之嫌",建议修改为"制作工艺"和"技术技能"	修改
36	技术(能)	85.71		修改
37	民族文化	90.48		保留
38	自然场域	95.24	前两种场域(自然场域和随机场域)与后两种场域(随机场域和特定场域)不在同一逻辑水平上,建议调整、合并为"自然场域"和"特定场域"	修改
39	公共场域	100.00		
40	随机场域	52.38		
41	特定场域	90.48		
42	身体	100.00		保留
43	文字	85.71		保留

续表

序号	三级指标	选中率(%)	专家建议	处理结果
44	语言	95.24		保留
45	内部环境	95.24		保留
46	外部环境	95.24		保留
47	模糊不定	57.14		删除
48	明确具体	85.71		保留
49	国家制度	95.24		保留
50	地方制度	100.00		保留
51	家族制度	85.71		保留
52	宗教文化	95.24		保留
53	风俗文化	95.24		保留
54	节日文化	95.24		保留
55	个体情感	100.00		保留
56	集体情感	100.00		保留
57	个人利益	95.24		保留
58	族群利益	100.00		保留
59	人数变化	90.48		保留
60	技能水平	90.48		保留
61	参与时间	90.48		保留
62	参与频度	85.71		保留
63	完整性	100.00		保留
64	系统性	95.24		保留
65	合理性	85.71		保留
66	集体组织	95.24		保留
67	个人随机	90.48		保留
68	知晓度	85.71		保留
69	参与度	100.00		保留
70	认可度	85.71		保留
71	自觉度	100.00		保留

第一,从专家选择的情况来看,二级指标"家族文化主导型"下的"家法"指标被选中率仅为47.62%,这说明该指标对于二级指标的贡献度未得到专家认可,故删除此指标。

第二，"宗教文化主导型"二级指标下的"宗教政治、宗教哲学"2个指标，专家选中率刚刚超过50%，有专家认为过于理论化且与少数民族传统体育文化的关联度不大，鉴于问卷指标设计的"通俗性原则"，避免不必要的误解，经课题组讨论决定将其删除。

第三，"娱乐休闲主导型"二级指标下的3个三级指标中，有专家建议增加"娱乐"指标，并且认为"历史上及直到今天，绝大多数少数民族群众参与传统体育活动的个人动机中，追求身心快乐、追求'好玩'的目标都超过了列出的指标，而且这种情况一直会延续到少数民族村寨的物质生活水平根本改善"。课题组认真考虑了专家建议，并查阅了相关文献，决定增设"娱乐"和"交往"2个指标。

第四，"竞技竞赛主导型"二级指标下的2个三级指标（民间非正式竞赛、官方正式比赛），有专家认为民间除了非正式竞赛之外也存在正式的比赛，课题组讨论后认为专家意见可以借鉴，同时为了避免更多歧义，决定将指标修改为"民间竞（比）赛"和"官方竞（比）赛"。

第五，"实用功能主导型"二级指标下列出了3个三级指标，有专家建议增加"装饰器具"作为三级指标，课题组查阅文献资料发现，"弓、剑、'古尔朵'"等器械都存在"装饰"方面的实用功能，从问卷指标"全面性原则"考虑，决定增列为三级指标。

第六，在一级指标运行机制的二级指标"族群制"下，预设了"同姓（氏）和同村（寨）型"2个指标，有专家认为"两种分类有交叉，不符合逻辑学要求"。经课题组讨论认为专家所述情况的确存在，故修改为"族内型"和"族间型"。

第七，在一级指标约束机制的二级指标"传承主体"下，初拟了12个三级指标，有专家认为其中的"文化水平"指标与"知识储备"有重复之嫌，经讨论后将"文化水平"删除。

第八，在一级指标约束机制的二级指标"传承内容"下，初拟了4个三级指标，有专家认为其中的"技（工）艺"和"技术（能）"2个指标"有重复之嫌"，故将其修改为"制作工艺"和"技术技能"，前者指某些少数民族传统体育用品的制作工艺,后者专指少数民族传统体育的技术、技巧和技能;同时,还有专家认为少数民族传统体育文化的传承内容"除了身体活动方式外,最重要的传承内容应当是'仪式''情感'等",经课题组讨论增设"族群谱系"和"风俗惯习"2个指标。

第九,在一级指标约束机制的二级指标"传承场域"下,初拟了4个三级指标,有专家认为前两种场域(自然场域和随机场域)与后两种场域(随机场域和特定场域)不在同一逻辑水平上,鉴于此,课题组将4个指标删减为"自然场域"和"特定场域"两个指标,以此规避逻辑问题和歧义。

第十,在一级指标约束机制的二级指标"传承介质"下的3级指标中,专家高度认同初拟的3个指标,但有专家认为还存在其他传承介质,建议增加"音乐、场景和影像"等指标,课题组讨论后认为"音乐"和传统体育两者是并列关系,虽然有时交相辉映,但两者之间界限明显,故不考虑设为指标之一;其次,"场景"是一个相对抽象的存在,在传统体育文化传承的过程中并非一种"普遍性"存在,故也不考虑;"影像"对于保存少数民族传统体育的活动方式具有重要作用,故将其增设为三级指标。

第十一,在一级指标保障机制下增设了"经济"和"时间"2个二级指标,故三级指标也应增加,经讨论后决定在"经济"二级指标下增设"经费支持、个人报酬和集体收益"3个三级指标;在"时间"二级指标下增设"参与时间、参与频度"2个三级指标。

第十二,在一级指标保障机制下的二级指标"文化"之下,初拟了3个三级指标,有专家认为其中的"风俗文化"和"节日文化"不易区分,课题组查阅了相关资料,节日"是指生活中值得纪念的重要日子,是世界人民为适应生产和生活的需要而共同创造的一种民俗文化,是世界民俗文化的重要组成部分"[①]。而风俗是指"特定区域、特定人群沿革下来的风气、礼节、习惯等的总和"[②]。

---

① 节日 .360 百科 [EB/OL].https：//baike.so.com/doc/2054726-2173971.html.2019-05-27.
② 风俗 .360 百科 [EB/OL].https：//baike.so.com/doc/593643-628416.html.2019-05-13.

从概念上而言,两者有一定的关联,但区别也相对较大。鉴于此,课题组讨论后决定依据文化的经典学说重新划分三级指标,依据1871年英国文化学家泰勒在《原始文化》一书中提出的"文化是包括知识、信仰、艺术、道德、法律、习俗和任何人作为一名社会成员而获得的能力和习惯在内的复杂整体"[①]这一学说,将三级指标修改为"知识、信仰、艺术、道德、法律、习俗、能力和习惯"8个。

第十三,在一级指标保障机制下的二级指标"利益"之下,初拟了2个三级指标,有专家建议增设"家庭利益"指标,课题组讨论后认为增设后会形成"个人、家庭、族群"3个层次,会更加合理和完整,故增设为三级指标。

第十四,在一级指标评价机制下的二级指标"传承主体评价"之下,初拟了4个三级指标,有专家建议增加"认知"方面的指标,讨论后决定增加"认知程度"作为三级指标之一。

第十五,在一级指标评价机制下的二级指标"传承内容评价"之下,初拟了3个三级指标,有专家认为应当增设"生态性"和"有效性"2个指标,经课题组论证后认为"生态性"对于少数民族传统体育文化这一整体更有意义,作为"传承内容"则过于抽象,故仅把"有效性"增列为三级指标。

第十六,在一级指标评价机制下的二级指标"传承效果评价"之下,初拟了5个三级指标,专家认为少数民族传统体育文化的传承还应考虑其传播范围的问题,采纳专家建议,决定增设"传播面"作为三级指标之一。

第十七,因为在保障机制一级指标下,增设"经费"、"时间"和"平台"3个二级指标,相应的三级指标也进行增设,经过文献查阅和课题组讨论决定,在二级指标经费下,增加"政府支持、个人捐资、集体募集"3个三级指标;在二级指标"时间"下,增加"充裕富足和不足间断"2个三级指标;在二级指标"平台"下,增加"实训平台、教育平台、展示平台和宣传平台"4个三级指标。

---

① ［英］爱德华·泰勒. 连树声,译. 原始文化[M]. 桂林: 广西师范大学出版社,2005.1.

总之,通过专家对经验性预选指标的筛选,对部分指标进行了删除、修改和保留三种方法的处理,使整个指标体系更具有逻辑性、层次性和合理性。经过筛选后确定的指标体系见表2-5。

表2-5 修正后的西南地区少数民族传统体育文化传承机制指标体系

一级指标	二级指标	三级指标
A1 驱动机制	B11 家族文化	C11 家祭
		C12 家礼
		C13 族规
	B12 宗教文化	C21 宗教伦理
		C22 宗教礼仪
	B13 娱乐休闲	C31 娱乐
		C32 健体
		C33 益智
		C34 养生
		C35 交往
	B14 竞技竞赛	C41 民间竞赛
		C42 官方比赛
	B15 实用功能	C51 生产工具
		C52 交通工具
		C53 防卫武器
		C54 装饰器具
A2 实施机制	B21 师徒制	C61 师傅－学徒型
		C62 师父－徒弟型
	B22 族群制	C71 族内型
		C72 族间型
	B23 师生制	C81 教师－学生型
A3 表达机制	B31 传承主体	C91 技能水平
		C92 知识储备
		C93 个人愿望
		C94 经济条件
		C95 健康状况

续表

一级指标	二级指标	三级指标
A3 表达机制		C96 总体数量
		C97 年龄结构
		C98 家人态度
		C99 工作类型
		C910 族群地位
	B32 传承内容	C101 基本知识
		C102 制作工艺
		C103 技术技能
		C104 民族文化
		C105 族群谱系
		C106 风俗惯习
	B33 传承场域	C111 自然场域
		C112 特定场域
	B34 传承介质	C121 身体
		C122 文字
		C123 语言
		C125 图片
		C125 影像
	B35 传承环境	C131 内部（项目特点、历史、难易程度等）环境
		C132 外部（政治、经济、文化等）环境
A4 保障机制	B41 制度	C141 国家制度
		C142 地方制度
		C143 家族制度
	B42 文化	C151 知识
		C152 信仰
		C153 艺术
		C154 道德
		C155 法律
		C156 习俗
		C157 能力
		C158 习惯
	B43 情感	C161 个体情感
		C162 集体情感

续表

一级指标	二级指标	三级指标
A4 保障机制	B44 利益	C171 个人利益
		C172 家庭利益
		C173 族群利益
	B45 经费	C181 政府支持
		C182 个人捐资
		C183 集体募集
	B46 时间	C191 充裕富足
		C192 不足间断
	B47 平台	C201 实训平台
		C202 教育平台
		C203 展示平台
		C204 宣传平台
A5 反馈机制	B51 传承主体	C211 人数变化
		C212 技能水平
		C213 参与时间
		C214 参与频度
	B52 传承内容	C221 完整性
		C222 系统性
		C223 合理性
		C224 有效性
	B53 传承过程	C231 集体组织
		C232 个人随机
	B54 传承效果	C241 知晓度
		C242 参与度
		C243 认可度
		C244 自觉度
		C245 传播面

（二）第二轮专家调查结果与分析

通过对第一轮调查结果的分析统计和文献对照,确定了第二轮的专家调查指标,第二轮指标体系专家调查采用"问卷星"的形式,对国内少数民族体育文化、民族传统体育、体育社会学、体育人类学、体育文化等领域的研究者进行调查,其中以教授、副教授、博士为主,共发放问卷 157 份。因为是点对点地发放问卷,回收率和问卷有效率均为 100%,问卷采用五级评分法对各项指标进行评价,按照"完全不符合、不符合、不确定、基本符合、非常符合"分别赋予"1、2、3、4、5"的分值,专家对各项指标打分之后,运用 SPSS 软件进行统计。在指标筛选过程中,主要依据以下标准:第一,指标变异系数小于 0.25(评价指标筛选中,一般认为变异系数 ≥ 0.25 时,则该指标的专家协调程度就达不到要求)[1];第二,指标的平均得分 ≥ 3.5;第三,专家评价结果得到一致性检验,P < 0.01 或 P < 0.05。

1. 一级指标调查结果数据统计

经过数据统计处理,各一级指标的统计分析参数和检验结果见表 2-6、表 2-7。

表 2-6　西南地区少数民族传统体育文化传承机制第二轮专家调查"一级指标"统计分析参数

一级指标	$\bar{X}$	SD	变异系数
驱动机制	4.06	0.474	0.1167
实施机制	4.10	0.556	0.1356
表达机制	4.19	0.517	0.1234
保障机制	4.22	0.516	0.1223
反馈机制	4.28	0.544	0.1271

在第二轮调查中,5 个一级指标的平均分均在 4.0 以上,可以看出专家们对一级指标是比较肯定的。从变异系数来看,5 个一级指标均在 0.1200 左右,远低于 0.25 的阈值。

表 2-7　西南地区少数民族传统体育文化传承机制第二轮专家调查"一级指标"一致性检验统计表

一致性系数(Kendall' W)	卡方值(Chi-Square)	Asymp. Sig
0.115	11.000	0.035

---

[1]　杨洪涛.基于 DEA 的科研机构科技资源配置效率评价 [J].科技进步与对策,2009, 26(4):115-118.

此外,在一致性卡方检验方面,P=0.035,小于 0.05 显著性统计学要求,反映专家对一级指标的评价具有较高可信度。

2. 二级指标调查结果数据统计

表 2-8 和表 2-9 是第二轮专家调查的 24 个二级指标统计分析参数和检验结果。

表 2-8 西南地区少数民族传统体育文化传承机制第二轮专家调查"二级指标"统计分析参数

二级指标	$\overline{X}$	SD	变异系数
家族文化	4.13	0.68	0.1646
宗教文化	4.16	0.694	0.1668
娱乐休闲	4.12	0.603	0.1464
竞技竞赛	4.22	0.615	0.1457
实用功能	4.29	0.726	0.1692
师徒制	4.12	0.646	0.1568
族群制	4.28	0.714	0.1668
师生制	4.1	0.657	0.1602
传承主体	4.11	0.53	0.1290
传承内容	4.27	0.58	0.1358
传承场域	4.24	0.709	0.1672
传承介质	4.28	0.605	0.1414
传承环境	4.3	0.657	0.1528
制度	4.36	0.602	0.1381
文化	4.23	0.564	0.1333
情感	4.29	0.632	0.1473
利益	4.04	0.673	0.1666
经费	4.18	0.644	0.1541
时间	4.08	0.669	0.1640
平台	4.28	0.56	0.1308
传承主体	4.17	0.612	0.1468
传承内容	4.38	0.607	0.1386
传承过程	4.1	0.643	0.1568
传承效果	4.36	0.572	0.1312

在第二轮调查中,24 个二级指标的平均分均在 4.04 ~ 4.38 之间,说明专家对于二级指标的认可度也比较高。从变异系数来看,各二级指标均未超过 0.1700,低于 0.25 的阈值,说明各专家对于二级指标的认可度比较一致。

表 2-9　西南地区少数民族传统体育文化传承机制第二轮专家调查二级指标一致性检验统计表

一致性系数 （Kendall' W）	卡方值 （Chi-Square）	Asymp. Sig
0.187	42.886	0.038

此外,在一致性卡方检验方面,P=0.038,小于 0.05 显著性统计学要求,反映专家对一级指标的评价具有较高可信度。

3. 三级指标调查结果数据统计

西南地区少数民族传统体育文化传承机制的 87 个三级指标统计分析参数和检验结果见表 2-10 和表 2-11。

表 2-10　西南地区少数民族传统体育文化传承机制第二轮专家调查"三级指标"统计分析参数

三级指标	$\overline{X}$	SD	变异系数
家祭	4.02	0.838	0.2085
家礼	4.2	0.731	0.1740
族规	4.16	0.783	0.1882
宗教伦理	4.12	0.756	0.1835
宗教礼仪	4.21	0.725	0.1722
娱乐	4.14	0.695	0.1679
健体	4.21	0.762	0.1810
益智	3.93	0.796	0.2025
养生	4.1	0.746	0.1820
交往	4.19	0.719	0.1716
民间竞赛	4.28	0.708	0.1654
官方比赛	4.17	0.777	0.1863
生产工具	3.89	0.854	0.2195
交通工具	3.82	0.854	0.2236

续表

三级指标	$\overline{X}$	SD	变异系数
防卫武器	3.77	0.956	0.2536
装饰器具	3.7	0.83	0.2243
师傅－学徒型	4.03	0.782	0.1940
师父－徒弟型	4.21	0.7	0.1663
族内型	4.12	0.765	0.1857
族间型	4.04	0.798	0.1975
教师－学生型	4.25	0.715	0.1682
技能水平	3.96	0.739	0.1866
知识储备	4.37	0.664	0.1519
个人愿望	4.25	0.715	0.1682
经济条件	4.24	0.746	0.1759
健康状况	4.12	0.77	0.1869
总体数量	4.22	0.764	0.1810
年龄结构	4.12	0.7	0.1699
家人态度	4	0.819	0.2048
工作类型	4.07	0.771	0.1894
族群地位	4.08	0.847	0.2076
基本知识	4.21	0.719	0.1708
制作工艺	4.28	0.715	0.1671
技术技能	4.39	0.724	0.1649
民族文化	4.44	0.683	0.1538
族群谱系	4.12	0.853	0.2070
风俗惯习	4.26	0.752	0.1765
集体记忆	4.22	0.781	0.1851
自然场域	4.11	0.792	0.1927
特定场域	4.17	0.836	0.2005
身体	4.37	0.692	0.1584
文字	4.26	0.754	0.1770
语言	4.25	0.759	0.1786
影像	4.23	0.726	0.1716
图片	4.28	0.734	0.1715

续表

三级指标	$\overline{X}$	SD	变异系数
内部(项目特点、历史、难易程度等)环境	4.38	0.656	0.1498
外部(政治、经济、文化等)环境	4.22	0.756	0.1791
国家制度	4.45	0.684	0.1537
地方制度	4.46	0.666	0.1493
家族制度	4.17	0.82	0.1966
知识	4.35	0.68	0.1563
信仰	4.33	0.712	0.1644
艺术	4.1	0.752	0.1834
道德	4.25	0.733	0.1725
法律	4.15	0.763	0.1839
习俗	4.37	0.674	0.1542
能力	4.13	0.751	0.1818
习惯	4.15	0.785	0.1892
个体情感	4.27	0.646	0.1513
集体情感	4.32	0.753	0.1743
个人利益	4.01	0.787	0.1963
家庭利益	3.98	0.783	0.1967
族群利益	4.13	0.804	0.1947
政府支持	4.57	0.623	0.1363
个人捐资	3.92	0.847	0.2161
集体募集	4.04	0.806	0.1995
充裕富足	4.26	0.699	0.1641
不足间断	3.91	0.798	0.2041
实训平台	4.16	0.714	0.1716
教育平台	4.23	0.717	0.1695
展示平台	4.37	0.645	0.1476
宣传平台	4.37	0.711	0.1627
人数变化	4.13	0.698	0.1690
技能水平	4.26	0.692	0.1624
参与时间	4.12	0.721	0.1750
参与频度	4.17	0.735	0.1763

续表

三级指标	$\overline{X}$	SD	变异系数
完整性	4.43	0.683	0.1542
系统性	4.38	0.676	0.1543
合理性	4.33	0.666	0.1538
有效性	4.38	0.685	0.1564
集体组织	4.36	0.69	0.1583
个人随机	3.83	0.856	0.2235
知晓度	4.31	0.687	0.1594
参与度	4.42	0.672	0.1520
认可度	4.44	0.674	0.1518
自觉度	4.34	0.667	0.1537
传播面	4.28	0.705	0.1647

在第二轮调查中,各三级指标的平均分为 3.7 ~ 4.57,虽然总体低于一级、二级指标的平均值,但绝大多数都在 4.0 以上,最低的 3.7 也未低于 3.5 的阈值,说明专家对于三级指标的认可度也比较高。在变异系数方面,87 个三级指标中,"防卫武器"1 个指标的变异系数大于 0.25,故将其删除,其他 86 个指标均未超过 0.2300,低于 0.25 的阈值,说明各专家对于绝大多数的三级指标的认可度比较一致。

表 2-11　西南地区少数民族传统体育文化传承机制第二轮专家调查"三级指标"一致性检验统计表

一致性系数 （Kendall'W）	卡方值 （Chi-Square）	Asymp. Sig
0.125	68.776	0.040

此外,在一致性卡方检验方面,P=0.040,小于 0.05 显著性统计学要求,反映专家对一级指标的评价具有较高可信度。

（三）第二轮专家调查问卷的信度和效度分析

1. 第二轮专家调查问卷的信度分析

对第二轮专家调查问卷进行了信度分析(表 2-12),标准依据如下：第一，α 系数。如果此值高于 0.8，则说明信度高；如果此值介于 0.7 ~ 0.8；则说明信度较好；如果此值介于 0.6 ~ 0.7；则说明信度可接受；如果此值小于 0.6；说明信度不佳。第二，CITC 值。如果 CITC 值低于 0.3，则表明该指标信度不够，要删除。第三，"项已删除的 α 系数"。如果该数值明显高于 α 系数，可考虑将该项进行删除后重新分析。

表 2-12 西南地区少数民族传统体育文化传承机制第二轮专家调查 Cronbach
信度分析

指标级别	指标名称	校正项总计相关性（CITC）	项已删除的 α 系数
一级指标	驱动机制	0.442	0.989
	实施机制	0.446	0.989
	表达机制	0.488	0.989
	保障机制	0.466	0.989
	反馈机制	0.484	0.989
二级指标	家族文化	0.526	0.989
	宗教文化	0.510	0.989
	娱乐休闲	0.408	0.989
	竞技竞赛	0.408	0.989
	实用功能	0.406	0.989
	师徒制	0.603	0.989
	师生制	0.569	0.989
	族群制	0.685	0.989
	传承主体	0.768	0.989
	传承内容	0.774	0.989
	传承场域	0.686	0.989
	传承介质	0.682	0.989
	传承环境	0.753	0.989
	制度	0.769	0.989
	文化	0.657	0.989

指标级别	指标名称	校正项总计相关性（CITC）	项已删除的 α 系数
二级指标	情感	0.753	0.989
	利益	0.684	0.989
	经费	0.774	0.989
	时间	0.738	0.989
	平台	0.719	0.989
	传承主体	0.594	0.989
	传承内容	0.720	0.989
	传承过程	0.719	0.989
	传承效果	0.749	0.989
三级指标	家祭	0.266	0.989
	家礼	0.531	0.989
	族规	0.560	0.989
	宗教伦理	0.491	0.989
	宗教礼仪	0.544	0.989
	娱乐	0.368	0.989
	健体	0.560	0.989
	益智	0.514	0.989
	养生	0.409	0.989
	交往	0.483	0.989
	民间竞赛	0.433	0.989
	官方比赛	0.337	0.989
	生产工具	0.632	0.989
	交通工具	0.471	0.989
	防卫武器	0.470	0.989
	装饰器具	0.486	0.989
	师傅－学徒型	0.461	0.989
	师父－徒弟型	0.491	0.989
	族内型	0.773	0.989
	族间型	0.580	0.989
	教师－学生型	0.470	0.989
	技能水平	0.758	0.989
	知识储备	0.694	0.989

续表

指标级别	指标名称	校正项总计相关性（CITC）	项已删除的 α 系数
三级指标	个人愿望	0.761	0.989
	经济条件	0.752	0.989
	健康状况	0.693	0.989
	总体数量	0.705	0.989
	年龄结构	0.536	0.989
	家人态度	0.742	0.989
	工作类型	0.726	0.989
	学历层次	0.404	0.989
	族群地位	0.646	0.989
	基本知识	0.792	0.989
	制作工艺	0.757	0.989
	技术技能	0.776	0.989
	民族文化	0.799	0.989
	族群谱系	0.702	0.989
	风俗惯习	0.709	0.989
	自然场域	0.759	0.989
	特定场域	0.708	0.989
	身体	0.818	0.989
	文字	0.760	0.989
	语言	0.686	0.989
	图片	0.737	0.989
	影像	0.671	0.989
	内部（项目特点、历史、难易程度等）环境	0.646	0.989
	外部（政治、经济、文化等）环境	0.795	0.989
	国家制度	0.726	0.989
	地方制度	0.759	0.989
	家族制度	0.749	0.989
	知识	0.773	0.989
	信仰	0.789	0.989
	艺术	0.721	0.989

指标级别	指标名称	校正项总计相关性（CITC）	项已删除的 α 系数
三级指标	道德	0.694	0.989
	法律	0.745	0.989
	习俗	0.773	0.989
	能力	0.790	0.989
	习惯	0.817	0.989
	个体情感	0.758	0.989
	集体情感	0.687	0.989
	个人回报	0.717	0.989
	家庭收益	0.782	0.989
	族群利益	0.786	0.989
	政府支持	0.743	0.989
	个人捐资	0.712	0.989
	集体募集	0.642	0.989
	充裕富足	0.658	0.989
	不足间断	0.657	0.989
	实训平台	0.527	0.989
	教育平台	0.577	0.989
	展示平台	0.686	0.989
	宣传平台	0.715	0.989
	人数变化	0.799	0.989
	技能水平	0.707	0.989
	参与时间	0.770	0.989
	参与频度	0.806	0.989
	完整性	0.808	0.989
	系统性	0.767	0.989
	合理性	0.761	0.989
	有效性	0.772	0.989
	集体组织	0.790	0.989
	个人随机	0.547	0.989
	知晓度	0.791	0.989
	参与度	0.635	0.989
	认可度	0.764	0.989

指标级别	指标名称	校正项总计相关性（CITC）	项已删除的 α 系数
	自觉度	0.744	0.989
	传播面	0.636	0.989

从上表可知：信度系数值为 0.989，大于 0.9，因而说明研究数据信度质量很高。针对"项已删除的 α 系数"，分析项被删除后的信度系数值并没有明显的提升，因而说明全部题项均应该保留，进一步说明研究数据信度水平高。针对"CITC 值"，分析项对应的 CITC 值全部高于 0.2，因而说明分析项之间具有良好的相关关系，同时也说明信度水平良好。综上所述，研究数据信度系数值高于 0.9，删除题项后信度系数值并不会明显提高，综合说明数据信度质量高，可用于进一步分析。

2. 第二轮专家调查问卷的效度分析

为了检验调查的合理性，本研究对第二轮专家问卷调查进行了效度分析。在数据分析中，主要依据 KMO 值的分析，具体标准：如果此值高于 0.8，则说明效度高；如果此值介于 0.7 ~ 0.8，则说明效度较好；如果此值介于 0.6 ~ 0.7，则说明效度可接受，如果此值小于 0.6，说明效度不佳（如果仅两个题，则 KMO 无论如何均为 0.5），一级（表 2-13）、二级（表 2-14~ 表 2-18）和三级（表 2-19~ 表 2-23）指标呈现如下。

表 2-13　西南地区少数民族传统体育文化传承机制一级指标效度分析结果

指标及处理方式	因子载荷系数					共同度
	因子 1	因子 2	因子 3	因子 4	因子 5	
驱动机制	0.341	0.306	0.276	0.785	0.313	1.000
实施机制	0.259	0.254	0.430	0.341	0.753	1.000
表达机制	0.317	0.844	0.270	0.262	0.213	1.000
保障机制	0.263	0.311	0.790	0.268	0.373	1.000
反馈机制	0.859	0.304	0.226	0.275	0.208	1.000
特征根值（旋转前）	3.880	0.451	0.307	0.240	0.122	–
方差解释率（旋转前）	77.591%	9.029%	6.143%	4.800%	2.437%	–

指标及处理方式	因子载荷系数					共同度
	因子1	因子2	因子3	因子4	因子5	
累积方差解释率（旋转前）	77.591%	86.620%	92.763%	97.563%	100.000%	—
特征根值（旋转后）	1.090	1.060	1.009	0.948	0.893	—
方差解释率（旋转后）	21.797%	21.202%	20.189%	18.953%	17.859%	—
累积方差解释率（旋转后）	21.797%	42.998%	63.188%	82.141%	100.000%	—
KMO值	0.846					—
巴特球形值	637.343					—
df	10					—

表2-14　驱动机制维度的"二级指标"效度分析结果

指标及处理方式	因子载荷系数					共同度
	因子1	因子2	因子3	因子4	因子5	
家族文化	0.087	0.267	0.087	0.938	0.182	1.000
宗教文化	0.055	0.953	0.138	0.255	0.076	1.000
娱乐休闲	0.199	0.080	0.224	0.185	0.933	1.000
竞技竞赛	0.159	0.140	0.950	0.086	0.213	1.000
实用功能	0.967	0.054	0.152	0.081	0.180	1.000
特征根值（旋转前）	2.346	1.028	0.653	0.590	0.384	—
方差解释率（旋转前）	46.914%	20.558%	13.064%	11.793%	7.671%	—
累积方差解释率（旋转前）	46.914%	67.472%	80.536%	92.329%	100.000%	—
特征根值（旋转后）	1.011	1.007	1.002	0.994	0.986	—
方差解释率（旋转后）	20.214%	20.146%	20.050%	19.870%	19.720%	—
累积方差解释率（旋转后）	20.214%	40.360%	60.409%	80.280%	100.000%	—
KMO值	0.675					—
巴特球形值	158.451					—
df	10					—

表 2-15 实施机制维度的"二级指标"效度分析结果

指标及处理方式	因子载荷系数			共同度
	因子 1	因子 2	因子 3	
师徒制	0.225	0.289	0.931	1.000
师生制	0.969	0.138	0.203	1.000
族群制	0.143	0.951	0.273	1.000
特征根值(旋转前)	1.896	0.688	0.417	—
方差解释率(旋转前)	63.185%	22.929%	13.885%	—
累积方差解释率(旋转前)	63.185%	86.115%	100.000%	—
特征根值(旋转后)	1.011	1.007	0.982	—
方差解释率(旋转后)	33.687%	33.579%	32.734%	—
累积方差解释率(旋转后)	33.687%	67.266%	100.000%	—
KMO 值	0.629			—
巴特球形值	94.095			—
df	3			—

表 2-16 表达机制维度的"二级指标"效度分析结果

指标及处理方式	因子载荷系数					共同度
	因子 1	因子 2	因子 3	因子 4	因子 5	
传承主体	0.883	0.184	0.232	0.182	0.315	1.000
传承内容	0.355	0.208	0.237	0.238	0.847	1.000
传承场域	0.244	0.267	0.868	0.253	0.227	1.000
传承介质	0.192	0.867	0.266	0.319	0.199	1.000
传承环境	0.198	0.338	0.265	0.849	0.237	1.000
特征根值(旋转前)	3.438	0.631	0.378	0.295	0.258	—
方差解释率(旋转前)	68.763%	12.612%	7.556%	5.904%	5.165%	—
累积方差解释率(旋转前)	68.763%	81.375%	88.932%	94.835%	100.000%	—
特征根值(旋转后)	1.041	1.014	1.004	0.976	0.964	—
方差解释率(旋转后)	20.826%	20.284%	20.086%	19.515%	19.289%	—
累积方差解释率(旋转后)	20.826%	41.110%	61.196%	80.711%	100.000%	—
KMO 值	0.838					—
巴特球形值	425.734					—
df	10					—

表 2-17 保障机制维度的"二级指标"效度分析结果

指标及处理方式	因子载荷系数							共同度
	因子 1	因子 2	因子 3	因子 4	因子 5	因子 6	因子 7	
制度	0.131	0.117	0.285	0.903	0.152	0.165	0.150	1.000
文化	0.107	0.110	0.902	0.284	0.265	0.055	0.096	1.000
情感	0.183	0.166	0.287	0.161	0.882	0.113	0.200	1.000
利益	0.906	0.144	0.110	0.129	0.172	0.242	0.202	1.000
经费	0.278	0.292	0.062	0.183	0.116	0.862	0.209	1.000
时间	0.236	0.281	0.112	0.171	0.216	0.215	0.855	1.000
平台	0.149	0.888	0.118	0.119	0.162	0.268	0.251	1.000
特征根值（旋转前）	3.821	1.056	0.584	0.573	0.396	0.317	0.254	—
方差解释率（旋转前）	54.586%	15.079%	8.341%	8.185%	5.657%	4.526%	3.626%	—
累积方差解释率（旋转前）	54.586%	69.665%	78.006%	86.191%	91.848%	96.374%	100.000%	—
特征根值（旋转后）	1.039	1.026	1.019	1.015	0.987	0.963	0.950	—
方差解释率（旋转后）	14.846%	14.659%	14.562%	14.495%	14.106%	13.757%	13.575%	—
累积方差解释率（旋转后）	14.846%	29.506%	44.067%	58.562%	72.668%	86.425%	100.000%	—
KMO 值	0.812							—
巴特球形值	481.029							—
df	21							—

表 2-18 反馈机制维度的"二级指标"效度分析结果

指标及处理方式	因子载荷系数				共同度
	因子 1	因子 2	因子 3	因子 4	
传承主体	0.231	0.890	0.273	0.282	1.000
传承内容	0.317	0.340	0.337	0.819	1.000
传承过程	0.287	0.294	0.860	0.303	1.000
传承效果	0.905	0.223	0.257	0.255	1.000
特征根值（旋转前）	2.957	0.454	0.334	0.255	—
方差解释率（旋转前）	73.928%	11.353%	8.348%	6.371%	—
累积方差解释率（旋转前）	73.928%	85.281%	93.629%	100.000%	—

续表

指标及处理方式	因子载荷系数				共同度
	因子1	因子2	因子3	因子4	
特征根值（旋转后）	1.055	1.045	0.993	0.907	—
方差解释率（旋转后）	26.378%	26.123%	24.829%	22.670%	—
累积方差解释率（旋转后）	26.378%	52.501%	77.330%	100.000%	—
KMO值	0.830				—
巴特球形值	333.686				—
df	6				—

表2-19　驱动机制维度的"三级指标"效度分析结果

指标及处理方式	因子载荷系数					共同度
	因子1	因子2	因子3	因子4	因子5	
家祭	−0.002	0.106	0.806	0.267	0.109	0.743
家礼	0.216	0.174	0.821	0.116	0.037	0.765
族规	0.136	0.161	0.690	0.487	−0.012	0.757
宗教伦理	0.054	0.107	0.420	0.789	0.039	0.814
宗教礼仪	0.052	0.127	0.277	0.833	0.114	0.802
娱乐	0.664	0.103	0.060	0.112	0.243	0.527
健体	0.780	0.198	0.094	−0.061	0.311	0.757
益智	0.814	0.285	0.206	−0.022	0.100	0.797
养生	0.832	0.156	0.149	−0.044	0.013	0.742
交往	0.752	0.144	−0.088	0.352	−0.028	0.720
民间竞赛	0.344	0.344	−0.152	0.319	0.506	0.617
官方比赛	0.212	0.106	0.137	0.025	0.864	0.822
生产工具	0.208	0.820	0.124	0.180	0.031	0.764
交通工具	0.181	0.884	0.047	−0.035	0.062	0.822
防卫武器	0.205	0.819	0.155	0.121	0.064	0.755
装饰器具	0.142	0.587	0.200	0.115	0.327	0.525
特征根值（旋转前）	5.907	2.448	1.537	0.978	0.859	—
方差解释率（旋转前）	36.918%	15.302%	9.609%	6.112%	5.368%	—
累积方差解释率（旋转前）	36.918%	52.220%	61.829%	67.941%	73.309%	—
特征根值（旋转后）	3.344	2.869	2.259	1.944	1.312	—
方差解释率（旋转后）	20.902%	17.933%	14.122%	12.151%	8.201%	—

续表

指标及处理方式	因子载荷系数					共同度
	因子1	因子2	因子3	因子4	因子5	
累积方差解释率（旋转后）	20.902%	38.835%	52.957%	65.108%	73.309%	-
KMO值	0.824					-
巴特球形值	1339.938					-
df	120					-

表2-20 实施机制维度的"三级指标"效度分析结果

指标及处理方式	因子载荷系数			共同度
	因子1	因子2	因子3	
师傅－学徒型	0.511	0.129	0.707	0.778
师父－徒弟型	0.139	0.393	0.792	0.801
教师－学生型	0.901	0.172	0.096	0.850
族内型	0.098	0.734	0.493	0.791
族间型	0.213	0.912	0.147	0.899
特征根值（旋转前）	3.306	1.085	0.531	-
方差解释率（旋转前）	55.104%	18.080%	8.849%	-
累积方差解释率（旋转前）	55.104%	73.184%	82.032%	-
特征根值（旋转后）	1.841	1.589	1.492	-
方差解释率（旋转后）	30.684%	26.487%	24.861%	-
累积方差解释率（旋转后）	30.684%	57.171%	82.032%	-
KMO值	0.805			-
巴特球形值	374.692			-
df	15			-

表2-21 表达机制维度的"三级指标"效度分析结果

指标及处理方式	因子载荷系数					共同度
	因子1	因子2	因子3	因子4	因子5	
技能水平	0.396	0.374	0.221	0.176	0.430	0.562
知识储备	0.118	0.391	0.177	0.316	0.601	0.659
个人愿望	0.219	0.700	0.175	0.124	0.179	0.617
经济条件	0.224	0.550	0.138	0.399	0.288	0.614
健康状况	0.070	0.287	0.336	0.560	0.294	0.601

续表

指标及处理方式	因子载荷系数					共同度
	因子1	因子2	因子3	因子4	因子5	
总体数量	0.223	0.554	0.437	0.396	−0.087	0.712
年龄结构	0.129	0.492	0.262	0.554	−0.094	0.643
家人态度	0.182	0.605	0.293	0.330	0.098	0.604
工作类型	0.194	0.074	0.197	0.748	0.176	0.673
学历层次	0.200	0.019	−0.027	0.796	0.165	0.702
族群地位	0.740	0.156	0.017	0.327	0.140	0.699
价值观念	0.498	0.052	0.091	0.245	0.587	0.663
基本知识	0.208	0.394	0.299	0.313	0.517	0.653
制作工艺	0.321	0.663	0.213	−0.036	0.344	0.707
技术技能	0.361	0.597	0.262	−0.061	0.400	0.720
民族文化	0.476	0.368	0.351	−0.044	0.353	0.611
族群谱系	0.801	0.222	0.232	0.220	−0.088	0.801
风俗习惯	0.800	0.227	0.167	0.138	0.209	0.782
集体记忆	0.599	0.252	0.350	0.073	0.219	0.598
自然场域	0.613	0.276	0.175	0.306	0.293	0.661
特定场域	0.559	0.427	0.219	0.021	0.160	0.570
身体	0.267	0.280	0.450	0.216	0.491	0.639
文字	0.346	0.356	0.672	0.088	0.191	0.743
语言	0.389	0.300	0.647	0.046	0.151	0.685
图片	0.281	0.203	0.764	0.247	0.082	0.771
影像	0.057	0.187	0.782	0.183	0.267	0.754
内部(项目特点、历史、难易程度等)环境	0.604	0.089	0.365	0.085	0.387	0.662
外部(政治、经济、文化等)环境	0.515	0.133	0.413	0.178	0.481	0.717
特征根值(旋转前)	13.315	1.810	1.573	1.091	1.037	−
方差解释率(旋转前)	47.554%	6.463%	5.617%	3.897%	3.703%	−
累积方差解释率(旋转前)	47.554%	54.017%	59.633%	63.531%	67.234%	−
特征根值(旋转后)	5.133	4.024	3.819	3.014	2.836	−
方差解释率(旋转后)	18.333%	14.370%	13.638%	10.765%	10.127%	−
累积方差解释率(旋转后)	18.333%	32.703%	46.341%	57.106%	67.234%	−

续表

指标及处理方式	因子载荷系数					共同度
	因子1	因子2	因子3	因子4	因子5	
KMO 值	0.926					—
巴特球形值	3058.060					—
df	378					—

表 2-22　保障机制维度的"三级指标"效度分析结果

指标及处理方式	因子载荷系数							共同度
	因子1	因子2	因子3	因子4	因子5	因子6	因子7	
国家制度	0.141	0.180	0.197	0.157	0.824	0.131	0.179	0.844
地方制度	0.315	0.366	0.083	0.136	0.640	0.254	0.165	0.760
家族制度	0.405	0.401	−0.205	0.487	0.183	0.182	0.300	0.761
知识	0.545	0.021	0.459	0.138	0.341	0.078	0.196	0.687
信仰	0.723	0.366	0.073	0.220	0.128	0.150	0.039	0.750
艺术	0.637	0.269	0.305	0.271	−0.003	0.163	0.224	0.722
道德	0.550	0.272	0.312	0.128	0.081	0.003	0.538	0.787
法律	0.147	0.061	0.450	0.243	0.407	0.173	0.536	0.771
习俗	0.623	0.407	0.019	0.305	0.271	0.037	0.141	0.741
能力	0.452	0.127	0.306	0.185	0.285	0.198	0.423	0.648
习惯	0.677	0.172	0.070	0.178	0.195	0.319	0.079	0.671
个体情感	0.570	0.251	0.263	0.092	0.315	0.343	0.095	0.691
集体情感	0.372	0.636	0.125	0.005	0.311	0.286	0.036	0.739
个人回报	0.224	0.121	0.191	0.237	0.169	0.811	0.035	0.845
家庭收益	0.243	0.279	0.207	0.263	0.149	0.736	0.157	0.838
族群利益	0.367	0.548	0.036	0.266	0.069	0.283	0.414	0.763
政府支持	0.263	0.264	0.382	0.289	0.585	0.086	−0.247	0.779
个人捐资	0.206	0.091	0.239	0.794	0.137	0.245	0.098	0.826
集体募集	0.176	0.184	0.144	0.833	0.188	0.109	0.118	0.841
充裕富足	0.497	−0.008	0.430	0.380	0.160	0.303	−0.169	0.723
不足间断	0.303	0.136	0.403	0.566	0.077	0.239	0.039	0.658
实训平台	0.073	0.184	0.731	0.140	0.190	0.174	0.170	0.688
教育平台	0.180	0.275	0.760	0.177	0.117	0.139	0.072	0.755
展示平台	0.265	0.734	0.301	0.181	0.138	0.156	−0.003	0.776
宣传平台	0.156	0.688	0.378	0.170	0.273	0.033	0.144	0.766

续表

指标及处理方式	因子载荷系数							共同度
	因子1	因子2	因子3	因子4	因子5	因子6	因子7	
特征根值（旋转前）	12.372	1.528	1.340	1.018	0.926	0.877	0.770	−
方差解释率（旋转前）	49.489%	6.112%	5.360%	4.073%	3.702%	3.509%	3.079%	−
累积方差解释率（旋转前）	49.489%	55.600%	60.961%	65.034%	68.737%	72.245%	75.324%	−
特征根值（旋转后）	4.204	2.935	2.878	2.846	2.442	2.126	1.400	−
方差解释率（旋转后）	16.818%	11.739%	11.511%	11.383%	9.770%	8.504%	5.598%	−
累积方差解释率（旋转后）	16.818%	28.557%	40.068%	51.451%	61.221%	69.725%	75.324%	−
KMO值	0.936							−
巴特球形值	2684.157							−
df	300							−

表2-23 反馈机制维度的"三级指标"效度分析结果

指标及处理方式	因子载荷系数				共同度
	因子1	因子2	因子3	因子4	
人数变化	0.216	0.728	0.370	0.188	0.749
技能水平	0.508	0.594	0.214	0.079	0.664
参与时间	0.335	0.759	0.203	0.223	0.779
参与频度	0.249	0.776	0.242	0.301	0.814
完整性	0.775	0.353	0.272	0.062	0.804
系统性	0.827	0.247	0.328	0.048	0.854
合理性	0.706	0.273	0.398	0.340	0.847
有效性	0.657	0.269	0.416	0.249	0.739
集体组织	0.487	0.439	0.524	0.033	0.705
个人随机	0.130	0.294	0.179	0.875	0.901
知晓度	0.248	0.590	0.575	0.077	0.746
参与度	0.416	0.258	0.734	0.027	0.779
认可度	0.369	0.410	0.654	0.065	0.737
自觉度	0.392	0.236	0.605	0.281	0.654

指标及处理方式	因子载荷系数				共同度
	因子 1	因子 2	因子 3	因子 4	
传播面	0.238	0.212	0.767	0.308	0.785
特征根值（旋转前）	9.152	1.021	0.735	0.650	–
方差解释率（旋转前）	61.015%	6.805%	4.897%	4.331%	–
累积方差解释率（旋转前）	61.015%	67.819%	72.716%	77.048%	–
特征根值（旋转后）	3.530	3.358	3.352	1.317	–
方差解释率（旋转后）	23.532%	22.388%	22.349%	8.780%	–
累积方差解释率（旋转后）	23.532%	45.919%	68.268%	77.048%	–
KMO 值	0.937				–
巴特球形值	1843.824				–
df	105				–

三、西南少数民族传统体育文化传承机制指标体系的确定

（一）指标体系的最终确定

根据调查结果分析和信度、效度检验，对西南地区少数民族传统体育文化传承机制的指标进行了筛选，最终确定了 5 个一级指标、24 个二级指标和 86 个三级指标，具体见表 2-24。

表 2-24 最终确定的西南地区少数民族传统体育文化传承机制指标体系

一级指标	二级指标	三级指标
A1 驱动机制	B11 家族文化	C11 家祭
		C12 家礼
		C13 族规
	B12 宗教文化	C21 宗教伦理
		C22 宗教礼仪
	B13 娱乐休闲	C31 娱乐
		C32 健体
		C33 益智

续表

一级指标	二级指标	三级指标
		C34 养生
		C35 交往
	B14 竞技竞赛	C41 民间竞赛
		C42 官方比赛
	B15 实用功能	C51 生产工具
		C52 交通工具
		C53 装饰器具
A2 实施机制	B21 师徒制	C61 师傅－学徒型
		C62 师父－徒弟型
	B22 族群制	C71 族内型
		C72 族间型
	B23 师生制	C81 教师－学生型
A3 表达机制	B31 传承主体	C91 技能水平
		C92 知识储备
		C93 个人愿望
		C94 经济条件
		C95 健康状况
		C96 总体数量
		C97 年龄结构
		C98 家人态度
		C99 工作类型
		C910 学历层次
		C911 族群地位
	B32 传承内容	C101 基本知识
		C102 制作工艺
		C103 技术技能
		C104 民族文化
		C105 族群谱系
		C106 风俗惯习
	B33 传承场域	C111 自然场域
		C112 特定场域

一级指标	二级指标	三级指标
	B34 传承介质	C121 身体
		C122 文字
		C123 语言
		C124 图片
		C125 影像
	B35 传承环境	C131 内部（项目特点、历史、难易程度等）环境
		C132 外部（政治、经济、文化等）环境
A4 保障机制	B41 制度	C141 国家制度
		C142 地方制度
		C143 家族制度
	B42 文化	C151 知识
		C152 信仰
		C153 艺术
		C154 道德
		C155 法律
		C156 习俗
		C157 能力
		C158 习惯
	B43 情感	C161 个体情感
		C162 集体情感
	B44 利益	C171 个人利益
		C172 家庭利益
		C173 族群利益
	B45 经费	C181 政府支持
		C182 个人捐资
		C183 集体募集
	B46 时间	C191 充裕富足
		C192 不足间断
	B47 平台	C201 实训平台
		C202 教育平台
		C203 展示平台
		C204 宣传平台

续表

一级指标	二级指标	三级指标
A5 反馈机制	B51 传承主体	C211 人数变化
		C212 技能水平
		C213 参与时间
		C214 参与频度
	B52 传承内容	C221 完整性
		C222 系统性
		C223 合理性
		C224 有效性
	B53 传承过程	C231 集体组织
		C232 个人随机
	B54 传承效果	C241 知晓度
		C242 参与度
		C243 认可度
		C244 自觉度
		C245 传播面

（二）各级指标释义

1. 驱动机制维度的指标含义

"驱动",乃用动力推动、带动之意。从西南地区少数民族传统体育文化传承机制的角度来看,各民族民众在参与传统体育活动、进行本民族传统体育文化传承的行为发生之前,有一种主体需求来推动或带动其产生一系列的行为,这种需求是多方面的,也有一定的个体差异。从互动仪式链理论的角度来看,任何个体在参与某种仪式性活动的时候,是处于获取情感能量的目的,而此处的情感能量即为驱动个体行为的要素,结合传统体育文化的传承来看,对于家族文化的尊重、宗教文化的遵从、个体娱乐休闲的需求、竞技竞赛中取得优胜以及日常生活所需,是绝大多数民众参与本民族传统体育活动的主要驱动因素,也是广大民众所期望获取的情感能量的体现。当然,这些需求又有更为具体的表现:家族文化主要体现在家族性的祭祀(祭祖、祭神)活动、各种家族礼仪和家族规矩方面,构成了行为、制度和精神三个基本层次。而宗教文化也是通过各种宗教性的礼俗、仪式活动和升华积累形成的伦理道德来体现。有时候,少数民族民众在闲暇之余通过传统体育活动来娱乐身心、促进身体健康和养生、进行心智方面的锻炼以及在集体活动中满足交往的需求。竞技可以给人以特殊体验,传统体育活动的竞技性在民间和官方组织的各种比赛中得以体现,广大民众可以比试技能技艺,通过争取优胜来获取自习期望的情感能量。此外,有些传统体育活动在广大民众日常生活中是以生产、交通工具的形式存在的,如"骑马""赛牦牛""独竹漂"等项目都属此类;有些在功能上更加分化,作为一种装饰器具存在于人们的生活中,如"弓""剑""刀""古尔朵"等,都分化出了装饰的功能。不论如何,是少数民族民众多元化的需求驱动了其传统体育文化传承的行为,上述各种因素共同形成了一种推动和驱动传统体育文化传承和发展的力量。

2. 实施机制维度的指标含义

驱动机制维度的指标明确了少数民族传统体育文化传承行为产生的原因,但传承行为是如何进行的呢?本研究认为可以归结为实施机制。从西南地区少数民族传统体育文化的传承来看,其传承主要通过"师徒制"来实现某些传统技艺的传承,除了这种个体间的传承方式以外,更多的是通过大众的社会性活动来实现传承,即集体性的"族群制"。随着社会的不断发展,传统体育活动融入学校体育,教师与学生之间的互动也形成了一种传统体育文化传承的形式。其中,"师徒制"又有不同的形式,一种是一般性技术或技艺的传授,主要是师傅带学徒的方式来进行;另一种是特殊或独门技艺的传授,需要经过专门的拜师仪式,成为"入室弟子"后经过多年面授方能掌握,是一种师父和徒弟间仅次于"血缘关系"的互动形式。而集体性的传承活动也可分为家(本)族内和不同家(民)族之间两种形式,体现的是一种封闭和开放。最后一种师生制则主要是教师面对多名学生进行的教学活动,是教师和学生间在学校这一场域发生的互动关系。

3. 表达机制维度的指标含义

表达机制是对传承过程的整体性考量,即谁来实施? 传承什么内容? 在什么性质的场域中传承? 借由何种介质传递信息? 以及传承所依赖的环境有哪些? 表达机制以上述疑问为切入点来考察"传→承"的构成要素及相关关系。首先,传承的实施者是广大少数民族民众——传承主体,这一概念既包括"传者",也包括"承者",因为两者在一定条件下会发生角色互换,传承主体具有不可推卸的传承责任。其次,少数民族传统体育文化的传承根本上是一种信息的传递,这种信息即传承内容,同时,不同类型的信息需要多种表达方式才能实现交流和传递,这些方式就是可以承载信息的传承介质。当然,"传→承"活动需要借助于合适的实体场合,即传承场域;最后,"传→承"还受客观环境的影响和制约,即所谓的传承环境。

传承主体是整个传承活动的实施者和推动者,是传承各环节中唯一具有能动性的因素,传承内容的选择、传承介质的使用、传承场域的确定都由传承主体来决定。因此,某种意义上,并非所有的民众都可以担任"传者"的角色,只有具备了一定信息储备的人才有可能输出信息,所以,"传者"需要具备一定的技能水平和知识储备,这些是少数民族传统体育文化的实质性内容。当然,能否成为"传者"来承担信息传递者,还取决于其他因素,如个人愿望、健康状况、家人态度、工作类型、学历层次,传统体育文化涉及技能类的内容,需要大量的身体活动,如果健康条件不允许也只能有心无力。同时,传承过程需要花费一定的时间,家人是否支持以及所从事的工作是否具有足够的余暇时间用于传统体育文化的传承,都是具体问题,并且,学历层次越高,其获取信息和传递信息的能力也相对较强。此外,从整体上来看,传者的年龄、总体数量和族群地位也是重要因素,年龄与精力相关,总体数量越多,传统体育文化的传承则更有效,而族群地位更多地反映出民众对于"传者"的认可度,认可度越高则传承效果越好。传承内容即传统体育文化的信息,主要体现在基本知识、技术技能和某些器材的制作工艺,当然还包括传统体育所承载的民族传统文化和风俗习惯,以及与族群谱系间的关系。传承场域方面,有些传统体育活动主要在某种特殊仪式中存在,所依托的场域就相对固定,而有些则在日常生活中随处可以开展,就属于自然场域。传承介质是信息传递的承载,传统体育活动面对面的传授,需要借助于语言和身体来表达信息,但有些信息需要保存下来,则需要借助于文字、图片和影像,不同的介质各有优势,组合使用才能保证传承效果。传承环境一方面体现在传统体育文化内部,即项目的历史、特点及表现形式等,另外,体现在外部的大环境上,主要是国家层面和社会层面的政治、经济、文化及制度环境。

4.保障机制维度的指标含义

从理论上讲,西南地区少数民族传统体育文化的传承,要取得理想的传承效果,就需要有一定的保障措施。通过文献查阅发现,制度、文化、情感、利益、经费、时间和平台是以往研究成果中提及的几个方面。具体而言,制度方面主要体现在国家、地方制度方面,毕竟传统体育文化的传承和发展首先需要得到国家和地方政府的支持,此外,家族性的规制也对传统体育文化的传承起到了一定的保障作用。文化方面主要体现在少数民族民众上,这一群体的知识、信仰、道德、能力对传统体育文化的传承具有重要影响,再者,该民族创造的艺术、形成的习俗和习惯以及对于法律的遵守,都影响着传统体育文化的传承和发展。情感是一种基于民族认同和归属的保障因素,具体体现为个体和集体两个方面。利益是少数民族传统体育文化传承的重要保障,具体体现在个人、家庭和族群三个方面,个人利益能够驱动个体行为,进而才能出现家庭性的行为,当个人和家庭利益都能够实现的时候,族群利益也相应地实现。经费是少数民族传统体育文化传承不可或缺的保障,现实调研中,民众和管理人员多次谈及经费有限的问题,从经费来源上看,当前主要依赖于政府拨款,此外集体募集和个人捐资在少数情况下存在。在时间方面,有充足的时间参与传统体育活动会有利于其传承,反之则传承效果大打折扣。最后,平台是一个时间和空间的整合,是少数民族传统体育文化传承的重要保障,主要体现在实训平台、教育平台、展示平台和宣传平台四个方面。

5.反馈机制维度的指标含义

反馈主要是指传承质量的体现。不论从理论层面还是现实层面,传承效果的反馈是非常有必要的,因为反馈在一定程度上是其他所有传承活动是否发挥作用的检验。本研究认为,传承的反馈主要由传承主体、传承内容、传承过程和传承效果四个方面来体现。具体而言,传承主体在人数上有增加、技能水平上有提高、参与时间增长、参与的频度更高,则说明传承有较好的效果。在传承内容方面,传统体育文化相关信息是否完整、是否系统、是否合理和有效,同样能够体现传承的质量。传承过程能够体现传承是否有组织的进行,如果更多的情况下是依靠集体来组织,则说明整个传承活动呈现出组织化的良好局面,反之,传承更多地依赖于个人随机开展,则传承质量很难保障。在传承效果方面,本民族民众对于传统体育文化的认可度、传统体育活动的参与程度和自觉程度、外族民众对于传统体育文化的知晓度以及传统体育文化传播范围的大小都是重要的体现。

(三)各级指标权重确定

运用层次分析法,以第二轮调查确定的指标体系为基础,针对指标体系赋权两两判别进行了第三轮专家调查,发放调查表12份,回收11份,10份有效。对有效问卷进行统计分析,计算指标的权重和最大特征根及一致性检验,计算出10位专家对各个指标的权重值,再进行一致性检验,问卷信度成立,权重值有价值。在10位专家权重值确定以后,计算各个指标的几何平均权重值,最后得出西南地区少数民族传统体育文化传承机制指标体系权重表,见表2-25。

表 2-25　西南地区少数民族传统体育文化传承机制指标体系权重表

一级指标	二级指标			三级指标		
	指标	相对上级指标权重	相对总体指标权重	指标	相对上级指标权重	相对总体指标权重
A1 驱动机制 0.2016	B11 家族文化	0.2097	0.0376	C11 家祭	0.3118	0.0032
				C12 家礼	0.3656	0.0081
				C13 族规	0.3226	0.0184
	B12 宗教文化	0.1979	0.0288	C21 宗教伦理	0.4219	0.0178
				C22 宗教礼仪	0.5781	0.0122
	B13 娱乐休闲	0.1981	0.0548	C31 娱乐	0.4208	0.0116
				C32 健体	0.2564	0.0049
				C33 益智	0.0639	0.0169
				C34 养生	0.1612	0.0128
				C35 交往	0.0977	0.0128
	B14 竞技竞赛	0.1962	0.0482	C41 民间竞赛	0.3379	0.0156
				C42 官方比赛	0.6621	0.0183
	B15 实用功能	0.1981	0.0345	C51 生产工具	0.2561	0.0161
				C52 交通工具	0.5399	0.0111
				C53 装饰器具	0.2040	0.0189
A2 实施机制 0.2152	B21 师徒制	0.2544	0.0358	C61 师傅 – 学徒型	0.3568	0.0110
				C62 师父 – 徒弟型	0.6432	0.0131
	B22 族群制	0.3024	0.0465	C71 族内型	0.6328	0.0020
				C72 族间型	0.3672	0.0056
	B23 师生制	0.4432	0.0562	C81 教师 – 学生型	1	0.0061

续表

一级指标	二级指标			三级指标		
	指标	相对上级指标权重	相对总体指标权重	指标	相对上级指标权重	相对总体指标权重
A3 表达机制 0.1857	B31 传承主体	0.2187	0.0388	C91 技能水平	0.2234	0.0016
				C92 知识储备	0.1734	0.0013
				C93 个人愿望	0.0723	0.0016
				C94 经济条件	0.0402	0.0019
				C95 健康状况	0.1128	0.0112
				C96 总体数量	0.1227	0.0087
				C97 年龄结构	0.0321	0.0036
				C98 家人态度	0.0265	0.0099
				C99 工作类型	0.0328	0.0034
				C910 学历层次	0.0385	0.0044
				C911 族群地位	0.1253	0.0170
	B32 传承内容	0.2633	0.0453	C101 基本知识	0.2165	0.0102
				C102 制作工艺	0.0984	0.0112
				C103 技术技能	0.3318	0.0272
				C104 民族文化	0.1986	0.0116
				C105 族群谱系	0.0674	0.0099

续表

一级指标	二级指标			三级指标		
	指标	相对上级指标权重	相对总体指标权重	指标	相对上级指标权重	相对总体指标权重
A3 表达机制 0.1857				C106 风俗习惯	0.0873	0.0063
	B33 传承场域	0.1626	0.0389	C111 自然场域	0.3284	0.0108
				C112 特定场域	0.6716	0.0049
	B34 传承介质	0.1758	0.0426	C121 身体	0.2318	0.0166
				C122 文字	0.1136	0.0164
				C123 语言	0.3285	0.0116
				C124 图片	0.1278	0.0157
				C125 影像	0.1983	0.0164
	B35 传承环境	0.1796	0.0387	C131 内部（项目特点、历史、难易程度等）环境	0.5218	0.0084
				C132 外部（政治、经济、文化等）环境	0.4782	0.0089
A4 保障机制 0.2043	B41 制度	0.2225	0.0379	C141 国家制度	0.2235	0.0238
				C142 地方制度	0.5438	0.0262
				C143 家族制度	0.2327	0.0211
	B42 文化	0.1336	0.0369	C151 知识	0.1277	0.0239
				C152 信仰	0.1297	0.0060
				C153 艺术	0.0998	0.0060
				C154 道德	0.1196	0.0064
				C155 法律	0.1192	0.0065
				C156 习俗	0.1378	0.0050
				C157 能力	0.1288	0.0069

续表

一级指标	二级指标			三级指标		
	指标	相对上级 指标权重	相对总体 指标权重	指标	相对上级 指标权重	相对总体 指标权重
A4 保障机制 0.2043				C158 习惯	0.1374	0.0064
	B43 情感	0.0722	0.0316	C161 个体情感	0.4762	0.0188
				C162 集体情感	0.5238	0.0117
	B44 利益	0.1233	0.0399	C171 个人利益	0.2278	0.0103
				C172 家庭利益	0.3251	0.0123
				C173 族群利益	0.4471	0.0107
	B45 经费	0.2914	0.0487	C181 政府支持	0.7542	0.0124
				C182 个人捐资	0.1236	0.0177
				C183 集体募集	0.1222	0.0132
	B46 时间	0.0852	0.0486	C191 充裕富足	0.7541	0.0081
				C192 不足间断	0.2459	0.0176
	B47 平台	0.0718	0.0396	C201 实训平台	0.2342	0.0123
				C202 教育平台	0.2654	0.0114
				C203 展示平台	0.2455	0.0162
				C204 宣传平台	0.2549	0.0102
A5 反馈机制 0.1932	B51 传承主体	0.2365	0.0488	C211 人数变化	0.3358	0.0084
				C212 技能水平	0.2659	0.0124

续表

一级指标	二级指标			三级指标		
	指标	相对上级指标权重	相对总体指标权重	指标	相对上级指标权重	相对总体指标权重
A5 反馈机制 0.1932				C213 参与时间	0.2132	0.0107
				C214 参与频度	0.1851	0.0093
	B52 传承内容	0.3372	0.0483	C221 完整性	0.2436	0.0119
				C222 系统性	0.2388	0.0128
				C223 合理性	0.2569	0.0117
				C224 有效性	0.2606	0.0168
	B53 传承过程	0.2318	0.0358	C231 集体组织	0.6578	0.0133
				C232 个人随机	0.3422	0.0129
	B54 传承效果	0.1945	0.0372	C241 知晓度	0.2237	0.0171
				C242 参与度	0.2675	0.0142
				C243 认可度	0.2033	0.0134
				C244 自觉度	0.1687	0.0122
				C245 传播面	0.1368	0.0147

第三章　西南少数民族传统体育文化传承的社会调查

西南地区少数民族传统体育文化的传承是一个相对复杂的系统工程,最重要的因素是各民族的族民——族群,毕竟族群是传统体育文化的创造者和承载者,也是无可替代的传承者。探讨西南地区少数民族传统体育文化的传承机制,应当以族群为中心展开,可以说,族群是传承机制形成和发挥作用的基础。因此,本研究专门对少数民族族群对于传统体育文化传承问题进行了调查,获取相对真实客观的信息,为研究提供支撑。

第一节　调查的整体设计

一、调查方法的选取

为了保证调查数据来源的多样性,此次调查选取了"整群抽样法"[①]与"简单随机抽样"[②]相结合的抽样方法,首先在问卷发放区域进行了限定,仅发放西南地区(云南省、贵州省、四川省、西藏自治区和重庆市),这一点在问卷星软件中进行了设定,调查对象所在省份是根据 IP 自动获取,较大程度上保证了调查区域的客观性(图 3-1),基本符合整群抽样的要求。此外,调查对象基于自愿原则随机抽取,同样使用问卷星的功能,在基本信息部分对调查对象的民族归属进行了限定,若选择"汉族",则显示调查结

① 整群抽样是指整群地抽选样本单位,对被抽选的各群进行全面调查的一种抽样组织方式。
② 简单随机抽样也称为单纯随机抽样、纯随机抽样、SRS 抽样,是指从总体 N 个单位中任意抽取 n 个单位作为样本,使每个可能的样本被抽中的概率相等的一种抽样方式。

束,后面的调查内容均不能进行,若选择汉族以外的"其他民族",则须填写具体民族名称。此次调查用此方法排除掉了大部分的调查对象,尽可能地保证了调查对象的少数民族居民身份,最大可能地保证了调查信息的客观性和有效性(图3-2)。

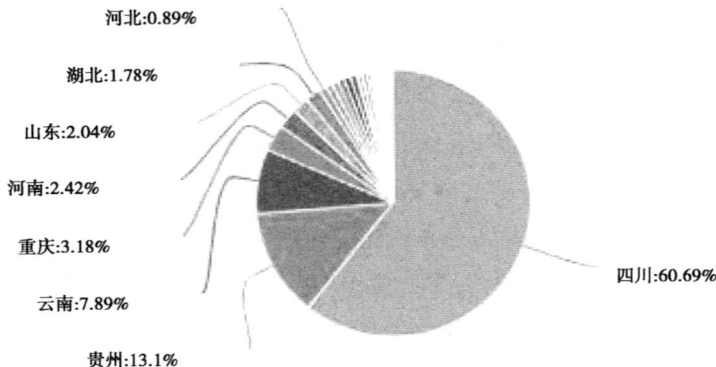

河北:0.89%
湖北:1.78%
山东:2.04%
河南:2.42%
重庆:3.18%
云南:7.89%
贵州:13.1%
四川:60.69%

图3-1　调查对象的地域分布比例（*n*=349）

(注:西藏自治区调查样本少而未在图中体现)

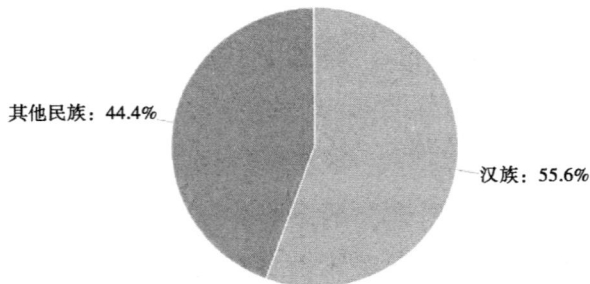

其他民族：44.4%
汉族：55.6%

图3-2　调查对象的民族归属比例（*n*=349）

二、调查形式的选定

　　由于调查的西南地区地域宽广,且调查对象不能集中参与纸质问卷的填写,本次调查基于调查效率和时间成本,在微信大面积普及的情况下选择了微信调查的形式,结合问卷星与微信的兼容性,主要通过微信将问卷发送给调查区域的朋友、教师和学生,通过多次转发的形式进行调查。同时,问卷星平台可以对调查结果进行统计处理,相关的数据整理、汇总和呈现更为直观,并且调查结果的表现形式有多种选择。此外,通过问卷星所得数据,可以通过 Excel、SPSS 等统计软件进行进一步的分析,鉴于此,本研究选取微信 + 问卷星的形式进行调查。

三、调查的总体情况

为了尽可能多地搜集有关数据,此次调查通过各种渠道在调查区域的微信圈转发,问卷共发放 29 天,调查对象填写人数 786,通过民族归属筛选后剩余 349 份有效问卷(图 3-3)。

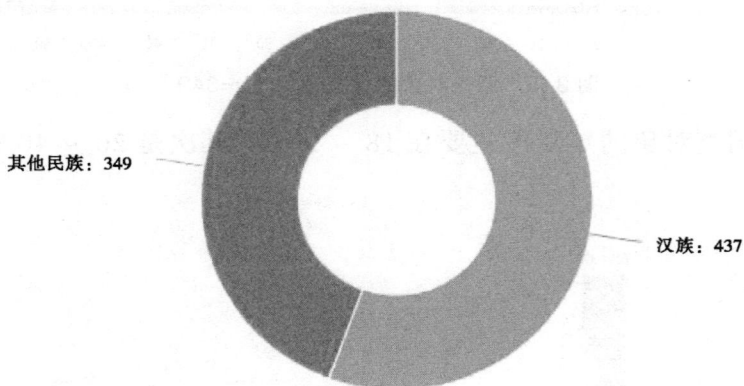

图 3-3　调查参与人数情况（n=349）

在有效问卷中,有 209 名男性和 140 名女性参与了调查,见图 3-4。调查对象的职业分布以"其他"为主,其次是"教育、培训、科研和院校"行业(图 3-5)。

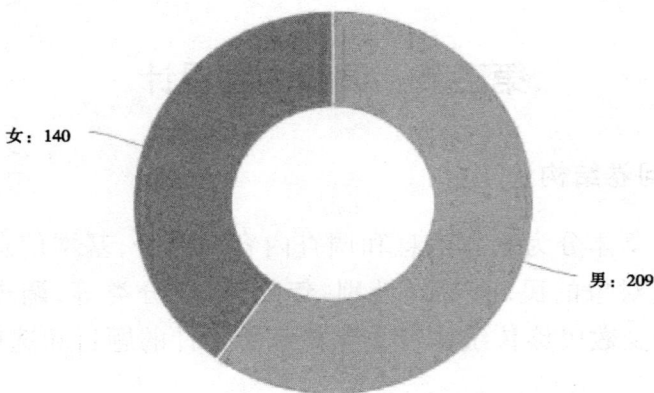

图 3-4　调查对象性别情况（n=349）

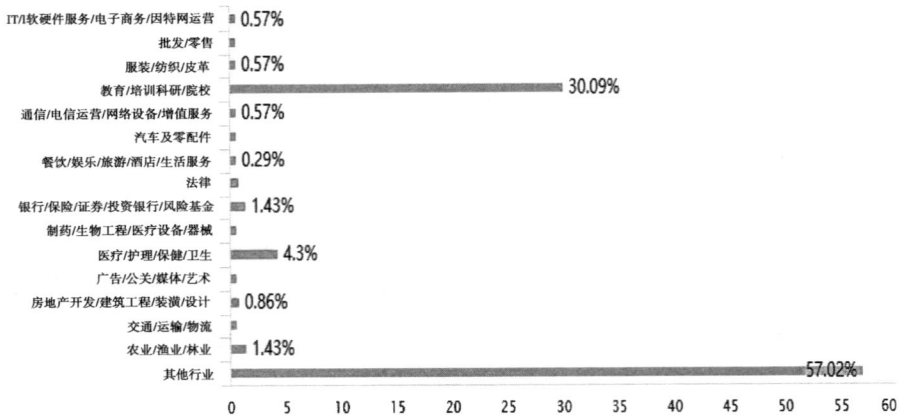

图 3-5 调查对象的行业情况（n=349）

调查对象的年龄段主要在 18 ~ 25 岁,其次是 26 ~ 40 岁(图 3-6)。

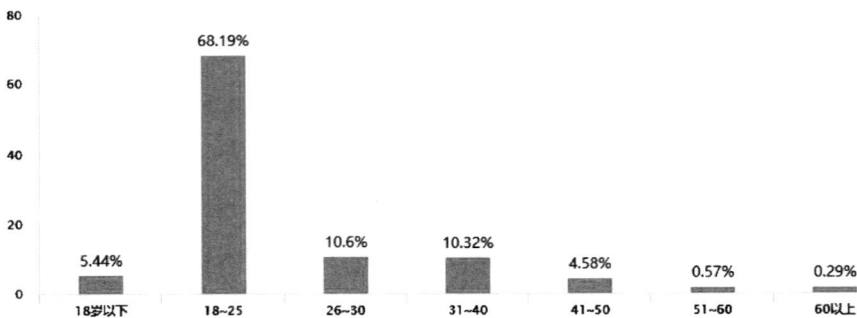

图 3-6 调查对象的年龄分布情况（n=349）

第二节 调查内容设计

一、问卷结构

问卷总体分为基本信息和调查内容两部分,基本信息部分主要为调查对象的民族归属、性别、年龄、职业分类等,调查内容主要是围绕少数民族传统体育文化传承而设计的题目和选项。

二、调查内容

关于西南地区少数民族传统体育文化传承的社会调查,旨在了解少数民族群众对于本民族传统体育文化传承的认识和理解,共设计了22个题项,其中有单选题10个,多选题12个。单选题主要围绕一些与传统体育文化传承直接相关,并且需要调查对象明确表态的内容来设计,此类题目可以看出调查对象的主观态度和认识;而多选题是围绕传统体育文化传承"一果多因"的内容设计,让调查对象在提供的多个选项中选择最符合自己情况的作为答案,主要是通过大量调查对象的选择,找出某一个问题的普遍性认识或理解。在题目的顺序上采用了单选和多选适当交叉的形式,避免了调查对象在填写问卷过程中的"疲怠",从而尽可能保证调查的有效性。

在调查内容的设计和安排方面,该问卷部分内容与进行了效度检验的专家问卷相同,从而保证了题项和选项的可取性和合理性。调查内容主要围绕调查对象的"参与情况"和"主观认识"两方面进行设计,通过参与情况了解族群参与与传统体育文化传承之间的关系,通过主观认识的调查,把握某个民族和所调查的所有民族对于传统体育文化的整体态度。

第三节　调查结果分析

出于内容分析的逻辑性,此处的结果分析打破了问卷中各个题项的先后顺序,根据调查的内容从"参与情况"和"主观认识"两方面进行综合并展开分析。

一、调查对象参与传统体育的情况分析

（一）关于传统体育参与场合的分析

为了弄清少数民族传统体育文化传承与开展场合之间的关

系,也出于对"少数民族传统体育开展过于依赖节日"这一观点的验证,本研究设计了题项来调查少数民族族民参与传统体育的场合。在答案的排列方面有意进行了顺序的打乱,将节日庆典选项放在其他选项中间,图3-7显示的调查结果可见,节日庆典是多数少数民族传统体育开展的重要场合,而且说明传统体育文化传承机制的研究要重点考虑节日庆典这一重要因素。同时,体育课、日常休闲和竞技竞赛也是少数民族传统体育文化传承的重要场合,在构建少数民族传统体育文化传承机制的过程中也应当予以重视。

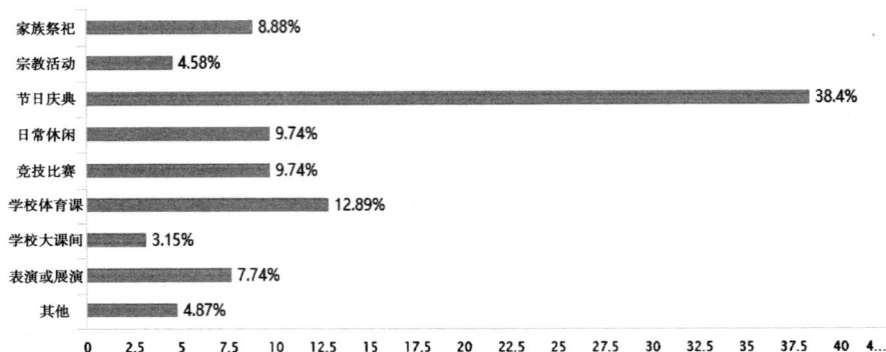

图3-7　西南地区少数民族族民参与传统体育的场合（ n=349 ）

（二）关于传统体育参与时间的分析

少数民族传统体育文化的传承是以一定的参与时间为保证的,虽然在这一点上尚无一个具体标准,但以实践性为基本特征的少数民族传统体育,如果在参与时间上没有保障,以此为载体的少数民族传统体育文化的传承就失去了依托。为此,本研究设计了题项,从参与时间是否足够和参与是否持续两个维度进行了调查,结果显示,六成多的调查对象认为参与时间不足或存在间断的情况（图3-8）。

结合现实情况来看,当前少数民族传统体育开展面临诸多危机的现实也在此有所反映。同时,结合少数民族族民参与传统体育的场合来看,更多人的参与都集中在节日期间,相较于平时而言,参与的时间过于集中和短暂。鉴于此,西南地区少数民族传统体育文化传承机制的分析和重构,要将参与时间作为重要的观测指标。

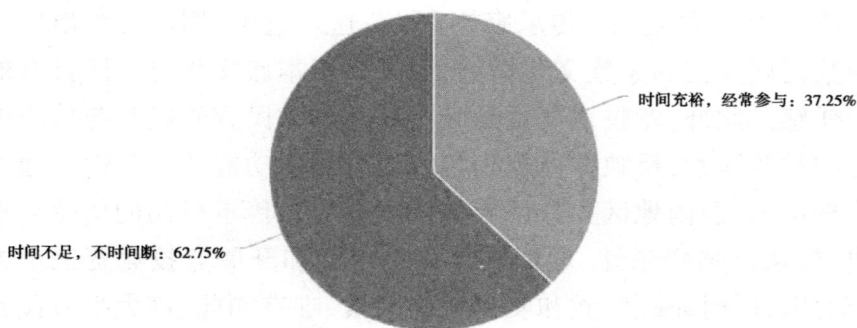

图3-8　西南地区少数民族族民参与传统体育的时间情况（n=349）

（三）关于传统体育参与目的的分析

与其他类型的传统文化相比较,传统体育具有一定的特殊性,即需要通过大量的身体活动来获得一种生理和情感层面的满足,少数民族传统体育也正因为如此而具有多种与人的现实需求相吻合的社会功能,而参与者的目的也在一定程度上反映出某项传统体育活动的受欢迎程度,也就直接影响该项目或活动的存续能力。基于以上考虑,本研究调查了西南地区少数民族族民参与传统体育的目的,在设计的娱乐、健体、益智、交往和养生等选项中,娱乐、健体、交往是多数调查对象的主要目的(图3-9)。由此可以看出,对于少数民族传统体育基本功能的看重,也是分析和探讨西南地区少数民族传统体育文化传承机制的重要参考。

（四）关于传统体育参与驱动力的分析

西南地区少数民族传统体育文化的传承和发展,离不开各少数民族族民的参与,而参与的内驱力在一定程度上决定了传承过程的完整性和传承的有效性。结合参与目的,本研究设计了调查对象参与传统体育驱动力的题项,给出了"传承家族文化、宗教文化遵从、娱乐休闲、竞技竞赛和实用功能"5个选项和1个开放性填写项。在图 3-10 中可以看出，调查对象普遍将"娱乐休闲"作为主要内驱力，说明西南地区少数民族族民对于传统体育娱乐性的看重，这一点与上文中关于参与目的的调查结果吻合。选中率超过 50% 的还有"传承家族文化"这一选项，侧面反映出广大少数民族族民的家族文化情结，以及对于本族文化传承所具有的责任感。此外，竞技竞赛也是吸引广大少数民族族民参与传统体育的重要因素，反映并体现出传统体育基本功能的重要性。通过分析可见，西南地区少数民族传统体育文化传承机制的优化或重建，要从增强娱乐性、增加族群文化内涵和开展竞技竞赛三个方面发力，同时兼顾宗教和实用功能因素，唯有如此，广大少数民族族民的积极性和主动性才能更好地调动和发挥，传承机制才能真正发挥作用。

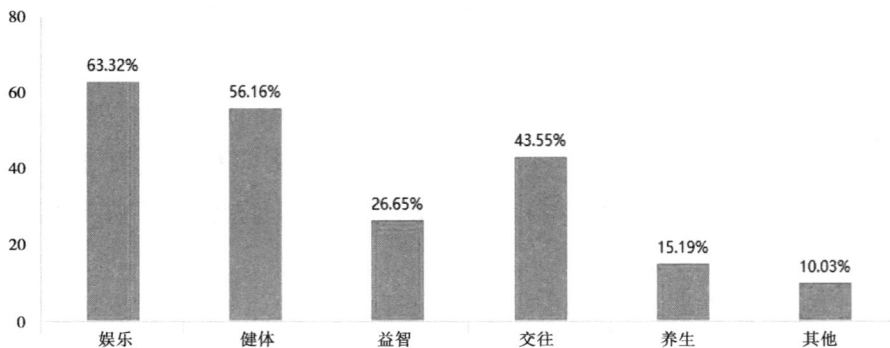

图 3-9　西南地区少数民族族民参与传统体育的目的（n=349）

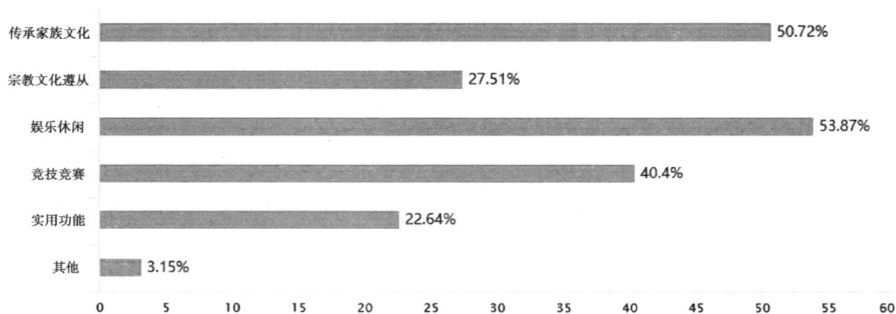

图 3-10　西南地区少数民族族民参与传统体育的驱动力（n=349）

（五）关于传统体育参与利益取向的分析

在调查少数民族族民参与传统体育驱动力的基础上,本研究从利益取向的角度设计了题项,给出了"个人回报、家庭收益和族群利益"3 个选项,通过图 3-11 所呈现的调查结果来看,七成以上的调查对象参与本民族的传统体育活动是出于族群利益,这充分说明了广大少数民族族民对于集体利益的重视。但还有近 30% 的调查对象参与传统体育是基于个人回报或家庭收益,有另外一种情况不能排除,那就是部分族民或许有以上三种利益中的两种。由此可以看出,少数民族传统体育的参与者有着多种利益诉求,在调整或重构西南地区少数民族传统体育文化传承机制的过程中,应当在利益诉求方面给出多元化的选择,否则新机制就失去了现实意义。

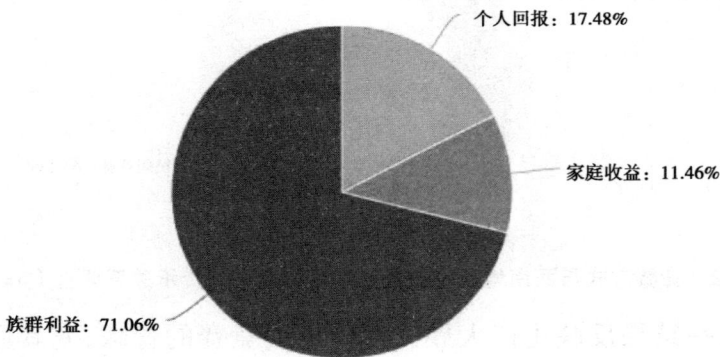

个人回报：17.48%

家庭收益：11.46%

族群利益：71.06%

图 3-11　西南地区少数民族族民参与传统体育的利益取向（ n=349 ）

综合以上调查情况来看,广大西南地区少数民族族民参与传统体育的时间多集中在节日庆典之时,普遍认为参与的时间不够,参与的主要目的在于娱乐和健身,与同类研究的调查结果基本类似,而娱乐和健身也成为广大族民参与的主要驱动力之一。从利益取向上来看,广大西南地区少数民族族民具有较高的集体认同感,对于集体利益的重视程度也比较高。

二、调查对象对传统体育文化传承的主观认识分析

（一）关于竞赛方式对西南地区少数民族传统体育文化传承促进作用的调查结果分析

在文献梳理和前期研究中发现,竞技比赛是少数民族传统体育开展的重要方式,同时也是重要的传承方式。为此,本研究设计了题项,对广大族民关于竞技方式促进少数民族传统体育文化传承的态度进行了调查,结果发现,更多的人认为民间竞赛更有助于少数民族传统体育文化的传承。相比而言,35.82%的调查对象认为官方比赛更能发挥促进作用(图3-12)。

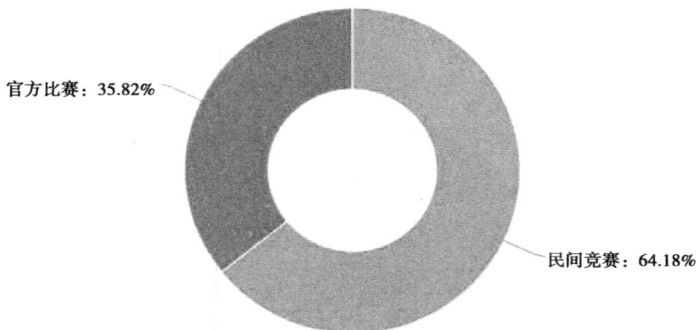

官方比赛：35.82%

民间竞赛：64.18%

图3-12 竞赛方式与西南地区少数民族传统体育文化传承关系调查（$n=349$）

这一结果反映出广大族民对于民间竞赛的青睐,究其原因有两方面:第一,民间竞赛开展的频率远高于官方比赛,这一点使广大族民认为民间竞赛对于少数民族传统体育文化传承的促进作用更大;第二,官方比赛的时间短且多项目共同进行,如全国少数民族传统体育运动会、各省市、自治区、县的官方比赛,大多数情况下都是综合性的,多个项目同时比赛,且参与者是经过选拔后的"精英",在普及程度和参与人数方面远不如民间自发组织的各种竞赛。

（二）关于传授方式与西南地区少数民族传统体育文化传承的调查结果分析

在前期研究中发现，少数民族传统体育相关的技能主要分为两大类型，一种是各种传统体育活动本身的技术动作及完成能力，另一种是传统体育器材的制作技能或技艺。以贵州台江县施洞镇的"独木龙舟"为例。首先，与其他类型的舟船类似，"独木龙舟"需要通过船桨的滑水来前进，此过程中包括了划桨动作的一致性、划桨力度的均匀性、划桨节奏的统一性等要求，相关的技术动作需要经过长期的训练和磨合才能熟练掌握，这属于划船的技能；其次，顾名思义，"独木龙舟"是将三根粗大的杉木掏空成槽，中间的母舟和两侧的子舟捆绑制成，并且还要用柳木雕刻栩栩如生的龙头，制作过程复杂，制作技艺要求很高，此处的龙船制作技能也是"独木龙舟"文化的重要组成部分。由"独木龙舟"的例子可以看出，部分少数民族传统体育文化的传承，需要在"技能"方面进行代际传递，如何将相关的知识和技能有序传承是一个重要环节。千百年来，中华儿女在中国传统文化熏染之下形成了"师傅—学徒"和"师父—徒弟"等类型的技能传承方式。"师傅—学徒"型主要是一些普通技能或技艺的传授和习得，交纳一定的财物作为学费即可；而"师父—徒弟"型则针对特殊技能或技艺的传承，如"武术""气功"等，需要进行严格的拜师仪式，且形成了一种类似以血缘关系建立起来的"父子"关系，即所谓的"一日为师终身为父"。

基于以上缘由，本研究设计了题项调查广大族民对于传承方式的认知态度，以及对于促进少数民族传统体育文化传承的影响，调查结果（图3-13）显示两种方式差别不大。也可以推测两种传承方式在西南少数民族地区都不同程度地存在。

（三）关于教学方式与西南地区少数民族传统体育文化传承的调查结果分析

在当前少数民族传统体育文化所面临的传承困境当中，"代际"传承危机是最为突出的。受社会转型、经济条件改善、外出机会增多、通讯设施先进等多种因素的影响,青年一代对于外界事物的接触增多,民族地区居民的观念出现了明显的代际差异。这种情况一方面导致青年群体对于传统文化的态度发生变化,认为本民族的某些传统文化是"落后的陋俗",在观念层面发生迁移;另外,由于观念的变化而导致行为上的缺席。基于对大城市的向往而离开家乡、基于对传统文化的误解而缺席各种形式的民族传统活动,进而导致包括传统体育文化在内的传统文化面临严重的"代际"传承危机。

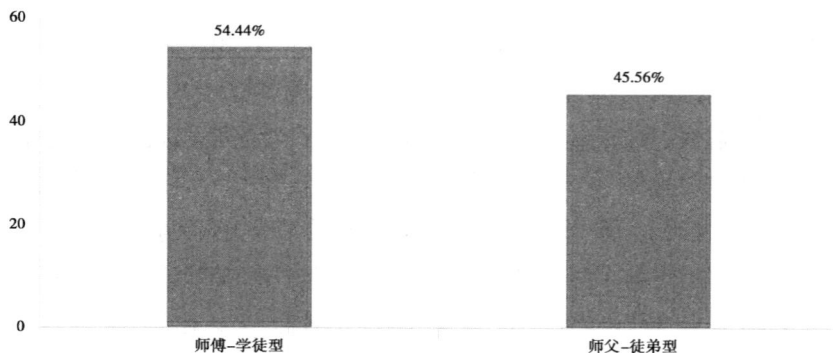

图 3-13　传授方式与西南地区少数民族传统体育文化传承关系调查（$n=349$）

基于上述原因,本研究认为学校体育教育教学是缓解民族传统体育文化"代际"传承危机的可行路径,于是设计了题项来调查少数民族族民对于此问题的认识。"教师—学生"型和"教练—队员"型两个选项是基于实地调研结果而确定的。在贵州遵义调研期间发现,"独竹漂"等民运会比赛项目在遵义师范学院专门成立了训练队,每学期选拔学生运动员进行训练和参加比赛,是一种较为典型的"教练—队员"型的传承方式。而在贵州兴仁县,当地的"板凳操"融入校园大课间,主要采用教师教授学生的方式,取得了较好的教育传承效果,是一种"教师—学生"型方式。调查结果显示(图 3-14),约 56% 的调查对象认为"教师—学生"型更能促进少数民族传统体育文化的传承,但也有约 44% 的调查对象倾向于"教练—队员"型。

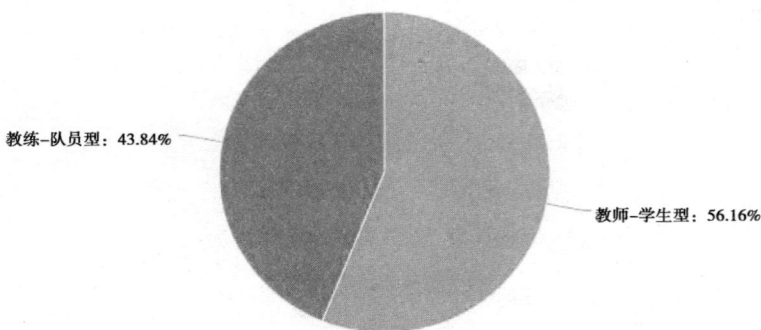

教练–队员型：43.84%

教师–学生型：56.16%

图 3-14　教学方式与西南地区少数民族传统体育文化传承关系调查（$n=349$）

　　其实,两种类型的教学方式各有所长,主要在"广度"和"深度"两方面有差异,"教练—队员"型学生数量少,教练不仅传授基本知识,还要求队员在技术层面进行大强度训练,可以说是对某项传统体育活动在技术层面的"深度"发掘;而"教师—学生"型所具有的优势是受众面广,体育教师可以通过体育课、大课间等形式进行基本知识和基础技能的大面积教学,但在"深度"上存在一定的不足。由此可见,西南地区少数民族传统体育文化传承机制构建的过程中,在教育教学板块的相关内容中要充分考虑"广度"和"深度"的平衡问题,避免顾此失彼的情况。

　　（四）关于组织形式与西南地区少数民族传统体育文化传承的调查结果分析

　　从基本特征的角度来看,少数民族传统体育活动大多是集体性或群体性的,或者一个项目需要多人集体完成,如"珍珠球""独木龙舟""抢花炮""篾鸡蛋"等;或者一个项目须多个人共同参与,如"赛马""蹴球""射箭""打陀螺""高脚竞速"等项目,需要多名参与者同场竞技;另外如"押加""摔跤""扳手劲"等项目,虽然是直接对抗的项目,但在民间开展时往往有大量观众间接参与,具有群体性特点。可见,少数民族传统体育活动的组织方式具有非常重要的作用。本研究基于此设计了题项,调查"个人随机"开展和"集体组织"两种组织方式哪个更符合广大族民的要求,调查结果如图 3-15 所示,绝大多数的调查对象选择了"集体组织"。

个人随机：7.16%

集体组织：92.84%

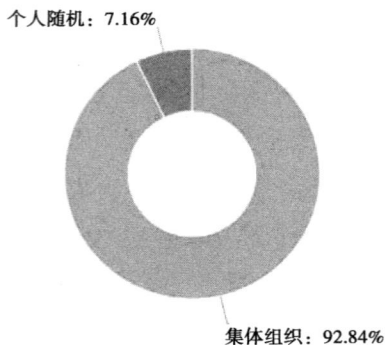

图 3-15　组织形式与西南地区少数民族传统体育文化传承关系调查（n=349）

结合实际情况分析来看，多数少数民族传统体育在产生之初就是家族性、族群性的群体活动，单个项目也依存于集体而存在。集体组织对于少数民族传统体育的开展和传承具有重要的保障和促进作用。首先，集体组织会对成员个体产生一种规约的影响，使个体的行为方式更加趋于群体化，进行达成参与行动的一致性；其次，集体组织可以通过家族文化、族群文化的同化力使个体的观念统一，进而引发行为层面的"在场"；再者，集体组织可以汇集各方面的力量和资源，以集约化的方式实现活动经费（花费）的统筹使用。由调查数据和分析可以推知，西南地区少数民族传统体育文化的传承，须建立以"集体组织"为主要组织形式的模式，当然，此处的集体既可以是国家层面、省市层面，也可以是县、乡镇层面，还可以是村寨、家族层面，理想的结果是建立起自上而下、互相联动的组织方式体系。

（五）关于开展场域与西南地区少数民族传统体育文化传承的调查结果分析

少数民族传统体育文化的主要载体是丰富多彩的少数民族传统体育活动，对其传承机制进行探讨，就要从少数民族传统体育活动的特殊性出发。正如上文所述，集体性或群体性是少数民族传统体育的基本特征之一，这在某种程度上决定了少数民族传统体育活动的开展需要有一定的开展场域。同时，开展场域在某种意义上为各民族开展传统体育活动提供了空间基础,也是影响少数民族传统体育文化传承的重要因素,因此,对开展场域的调查尤为必要。在调查题项和选项的设计过程中,考虑到了"少数民族传统体育队场地要求不高"的说法,给出了"自然场域(场地要求不高,随地开展)"的选项。但图 3–16 所呈现的实际调查结果却显示该选项并不符合广大少数民族族民的期望,同时他们认为"特定场域(专用或专门场地)"更能够促进少数民族传统体育文化的传承和发展。

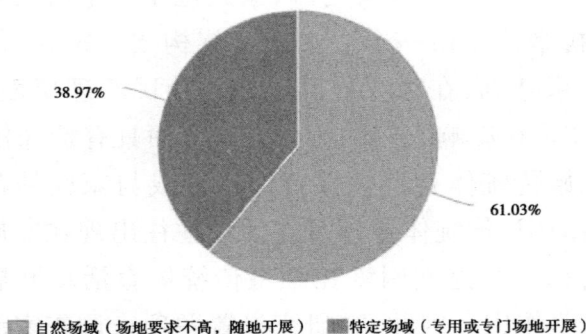

38.97%

61.03%

■ 自然场域(场地要求不高,随地开展) ■ 特定场域(专用或专门场地开展)

图 3–16 开展场域与西南地区少数民族传统体育文化传承关系调查($n=349$)

这一调查结果令人反思两个问题,第一,场地要求不高在现实层面是相对的。之前文献梳理中发现的"少数民族传统体育多为随机随地开展,且器材也就地选材进行制作"的说法有一定的道理,只不过该说法的得出未能明确对比的标准和对象。在韦晓康教授主编的《少数民族体育用品》一书中,详细介绍了不同类型民族体育器材的制作过程及部分活动场地的要求,其复杂程度和工艺要求均相当高,从一个侧面说明,少数民族传统体育开展场地要求不高的说法需要有参照。第二,专用场地作为硬件条件的作用不可忽视。调查结果充分说明少数民族传统体育活动的开展具备良好的硬件条件(场地、器材、设备),无疑会使其开展更加有保障,活动质量和传承效果也会大大提升。因此,在进行西南地区少数民族传统体育文化传承机制优化或重构的过程中,要将场地、器材等硬件条件作为重要指标。

（六）关于家族文化与西南地区少数民族传统体育文化传承的调查结果分析

众所周知，少数民族多居于山野边陲，出于对自己的保护和对于生产、生存环境的征服，群居共荣成了多数人的选择，以血缘关系为基础聚集起来的人们，有着相同的图腾和姓氏，构成以家庭为单位的集合体。千百年来，家族文化已经成为广大农村地区的特色文化，每个人的思想深处都有一个鲜明的"家族"烙印，在西南地区的广大少数民族聚居区，家族也是一个村寨重要的构成单元，每个村寨往往由一个以上的家族构成。家族，作为广大族民的血缘关系基础，在很大程度上成为族民心理层面的依赖，可以说，家族文化在影响人们的行为方式方面具有特殊作用。

少数民族传统体育群体性特征的形成与家族的存在关联绵密。家族活动中，传统体育等身体活动往往出现在家族的宗教祭祀、宗教礼仪之中，这些因素在维系传统体育活动开展和传承方面发挥了重要作用。因此，本研究设置题项来调查家族文化的内容中，哪些更有助于本民族传统体育文化的传承，除了以上提及的两个方面以外，各家族制定的规章制度在某种程度上为传统体育活动的开展提供了制度性保障，因此也将其列入选项。如图3-17所示的调查结果显示，近80%的调查对象认为"家族礼仪"更有助于本民族传统体育文化的传承。

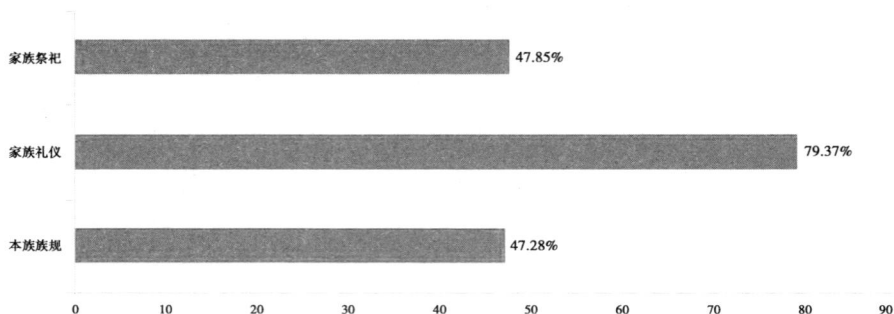

图 3-17　家族文化与西南地区少数民族传统体育文化传承关系调查（n=349）

以上调查结果与之前预想的情况有所不同,因为在多数文献资料中都认为"家族祭祀"是少数民族传统体育开展的重要空间。探究其实也不难理解,在从古至今的各种家族祭祀活动中,传统体育等身体活动也仅仅在一些"礼仪"性的环节出现,并且多为全体族民共同参与,而祭祀活动的核心或关键环节,一定是由家族的"长老"或专职人员来完成。另外,随着少数民族地区的文明程度、经济水平等的逐步提升,传统宗教祭祀活动形式也同步调整,而礼仪性的内容则得以保留。作为少数民族传统体育文化传承重要依托的各种礼仪或仪式,也是构建其传承机制不容忽视的内容。

（七）关于宗教文化与西南地区少数民族传统体育文化传承的调查结果分析

宗教,在诸多民族的日常生活中扮演了重要角色,甚至成为民族传统文化的重要内容。在少数民族传统体育起源的探索中,有学者认为宗教活动为民族传统体育提供了空间和土壤。因此,在本研究探讨少数民族传统体育文化传承问题时,宗教是一个不容回避的内容,然而,并非所有的宗教内容都与传统体育有关联。通过前期研究发现,在宗教文化的丰富内容中,与传统体育直接相关的是"宗教礼仪",即宗教活动中的礼法活动和仪式性内容,而身体活动成为人与神对话和交流的重要形式。因此,本研究将"宗教礼仪"列为选项。此外,在宗教作用于人的过程中,宗教伦理在很大程度上影响着人们的思想观念,进而对个体的行为方式产生影响。鉴于此,本研究把"宗教伦理"作为另一个选项。

如图 3-18 所示的调查结果可见,82.23% 的调查对象认为"宗教礼仪"有助于本民族传统体育文化的传承,但也有 54.73% 的调查对象认为"宗教伦理"有助于本民族传统体育文化的传承,其中有一定数量的调查者认为两者对本民族传统体育的传承都有促进作用。

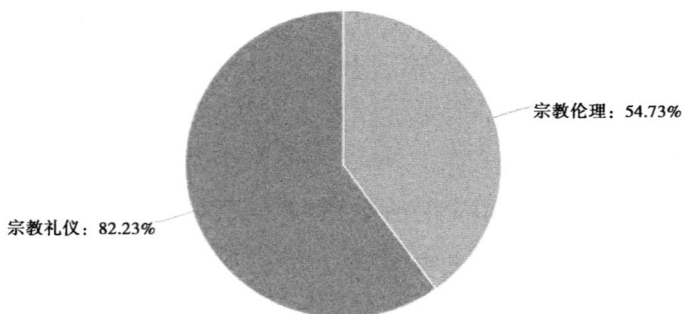

图 3-18　宗教文化与西南地区少数民族传统体育文化传承关系调查（*n*=349）

透过数据可以看出宗教活动与传统体育的密切关系，随着民族地区宗教活动的进一步规范，古老的仪式也逐渐"祛魅"，各种身体活动也更加文明。但宗教文化是民族传统文化不可或缺的部分，传统体育文化的宗教内容和内涵不应舍弃，反而应当积极引导和充分发掘，使其成为民族传统体育文化传承机制构建的助推因素。

（八）族群制框架下传承方式与西南地区少数民族传统体育文化传承的调查结果分析

虽然对于"传承"的一般理解是"纵向"的，但民族传统文化的传承并不能人为地规定界限，少数民族传统体育文化的传承也并非仅限于某个固定的范围，反而需要在一定程度上突破旧有的藩篱。此处所指的突破，更大意义上是指广大族民观念层面的。因此，本研究设计了题项调查族民观念的开放程度。

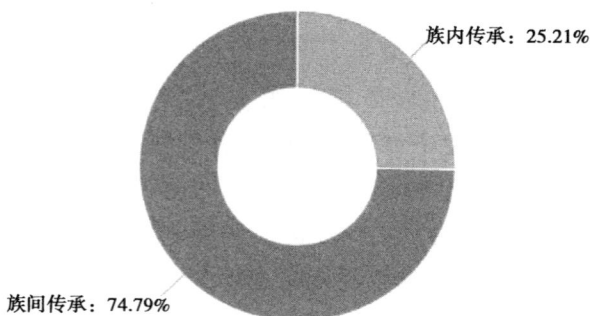

图 3-19　传承方式与西南地区少数民族传统体育文化传承关系调查（*n*=349）

调查结果（图3-19）显示，绝大多数调查对象对于本民族传统体育文化传承的态度是积极的，观念是开放的，近75%的人认同"族间传承"，即在传承过程中突破家族、族群的范围限制。这种乐观的情况之所以出现，与西南地区社会开放程度不无关系，因为通过早些年的文献可以看出，少数民族地区因封闭的传统观念影响，如民族武术、器材制作技艺等都存在"传内不传外"的情况。有鉴于此，西南地区少数民族传统体育文化传承机制的构建，可以在开放性方面进行突破，使传统体育文化向着多民族共享的方向传承和发展。

（九）关于西南地区少数民族传统体育文化传承主体因素重要程度的调查结果分析

少数民族传统体育文化与其他文化类型一样，其传承是以"传者"为主体、以"承者"为客体而形成的连续过程。其中不难看出，作为主体的"传者"所起到的是主导作用，因此，"传者"的角色是基于其已经具有的能力或水平。然而，本研究多次查阅资料也未见具体明确的"传者"的能力或素质内容，经多次研讨后决定增加题项来调查广大少数民族族民的看法，给出的11个选项分两轮征求了国内专家的建议，经删减或增补后确定。

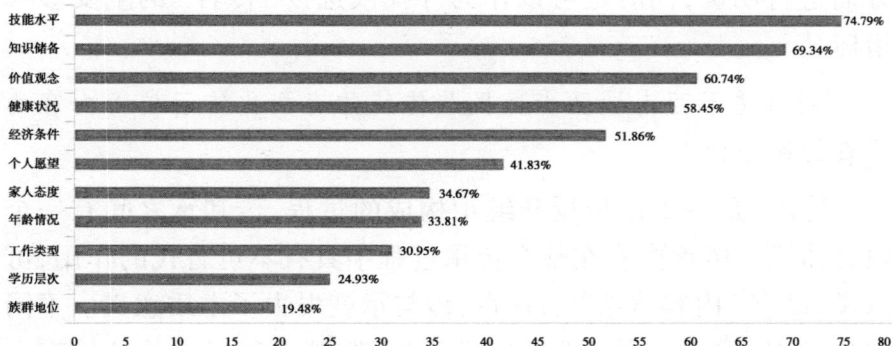

图3-20　西南地区少数民族传统体育文化传承主体因素重要程度调查（n=349）

由图3-20所显示的调查结果可以看出，调查对象认为"技能水平"和"知识储备"是作为"传者"最重要的条件，此结果符合少数民族传统体育的特点；"价值观念""健康状况"和"经济

条件"的选中率也在 50% ~ 60% 以上,30% ~ 40% 以上选中率
的有"个人愿望""家人态度""年龄情况"和"工作类型",而"学
历层次"和"族群地位"是调查对象最不看重的因素。

具体分析来看,选中率前五位的都超过了 50%,跟实际情况
基本吻合,作为传统体育文化的"传者",首先要具备精湛的技术
或技艺,同时要掌握一定的知识,既包括与体育相关的知识,也包
括民族历史文化方面的知识。同时,积极正确的"价值观念"是
重要的前提,作为"传者"的一系列行为都不能与主流价值观相
左,而有一个健康的身体才能更好地将自己的技术和知识传授给
他人。"经济条件"的选中率高,一方面说明作为"传者"给族民
的期待是不能有功利心的掺杂,另外,说明日常生活受经济条件
的限制不大,才能有足够的时间去从事相关工作。这一点在实际
调研中也发现,有些"非遗"传承人,因为个人经济条件不好,在
从事传承的相关工作中有心无力,生活所迫,不得已外出务工,造
成了"传者"的长期缺席。根据调查数据,其余的 6 个因素可以
作为其他 5 个核心因素的补充,因为这方面也存在一定的地域性
差异和特殊情况。鉴于此,西南地区少数民族传统体育文化传
承机制的框架体系中,作为"传者"的主体因素要依照上述 5 个
方面进行明确,同时也可以作为寻找或选拔"传者"的重要参考
指标。

(十)关于西南地区少数民族传统体育文化传承核心内容的
调查结果分析

传承,是一个由传授和继承构成的过程,传和承之间有一个
内容体系。传承内容在整个传承过程中具有不可替代的作用,可
以说,没有"内容体系"的存在,传与承就失去了本质意义。不同
文化类型的"内容体系"是有差异性的,就少数民族传统体育文
化的传承内容体系而言,目前尚无定论。研究少数民族传统体育
文化的传承机制,弄清楚其"内容体系"无疑是个首要的工作,然
而,仅仅通过文献资料梳理和专家咨询是不够的,少数民族族民

作为民族传统体育文化的创造主体,其认识、理解和观点应当是最具说服力的。基于此,本研究设计了题项来调查,选项则是查阅大量文献并征求国内同领域专家意见基础上而确定的,虽然未必全面,但也未出现大的缺漏。

此问题的调查结果如图 3-21 所示,给出的 7 个选项都不同程度地被选中。"民族文化"作为民族传统体育文化的母体,被 82.81% 的调查对象选作传承的核心内容;"基本知识""技术技能"和"风俗习惯"三个内容的选中率也都在 60% ~ 70%;此外,主要针对少数民族传统体育器材而设置的"制作工艺"选项,其选中率也超过了 44%;而从文化的深层内涵表达角度设置的"集体记忆"和"族群谱系"两个选项的选中率相对较低,但也有 30% 的调查对象认可这两个内容为少数民族传统体育文化传承的核心内容。

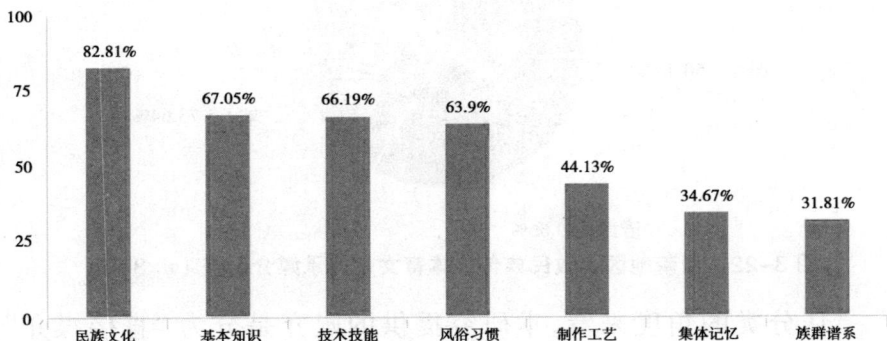

图 3-21 西南地区少数民族传统体育文化传承核心内容调查（n=349）

此问题的调查结果一方面反映出广大少数民族族民对于传统体育文化核心内容的理解水平较高,数据呈现出了所有传统文化核心内容的普遍认识;另外,通过 7 个选项的选中比例排序可以进一步确定少数民族传统体育文化传承核心内容的构成因素,为其传承机制的构建提供了重要依据。

（十一）关于西南地区少数民族传统体育文化传承媒介的调查结果分析

传承是传者和承者不断进行互动的过程,在传承内容明确的前提下,需要通过一定的媒介使传承内容符号化,成为可以沟通和交流的信息,因此,传承媒介的"桥梁"作用尤为重要。为全面了解广大少数民族族民更接受哪种形式的传承媒介,或者认为哪种媒介在以往的传承过程中发挥的作用最大,本研究通过查阅文献提供了 5 个选项,同时为了避免疏漏而设定了一个可补充的填写项。

通过调查的数据统计(图 3-22)可知,"语言""文字""身体"是选中率较高的选项,此外,也有过半的调查者认为"影像"和"图片"是有利于本民族传统体育文化传承的媒介。在设置的开放性填写项中,有的重复,有的内容不在媒介的范畴内。

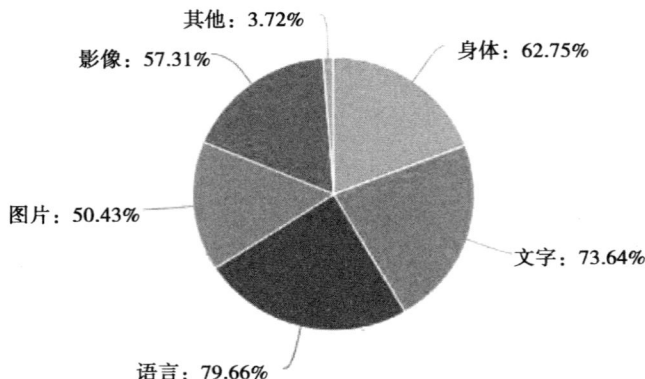

图 3-22　西南地区少数民族传统体育文化传承媒介调查(*n*=349)

从分类的角度来看,本研究提供的媒介是分为"直接媒介"和"间接媒介"两种类型的,"语言"和"身体"作为"直接媒介"可以在传承过程中直接使用,且最为实用和直观;"文字""影像"和"图片"作为"间接媒介",具有信息保存时间久远、形象且可重复利用的优势和特点,但属于二次加工使用的媒介类型。调查结果基本符合实际情况,"语言"在所有民族中是最为普及和实用的信息交流方式,"文字"的高选中率虽然与无本族文字的民族的情况不太吻合,但伴随民族地区义务教育普及而汉字广泛使用的实际情况,这一现象也能得到合理的解释。可见,西南地区少数民族传统体育文化的传承,要充分利用多种媒介,形成多维度、多形式的传承方式。

（十二）关于西南地区少数民族传统体育经费来源的调查结果分析

少数民族传统体育文化的传承和发展，需要以传统体育活动的广泛开展为载体，唯此，传承这一个过程才具有时间和空间两方面的前提条件保障，传者和承者才能形成互动，传承内容才能实现代际衔接，真正意义上的传承才能实现。但是，传统体育活动的开展势必组织参与人群、占用一定的资源、购置一定的器材，因此，活动经费成为影响传统体育文化传承的重要因素。本研究设置活动经费题项，旨在了解过往的情况，调查数据显示（图3-23），"政府支持"是多数调查对象参与传统体育活动的主要经费支持者，这与课题组调研的实际情况相吻合；"集体募集"是活动经费的又一个来源，但所占比例仅为三成左右，"个人捐资"的情况存在，但相对较少。

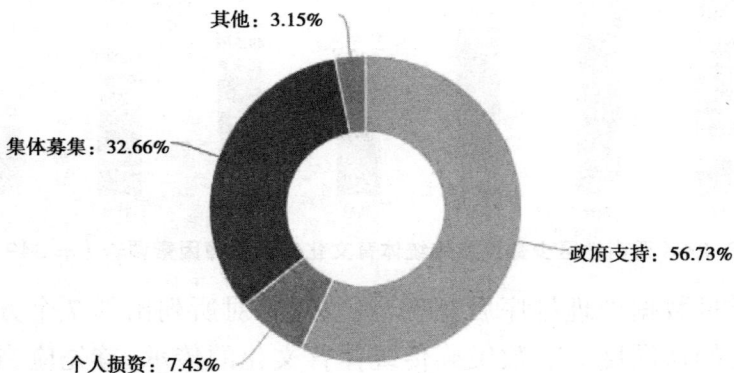

其他: 3.15%
集体募集: 32.66%
政府支持: 56.73%
个人损资: 7.45%

图3-23　西南地区少数民族传统体育经费来源调查（$n=349$）

在课题组调研的过程中，访谈了部分体育管理部门的领导和工作人员，他们认为经费问题是开展活动的最大限制因素。政府针对体育工作的财政拨款有限，单纯依靠政府开展传统体育活动显得杯水车薪，因此导致传统体育的活动开展频次受到影响。从村寨的情况来看，集体募集资金开展传统体育活动也仅限于一年内的某个或几个重大节日之时。因此，基于调研和调查的实际情况,活动经费因素也是西南地区少数民族传统体育文化传承机制构建或优化须重点考虑的内容。

(十三)关于西南地区少数民族传统体育文化传承保障因素的调查结果分析

文化传承是环环相扣的链条,任何一个环节出问题都有可能导致整个链条的断裂,因此,有必要采取一定的措施来保障其完整性,少数民族传统体育文化也不例外。本研究针对这一问题,在专家问卷中进行了意见征询和修正,将文化、制度、平台、情感、经费、时间和利益确定为保障因素的主要方面,但作为少数民族传统体育文化主体的族民,他们对于这一问题的看法也非常重要,因此设计了"您认为以下哪些因素能够对本民族传统体育文化的传承起到保障作用?"题项进行调查,结果见图3-24。

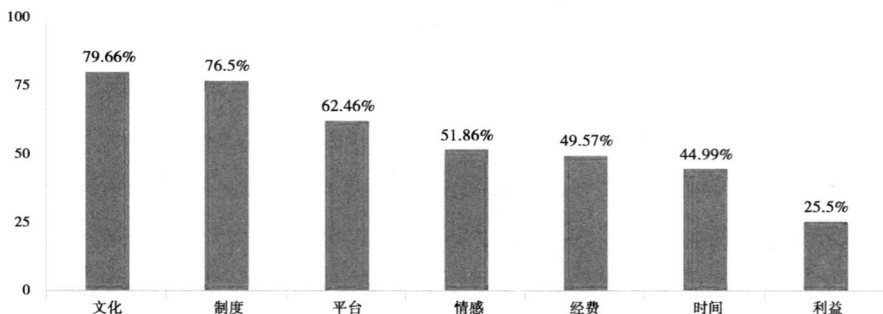

图3-24 西南地区少数民族传统体育文化传承保障因素调查($n=349$)

经过数据处理排序后发现,调查对象对所列出的7个方面具有较高的认同度。少数民族传统体育文化的传承,首先应当置于民族文化的大框架内,这样不仅使传统体育文化拥有母体文化的依托,同时也可以获得更多的发展空间;其次,在制度保障方面是尤为必要的,从国家到地方,不同层次的制度形成体系之后,会形成联动作用,使各种活动的开展具有依托;再次,丰富而宽广的平台可以为少数民族传统体育文化的传承提供更多机会和空间,平台的搭建也会形成资源整合机制,不论是人力资源还是与之相关的经费、时间等都会得以整合。此外,情感、经费和时间的选中率相差较小,可以认为这三方面的保障会因前三个方面的实现而水到渠成,也可以认为在调查对象所了解的情况中,这三个方面的困难相对较小。利益方面的低选中率反映出广大少数民族族民的高尚情怀,为了传承本民族的传统体育文化,利益是最后考虑的因素。分析后也更加能够看出,西南地区少数民族传统体育文化的传承机制建构,要把"保障因素"作为主要板块。

（十四）关于西南地区少数民族传统体育文化传承平台的调查结果分析

当前,少数民族传统体育文化传承面临诸多困境,其原因是多方面的,其中平台缺失是一个重要原因。本研究设置了题项来调研广大少数民族族民对于平台缺失问题的认识,给出了 4 个选项和开放性的填写项,调查结果如图 3-25 所示。70% 以上的调查对象认为少数民族传统体育文化传承缺少教育平台、宣传平台和展示平台,从技能获取或训练方面考虑而设置的实训平台,也有 54% 以上的调查对象认为有缺失;在填写项也有新的补充,有调查者认为还缺少交流平台和保护平台。

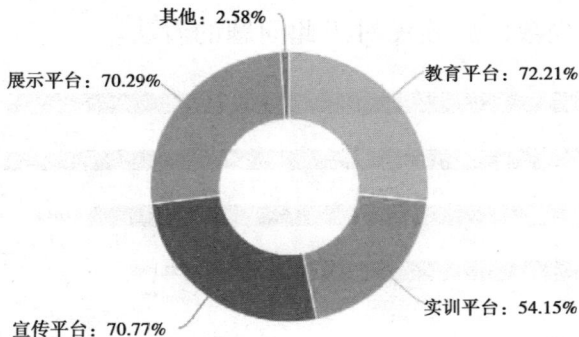

其他: 2.58%
展示平台: 70.29%
教育平台: 72.21%
宣传平台: 70.77%
实训平台: 54.15%

图 3-25　西南地区少数民族传统体育文化传承平台需求调查（ n=349 ）

从数据的整体情况来看,少数民族传统体育文化的传承几乎处于平台完全缺乏的情况,这与预料情况相差较大,毕竟在调研的过程中了解到有些地区将传统体育引入学校,可以说是搭建了教育平台。尽管如此,这一调查结果应当引起足够重视,尤其是西南地区少数民族传统体育文化传承机制构建的过程中,必须将平台建设作为重中之重的指标,要在教育、宣传、展示、实训、交流、保护等传承平台的优化和建设方面重点发力,才能弥补现有的缺失。

(十五)关于西南地区少数民族传统体育文化传承效果的调查结果分析

少数民族传统体育文化传承机制的探讨和分析,不仅要明确传承过程中各个环节及其相互作用,也要明确"传者"和"承者"之间互动关系形成的基础和信息传递方式,还要以最终的传承效果作为检验标准。因此,传承机制中"传承效果"的检验和考量是不可或缺的。然而,传承效果的好与坏没有现成的标准可以参照,课题组在查阅资料的基础上,尝试性的从"传承主体""传承内容"和"表现因素"三个方面提出了传承效果的体现指标。

1. 传承主体维度

传承主体包括"传者"和"承者",毕竟两者的互动和互应才能实现传承。因此,提出了参与人数增加、技能水平提高、参与频度增加和参与时间增长4个基础性指标,并将其作为选项,来调查西南地区少数民族族民对于此问题的看法。

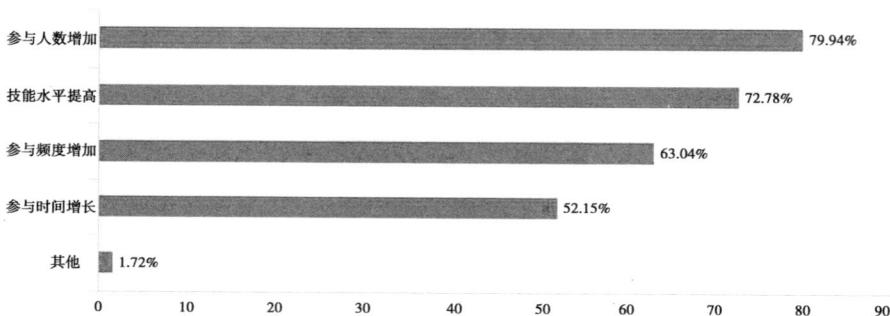

图3-26 西南地区少数民族传统体育文化传承效果(传承主体维度)调查($n=349$)

调查结果(图3-27)显示,4个选项的选中率都在50%以上,基本说明了这4个方面可以作为检验传承效果的基础性指标,但更具体的量化指标需要在后续研究中进行探讨。从4个答案的立足点来看,都是从传承的整体情况着眼,参与人数增加是反映受众群体——"承者"增量的指标,人数的增加也反映出该活动在群众中的受欢迎程度;技能水平是反映"承者"学习效果或信息接收多少的指标,传统体育文化的传承首先得是习得了较高的技术或技能;参与频度和参与时间能够反映出"承者"的兴趣培养及稳定性情况。

2. 传承内容维度

西南地区少数民族传统体育文化的传承,一个重要的环节就是明确传承内容的基本要求,也就是说,"传者"向"承者"传授或传习的内容应当是什么样的? 基于前文所述的传承内容,本研究提出了传承内容的基本要求——完整性、合理性、系统性和趣味性,并将其作为选项进行调查。

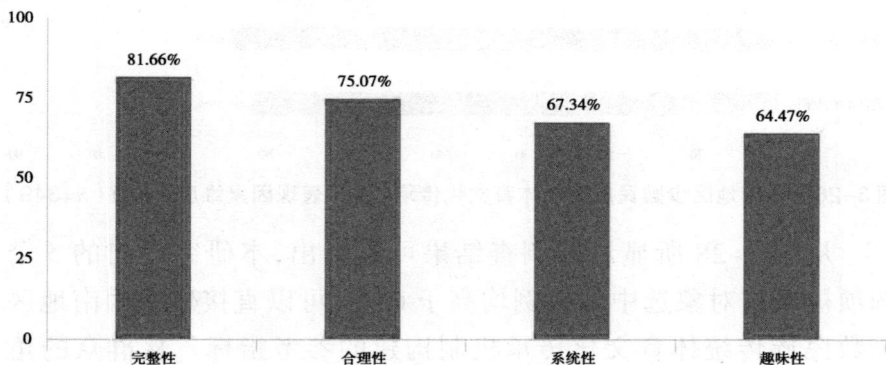

图 3-27　西南地区少数民族传统体育文化传承效果(传承内容维度)调查(n=349)

虽然此处提出的 4 个基本要求主要是从理论层面的探讨,但从传承内容的具体指标来看,也不外乎这 4 个方面。完整性是对传承内容是否实现了基本知识与基本技术相结合的反映,也是对"传者"是否将全部内容都对"承者"进行了传授的反映;合理性所指的是传承内容是否真实、是否符合一般规律、是否客观;系统性是指传承内容的传授或传习过程是否符合动作技能学习和掌握的一般规律,基本知识是否相对系统,基本技术或技能是否形成了较为完整的系统;而趣味性是基于"承者"的接受过程中的兴趣激发而言的。图 3-27 的数据显示,349 位调查对象对以上4个基本要求认可度很高,基本可以作为构建西南地区少数民族传统体育文化传承机制的参考依据。

3. 表现因素维度

少数民族传统体育文化的传承要有一定的表现型指标,否则即使进行量化的测量也缺乏基础。因此本研究主要从群众的角度设计了参与度、知晓度、认可度和参与自觉度4个选项,另外从传统体育的角度设计了传播面作为选项。

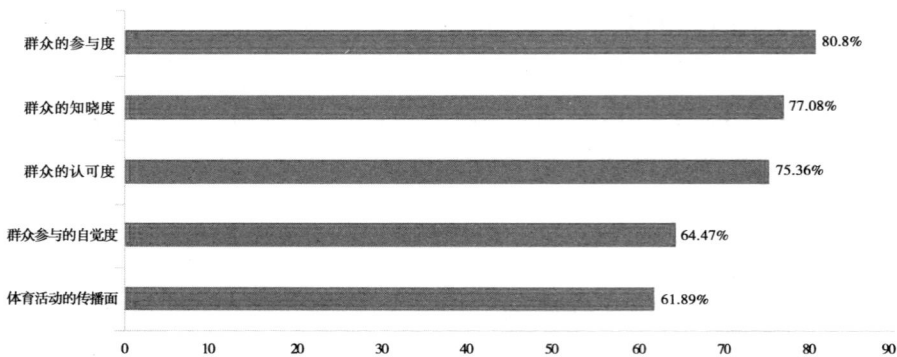

图3-28　西南地区少数民族传统体育文化传承效果(表现因素维度)调查(*n*=349)

从图3-28所显示的调查结果可以看出,本研究提出的5个选项被调查对象选中的比例均高于61%,可以直接作为西南地区少数民族传统体育文化传承机制构建的参考指标。从群众的角度来观测是最为直观和可取的,而知晓度可以反映群众对传统体育活动的了解程度,参与度则是群众行为方式的直观表现,认可度主要在于思想观念层面,高认可度可以反映出群众对传统体育活动的心理接受情况,参与的自觉度是广大群众参与传统体育活动积极主动性的反映;传播面是传承范围的考量,也可以侧面反映出传承效果。

(十六)关于西南地区少数民族传统体育文化传承现实障碍的调查结果分析

近年来,关于少数民族传统体育文化面临传承危机的提法和观点屡见不鲜,其根源也是基于现实情况,面对传统文化备受冷落的社会背景,各种类型的传统文化都在进行调整或转型,少数民族传统体育文化的传承和发展也面临诸多现实障碍。本研究在综合以往研究成果观点的基础上,提出了 10 个方面的现实障碍,并作为选项来调查广大少数民族族民的看法,调查结果统计见图 3-29。

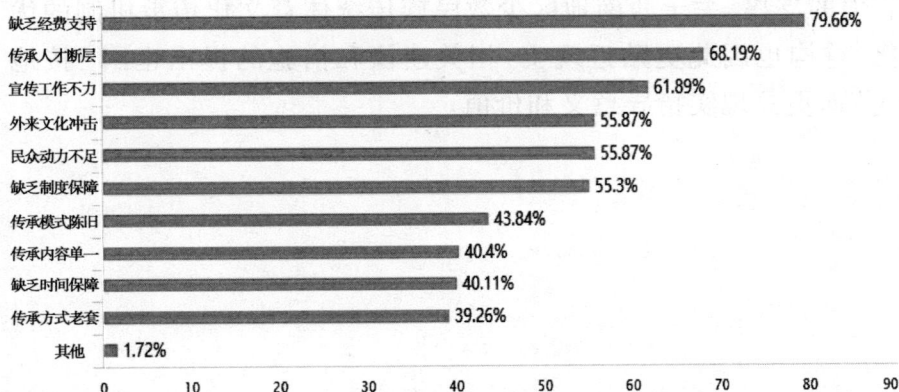

图 3-29　西南地区少数民族传统体育文化传承障碍因素调查（ *n*=349 ）

从统计结果的排序情况来看,经费缺乏这个核心问题,不论是管理层还是一般群众都认为是"症结";从现实层面来看,经费不足就不能开展活动,广大群众也就没有机会聚到一起,加之外出务工的年轻人越来越多,多数少数民族村寨都不同程度地出现了"空巢化",就更难保证参与者数量。通过数据统计还可以看出,宣传不力、外来文化影响、民众动力不足和制度缺失也都是非常现实的困境,这些虽然都属于客观条件,但每个因素都可能导致传承链条的一个甚至多个环节失灵。另外,与传承直接相关的各个因素中,传承模式、传承内容、传承时间、传承方式都不同程度地被选中,虽然不能断定所有问题都存在于某个地域,但也侧面反映出这些困境都不同程度地存在,是构建西南地区少数民族传统体育文化传承机制不容忽视的因素。总之,传承的障碍因素是传承机制研究的出发点,也是最终的落脚点。

总之,西南地区少数民族传统体育文化传承机制的研究,需要从少数民族传统体育文化当前的现况出发,对其传承过程的每个环节进行检视,找出客观存在的问题及其致因。而上述研究工作既需要爬梳文献,更需要少数民族族民关于此问题的看法和态度,毕竟这一群体是少数民族传统体育的直接参与者,也是少数民族传统体育文化的创造者、拥有者、传承者和承载者,来自于"源生地"的调查信息作为原始资料会对其他相关研究工作提供有力的支撑,关于西南地区少数民族传统体育文化传承机制的优化、重构也因此更贴近现实,相关建议和措施的提出也因"接地气"而更具现实指导意义和价值。

第四章 西南少数民族传统体育文化传承机制的个案研究

为了更好地对西南地区少数民族传统体育文化传承机制进行分析和探讨，本研究选取了具有代表性的传统体育活动，从生成背景、传承情况、存在问题三个方面进行考察，其中前两个部分是考察的重点内容，而"存在问题"的分析主要从本研究所提出的少数民族传统体育文化传承机制框架入手，即从驱动机制、实施机制、表达机制、保障机制、反馈机制5个方面进行剖析。需要说明的是，在所选择的个案剖析中，旨在发现问题，并非在上述5个方面都具有典型性和代表性，势必存在某一个或两个机制不够完善的地方。正因为如此，个案研究才具有意义。毕竟主要是从理论层面着眼的，在现实层面或许找不出完全匹配的个案，这种情况也正符合"理论指导实践"的一般规律。下文所选择的云南景谷县的"打陀螺"，产生于农耕文化，在当地开展非常普遍，群众基础好，定期开展各种形式的比赛和竞赛，并且形成了一定规模的"陀螺"产业，具有很强的代表性；而西藏羌塘草原上以游牧文化为基础而产生的"古尔朵"，有着久远的历史，其发展历程受社会变迁、生活方式变迁的影响很大，可以从另一个侧面反映传承机制的不同方面。基于此，选择不同文化基础的"打陀螺"和"古尔朵"作为个案，以期呈现西南地区少数民族传统体育文化传承机制的基本样貌和客观存在的不尽完善之处。

第一节　云南景谷县"打陀螺"传承机制研究

陀螺，也叫"打陀螺、打老牛、打懒老婆"，有"中国最早的娱乐项目"之称，也是我国多个民族都开展的传统体育活动，在广西、云南、贵州等地的彝、壮、佤、瑶等民族中开展得尤为普遍，其开展方式方法较为简单，所需场地器材也相对简易，群众基础深厚。"打陀螺"这项民族特色和地域特色鲜明的传统体育活动项目，在云南省景谷县开展普及、参与者众多、比赛频繁、群众认可度高，因此，景谷傣族彝族自治县被誉为"陀螺之乡"。"打陀螺"在景谷县有着比较久远的历史，作为一种民俗活动广泛普及，参与群众年龄跨度大，不分男女老幼，活动开展频繁，不同规格的陀螺场地上百个。并且，当地形成了"陀螺"的相关产业，有专门制作陀螺的作坊和专卖店。在景谷县，设有以陀螺为主题的节日——陀螺节（每年的正月十六日），定期举行各种形式的"打陀螺"比赛。鉴于此，本研究在考察云南省景谷县益智乡塘房村的基础上，研究分析"打陀螺"的传承机制。

图 4-1　打陀螺（图片来源：周山彦摄于 2018 年花山节）

一、"打陀螺"的生成背景

（一）特殊的地理位置和气候条件孕育了制作"陀螺"的原材料

任何一项传统体育活动的产生和发展都不是偶然的，都与其所存在的自然环境有种种关联。从"打陀螺"这个项目来看，景谷县之所以能够有着广泛的"打陀螺"群众基础和浓厚的开展氛围，这与此地的地理位置和气候特点不无关系。从地理位置上看，景谷县是云南普洱中部偏西的一个地方，这里地势起伏，海拔差异较大，最高海拔 2920 米，最低海拔 600 米，高原、山地、盆地相间分布，山高谷深，使气候呈明显的垂直变化，从低海拔的峡谷地区到高寒山区，形成了北热带、南亚热带、中亚热带、北亚热带和暖温带 5 种气候类型。

特殊的地理位置和气候类型，非常适宜各种树木生长，形成了大面积的森林。有关数据显示，景谷傣族彝族自治县林业用地874.9 万亩，占总面积的 77.5%，人均拥有林业用地 30 亩，森林覆盖率达 74.7%，为全国森林覆盖率的 5 倍多。各种林木为景谷县的"陀螺"提供了充足且廉价易取的原材料，当地人制作陀螺所用的黑心木、玉兰木、黄栗木、芒果树等都取自当地。在各种陀螺制作材料中，最好的是"紫柚木"[①]，这种木头具有密度大、材质硬度高、不易变形、不易磨损等特征，做成的陀螺耐打。从生长环境来看，紫柚木只在海拔 800 ~ 1500 米的干热河谷及石灰岩地带生长，而景谷县的地理位置和气候特征恰恰适合，是紫柚木易于生长的地带。

（二）多山地形孕育了开展场地面积相对较小的"打陀螺"

任何一项体育活动的起源都有多方面的原因，"打陀螺"在景谷县盛行，除了上述原材料充足的原因以外，所需场地面积较

---

① 紫柚木，俗称紫檀木、红木、乌木，也叫胭脂树、紫柚木、血树。是一种落叶的阔叶乔木，树皮为暗灰褐色，心材呈紫褐色并含油脂，材质硬重，生长期缓慢，成材最少要 50 年。树高一般 15 米以下，胸围直径 80 厘米以下。由于其质硬耐腐蚀，花纹色泽美观，可作乐器、高级家具、雕刻工艺品。

小也是一个客观原因。景谷县属于山地地形,沟壑山谷较多,相对平整的地面,大都用来建住所或开垦成农田,可以用作休闲娱乐的平整场地不是特别多。这一特点也在一定程度上决定了当地不可能、也没有条件开展诸如赛马、群体性舞蹈等需要大场地的传统体育活动。像"打陀螺"这类对场地大小无严格要求的传统体育活动项目,就具备了开展条件和发展空间。

（三）发达的木材加工业促进了"陀螺"制作技艺的提高

景谷傣族彝族自治县林地面积 957 万亩,森林覆盖率 78.33%,活立木蓄积量 5802 万立方米,森林资源得天独厚。长期以来,人们的生产生活都与木材关联绵密,木材相关的特色工业体系逐渐形成,现已建立云景林纸、景谷林业和景谷林化等林业龙头企业,是云南省重要的林浆、林板、林化基地,成为景谷的"三特"（特色林产工业体系、特色高原农业种植、特色少数民族文化）之一。可以说,景谷木材产业的发展,一方面是因为具备了资源优势,另外,也是以当地群众木材使用为基础的。工业化的发展会引入大量机械,以前纯手工刀削木头制作陀螺的情况已经逐渐被取代,出现了大小规模的"陀螺"制作作坊,机械化的借助在很大程度上提高了陀螺的精度,可以使其重心更加稳定、旋转更加稳当、外观更加精美。近年来,陀螺制作工艺和材料都不断更新,各种形制的陀螺被制作出来,从而为广大民众提供了更多选择。

二、"打陀螺"的传承情况考察

第一,较强的休闲娱乐性为"打陀螺"的传承提供了先决条件。首先,"打陀螺"是一项老少皆宜的传统体育活动,具有较强的趣味性,一方面是因为"陀螺"在形制上有多个类型,有大有小、有高有矮,每个人可以根据自己的兴趣爱好选择中意的类型;另外,"打陀螺"有多种玩法和比赛方法,如抽转比赛、定点掷准、掷打比赛等。玩法多样、形式灵活、娱乐性强、易于开展等特点在很大程度上增加了"打陀螺"的趣味性。其次,很多孩子都将"打陀螺"作为一种游戏,玩法多种多样,可以根据参与者的数量等因素选择具体的玩法,而且每一种玩法的规则限制不多,使参与者可以自由放松地进行活动。另外,成年人的参与多带有比赛的性质,但多数情况下也是作为消遣,参与者在场上展示各种技艺,场边的观众则在观看中得到身心放松,并且场上、场下的各种互动,也增添了一定的娱乐氛围。

第二,竞技性特征拓展了"打陀螺"的传承空间。"打陀螺"既可以自娱自乐,也可以进行比赛。正式的"打陀螺"比赛讲究攻防,从场地和打法上可见一斑。陀螺比赛场地呈长方形,两端分别是进攻区和防守区,场地中央放置一个圆形橡胶垫(其他材料也可以)作为陀螺的旋转区,比赛时先由防守方队员在防守区将陀螺甩到胶垫上,然后进攻方队员在进攻区用同样方式用陀螺击打防守方陀螺,陀螺先倒下停止转动的一方为负方。比赛常见打法是:由一队在画好的圆圈内把陀螺旋放,让另一队在规定的距离以外逐个撞击对方的陀螺,打停得 4 分、旋胜得 3 分、旋平得 2 分、旋负得 1 分、无效进攻不得分,然后双方轮换决定胜负。在"打陀螺"的整个过程中,既讲究战术,也注重技术,在击打对方陀螺的过程中对于准确度要求比较高,同时,"打陀螺"团体比赛中尤其注重技术和战术的配合。所以说,"打陀螺"具有较强的竞技性,正是因为这一特征,在 1995 年被正式列为全国少数民族传统体育运动会比赛项目。

第三,突出的健身性为"打陀螺"的传承提供参与人群保障。作为一项传统体育活动,"打陀螺活动可以增加人体呼吸、神经、血液循环等系统的性能,还可以提高爆发力量和速度,提高身体的灵活性及柔韧性"[①]。在开展的过程中要求眼睛、手、胳膊和身体的协调配合,对手臂的力量也有一定要求,要在规定的场地内使陀螺不停地旋转,就要用鞭子不断抽击,对于参与者的协调性也有一定要求。现在有些城市,将改造后的"陀螺"作为一项喜爱

---

① 魏丽萍.云南省景谷县彝族打陀螺活动的形成、演进与发展研究[D].云南师范大学硕士学位论文,2015.

的健身活动来参与,在不断挥鞭抽击的过程中,使身体各部位都得到了锻炼。"打陀螺"对一些老年常见的病症有明显的治疗作用,如肩周炎、颈椎病、腰椎病。"打陀螺"的整个过程是手握鞭杆抽打陀螺的,这样的抽打动作可反复刺激按摩手掌中的末梢神经集中区,并刺激大陵、太渊、神门等穴位,有利于中枢神经系统的活动,因此具有降脂、调理、舒筋活血等保健功能,长期坚持"打陀螺"使老年人的四肢、腰、眼、脑、心等得到全面锻炼[1]。可见,"打陀螺"的健身性特征是比较明显的。

第四,容易开展的特点为"打陀螺"的传承减少障碍。与其他少数民族传统体育活动相比,所需场地没有严格的规定,只需要一块相对平整的地面就可以,没有面积、类型等方面的严格要求;而且"陀螺"的玩法有几种,在开展的过程中有一定的选择空间。另外,制作陀螺的原材料在当地比较容易找到,高质量的紫柚木不好找到,但替代性的原材料很多,如黑心树、芒果树、黄栗树等,茂密的森林可以提供更多的原材料选择,而且基本没有资金方面的投入。再者,高质量的"陀螺"对制作工艺要求较高,但一般性的"陀螺"制作相对简单,制作过程也不复杂,甚至小孩子都会做。

第五,"打陀螺"的传承主要依赖于"族群制"。在景谷县,"打陀螺"具有良好的群众基础,其传承主要依赖于"族群制"。"打陀螺"在景谷县是一个大众普及化程度较高的传统体育活动项目,如今已经不像之前只在春节期间打,几乎天天有人"打陀螺",从村寨到乡镇,再到县城,陀螺都备受欢迎。景谷县下辖钟山、凤山、景谷等 8 个乡、4 个镇,下设 132 个村委会、1929 个村民小组,基本上每个村民小组都开展陀螺活动。益智乡有 118 个寨子及村民小组,就有 118 块陀螺场地。以上数据可以以侧面反映出"打陀螺"的大众普及情况。此外,适宜开展人群的年龄跨度很大,从五六岁的孩子到七八十岁的老人都可以玩,而且没有性别限制,

---

① 魏丽萍.云南省景谷县彝族打陀螺活动的形成、演进与发展研究[D].云南师范大学硕士学位论文,2015.

只要想玩都可以参与,有时人多,只能分组轮流上场,靠后的组有时要等到晚上 10 点多才能打成。

第六,"师生制"是"打陀螺"传承的有力补充。景谷县益智乡是"陀螺"发源地,"打陀螺"活动广泛普及,深厚的群众基础也促成了"陀螺"进入学校,进入体育课堂,开设专门的"陀螺课",通过老师的教学使学生获得相关的知识、技术和技能,在一定程度上拓宽了"打陀螺"的传承空间。如今,益智乡的中小学都有开设此类课程,其中,有 17 个班、700 多名学生的益智中心小学有两块陀螺场,体育课有打陀螺内容。此举不仅增加了"陀螺"的参与者和传承者数量,也为"陀螺"的发展拓宽了空间。

第七,民族风俗习惯促使"打陀螺"代代流传。"过年过到二月八,陀螺打到青草发"是景谷当地的一句俗语,从一个侧面反映出景谷"打陀螺"风俗之盛。在景谷当地,有说法认为陀螺最早起源于益智乡。相传清雍正末年(1732—1735 年),益智乡塘房村的李石贵发明了陀螺,且在乾隆元年(1736 年)春节期间,益智乡的塘房寨、老鲁寨、勐麻寨、黄草岭、陈家寨等彝族寨举行比赛时还因打陀螺而死了一个村民。传说中的古陀螺场至今还在塘房寨,200 多年前立下的石碑和种下的大榕树也还在。从这一口传史料可以推知,"打陀螺"的风俗习惯在景谷县益智乡已经有几百年之久了。时至今日,"打陀螺"的风俗依然未见衰退迹象,闲暇时间,村民会相约陀螺场进行各种形式的竞赛。无论田间地头还是城镇,只要有一块空地,都会被辟为陀螺场,农闲时,各村各寨都会杀鸡宰牛相约陀螺场,各村寨的陀螺高手一较高下。正是这种流传久远的民俗习惯,使"打陀螺"具有了广泛的群众基础,从而推动了该项目的代代传承。

第八,频繁的比赛促进了"打陀螺"技艺的传承和发展。一项体育活动的发展与比赛的带动是密切相关的,各种形式的比赛会带动体育活动参与者数量的增加,也会在一定程度上促进技术水平的提升。景谷县有着久远的"打陀螺"传统,比赛氛围浓厚,主要体现在以下几方面:(1)民间比赛频繁。在景谷县,"打陀螺"

的居民非常多,茶余饭后都会到陀螺场进行各种形式的比赛,而且从 1985 年景谷傣族彝族自治县成立至今的 30 多年,景谷几乎每年都会举行春节陀螺比赛,这对于居民技术水平的提升起到了较大的推动作用,产生了多位技术精湛的"陀螺王"。(2)比赛成绩优异。景谷是陀螺之乡,有多名运动员获得全国少数民族运动会的"打陀螺"比赛冠军;2003 年全国第 7 届民运会,景谷陀螺队员李少春夺得冠军;2004 年获得"云南省少数民族传体育陀螺、射弩锦标赛"团体冠军;2005 年"云景林纸杯"全国少数民族传统体育项目陀螺邀请赛上,景谷队员囊括了男子团体及个人冠亚军,女子团体三、四名,女子个人冠亚军及铜牌;2006 年思茅市首届少数民族传统体育运动会,景谷陀螺队囊括了陀螺项目的 4 枚金牌;2007 年全国第 8 届少数民族传统体育运动会上,兰有云夺得"打陀螺"男子个人冠军,张杰获亚军,陶永芳等获女子团体冠军。(3)多次举办和承办陀螺比赛。景谷县除了比赛成绩优异之外,也多次举办和承办"陀螺"比赛:分别于 2004 年承办了"云南少数民族传统体育陀螺、射弩比赛",2005 年举办了"云景林纸杯"全国少数民族传统体育陀螺邀请赛,2006 年举办了"思茅市陀螺锦标赛暨景谷首届国际陀螺节"。一系列比赛的举办和承办,在带动了当地"打陀螺"氛围的同时,也促进了当地居民与其他地区队员进行"打陀螺"的交流,在一定程度上推动了"打陀螺"技术和技艺的传承和整体水平的不断提高。

第九,列入"非遗"名录,拓展了"打陀螺"的传承空间。2009 年,云南省公布了第二批非物质文化遗产名录和第一批非物质文化遗产名录扩展项目,由景谷县文化馆报送申报的"打陀螺"被列为云南省第二批非物质文化遗产名录的"传统体育与游艺"类。成为"非遗"项目,一方面说明"打陀螺"具有典型的民族特色和价值,有必要对其进行发掘整理、保护和进一步传承;另一方面,列为"非遗"项目也在一定程度上使其发展有了制度上的依托和保障,同时,对于"传承人"的认定不仅使这项民族传统体育项目的传承有了保障,也会激发群众参与的积极性和主动性,对其有序传承和进一步发展大有利处。

第十,"陀螺"社团为其传承提供了组织保障。体育团体或组织会在一定程度上促进体育活动的开展,在景谷县,存在各种形式的"陀螺"组织,景谷县的每个村寨都算是一个"打陀螺"的草根组织,因为在每年的"陀螺节"上都是以村寨为单位进行比赛的,有的乡镇也成立了陀螺协会;此外也成立了官方的单项体育协会,如2007年,景谷县在景谷体育总会(成立于1991年12月14日)下的单项协会基础上,成立了"陀螺"等项目的单项体育协会。不论是"草根组织"还是"官方组织",其主要的功能就是为了促进"打陀螺"项目的普及和开展,在参与人群数量增加、比赛活动组织、技术技能交流方面发挥重要作用,是"打陀螺"开展和传承的组织保障。

第十一,族民是"陀螺"的创造者和参与主体。"陀螺"源于当地居民的生活,当地居民是"陀螺"的创造者。关于陀螺的起源,有几种说法,其中有两个传说都与彝族部落首领"李四秃脚"有关,在益智乡塘房村后山,李四秃脚及其夫人的墓碑至今还在,碑上李四秃脚头戴包头、拿着陀螺杆,其妻子戴着鸡冠帽、右手拿着流包(即当地人称的荷包)、左手拿着陀螺。碑两侧有碑文,右碑文是:"过年过到二月八,陀螺打到青草发";左碑文:"直打陀螺横拉线,鞭杆要短线要长"。当地人还经常前去祭奠这位创造了"陀螺"的"陀螺之神";另一种说法是与生殖崇拜有关①。总之,所有关于"陀螺"起源的说法都说明当地居民创造了"陀螺"。作为"陀螺之乡"的景谷县,陀螺深受当地居民喜爱,总人口29万多的县,陀螺场地有上千个,整天痴迷"打陀螺"的群众上万人。

---

① 陀螺"起源的生殖崇拜之说:相传早在母系氏族时期,女性养育后代的本能发挥了重要的作用,女性地位很高,人们崇拜女性的生殖器官特别是哺育后代的乳房,当时人们还把陀螺叫作"夺裸"意为"抢夺裸露的乳房",陀螺也被称为"乳房陀螺""奶盘陀螺"。还有一个说法是崇拜男性生殖器的,出现一种叫作"龟头"的陀螺,然而,"龟头"听起来让人感觉不是很雅,后来就将"龟"字改成"鬼"字,就叫鬼头陀螺。

这些"陀螺人口"成为当然的参与主体,在"陀螺"的发展演变中发挥了重要作用。

第十二,族民是"陀螺"技能和制作技艺的传承主体。首先,当地族民是"打陀螺"技能的传承者,"打陀螺"虽说是一个源于民间的游戏类传统体育活动,但在开展的过程中有很强的技巧性,尤其是成为民运会的比赛项目以后,各种打法的技能都得到了更好的展现。如,"支陀螺是大部分人会选择将陀螺支在垫子的中央以防出界,但是如果想加大难度做好防守,就把陀螺支到垫子的边沿上,进攻对手就不容易打到防守的陀螺,甚至还容易打出界,如果要进攻的话一定要瞄准,出手要快、狠、准"[①]。这些技能是当地居民在长期的实践中总结出来并传承下来的,当地居民在参与的过程中传承了"打陀螺"的相关技能,促进了陀螺的传承和发展。其次,当地族民也是"陀螺"制作技艺的传承者。"陀螺"在形制上并不复杂,所有器械也只有"陀螺"和"鞭杆",但从具体制作来看,其过程和工艺却并不简单。从工具上来看,制作陀螺的工具有 4 类(砍砸类、标记划线类、抛光类和保护类),20 多种;制作过程也包括选材、备料、定陀螺柱体、定锥尖、粗调制、装陀钉、修整、精细调制、养护等工序。另外还有鞭杆的制作包括选材、校直、干燥、削制、制作鞭绳等环节。以上是"陀螺"的传统制作方法,如今出现了现代制作工艺,用现代化的替代材料(圆柱形尼龙棒、胶木、塑料)在车床上制作,同样也需要经过"加工陀螺柱体、锥体、装钉、调制和保养"等工序。而上述制作技艺需要在实际制作过程中不断积累经验,尤其是调制这一最重要的环节,全凭经验,否则制作出来的陀螺旋转不稳定。可见"陀螺"在演变和发展过程中,当地居民在不断的制作中积累经验,并使之传习,担当了制作技艺传习者的角色。

第十三,族民是"陀螺"传承和创新的主导者。"陀螺"从产生至今,在几百年的演变和发展过程中,诸多方面都发生了变化,

① 魏丽萍.云南省景谷县彝族打陀螺活动的形成、演进与发展研究[D].云南师范大学硕士学位论文,2015.

而整个过程的主导者就是当地居民。综合来看,"陀螺"所发生的改变主要体现在原材料、形状和规则等方面:首先,当地居民主导了"陀螺"原材料的创新。如前所述,以前制作陀螺的原材料主要是紫柚木、黑心树、芒果树、黄栗树等木料,而随着社会的不断发展,当地居民为了使陀螺旋转更加稳定、更加耐用和更加美观,逐渐选择胶木、尼龙棒等替代性的新型材料来制作陀螺,使陀螺的原材料发生了革新式的改变;其次,当地居民主导了"陀螺"形状的多元化创新。传统陀螺很长时间以来都是一种形状,随着新型材料的使用,各种形状、颜色的陀螺都被制作出来,尤其是近年来旅游业的兴起,带动了陀螺在形状上的创新;再次,"陀螺"规则的规范化创新。从史料来看,"打陀螺"最初没有相应的规则,直到有一次出了人命,才开始制定相关规则。"陀螺"规则[①]上的规范化创新,力度最大的是成为民运会正式比赛项目之后,在规范的规则限定之下,"打陀螺"选手同场竞技。规则的规范化也进一步推动了"陀螺"的发展。1982年1月,由景谷县体委、民委两个单位根据民族、民间长期开展活动的项目,挖掘、整理和制定了陀螺的竞赛规则;1983年1月列为全县少数民族运动会竞赛项目后,经过推广、普及、实践,规则逐步得到完善;1989年9月云南省第4届少数民族传统体育运动会上,陀螺正式被列为竞赛项目,1995年第5届全国少数民族传统体育运动会把陀螺正式列为竞赛项目。

第十四,族民是"陀螺"演变和传承的推动者。当地居民在很大程度上促进了"陀螺"的演变和发展,同时,"陀螺"也对当地居民产生了较大的影响。首先,"打陀螺"增进了当地居民的身心健康。如前所述,人们通过"打陀螺"可以使身体多个部位得到锻炼,同时也以其独有的趣味性调节了居民的心情和精神;

---

① 景谷"打陀螺"基本规则和计分方法:是采用计分制来决定最后的输赢。比赛中分值为 0 分、1 分、2 分、3 分、4 分,打出区域范围并成死陀得 4 分,打到对方陀螺自己的陀螺旋转时间比另一方陀螺旋转时间长得 3 分,若同时旋转成为死陀得 2 分、旋转时间没有守方陀螺时间长只得 1 分,没有打到陀螺就记为 0 分。

其次，"打陀螺"促进了人与人之间的社会交往和交流。"陀螺"是一项多人参与的传统体育活动，在开展的过程中不仅选手之间可以交流感情和技术，场边的观众也可以在观看比赛的过程中进行社会交往，同时，对于增进民族之间、地区之间的交往也有较大的促进作用；再次，"陀螺"产业促进了当地经济的发展。随着旅游业的发展，"陀螺"逐渐成为景谷的一个特色文化品牌，前来体验、购买陀螺的游客络绎不绝。目前，"景谷县县城里陀螺经营户就有4家，每家生意都很不错，上门买陀螺的人们都要排队预定，尤其是在春节前期每家能卖上千个陀螺（每个陀螺100元左右）。景谷县最大一家私人作坊——少春陀螺系列精品行，有3台机器，年产量约3000多个，每年利润在15万左右"[1]。最后，"打陀螺"促进了当地居民生活方式的健康化。景谷县地处边境，"黄、赌、毒"很容易对当地居民的生活产生负面影响，通过"打陀螺"，人们的观念逐渐转变，之前的"赌、毒"风气逐渐消失，景谷县也因此成为思茅地区少有的"无毒县"之一。人们茶余饭后的消遣就是去"陀螺场"打陀螺，不仅锻炼了身体，还促进了当地体育事业的发展。有资料显示："全县有10个乡镇被评为'云南省体育先进乡镇'，景谷县多次被评为省农运会、青少年运动会等重大赛事的最佳赛区，此外，景谷县还是'全国体育先进县、全国推行《国家体育锻炼标准实行办法》先进单位''全省无毒县''思茅市首批文明县城'"[2]。综上可见，"陀螺"在发展过程中得益于当地居民的推动，同时，"陀螺"也在很大程度上促进了当地居民和社会的健康化水平。

---

[1] 魏丽萍.云南省景谷县彝族打陀螺活动的形成、演进与发展研究[D].云南师范大学硕士学位论文，2015.

[2] 魏丽萍.云南省景谷县彝族打陀螺活动的形成、演进与发展研究[D].云南师范大学硕士学位论文，2015.

三、"打陀螺"的传承机制梳理

（一）驱动机制维度：传承行为的驱动因素具有鲜明时代特征

"打陀螺"在景谷县是一项群众基础很好的传统体育活动,可以说是实现了有序和有效的传承。从本研究提出的西南地区少数民族传统体育文化传承机制理论框架的角度来看,当地广大的彝族或傣族族民对"陀螺"有着特殊的感情,这种不断参与的行为背后是何种因素发挥了驱动作用是一个值得研究的问题。本研究通过论证提出了少数民族传统体育文化传承的5个方面的驱动因素——"家族文化、宗教文化、娱乐休闲、竞技竞赛和实用功能"。从景谷县"打陀螺"的开展和传承情况来看,家族文化和实用功能两个驱动因素没有发挥作用,在其起源的有关记载中曾经有宗教文化的相关内容,但从现在的实际情况来看,这一因素对于"打陀螺"的传承也已没有驱动作用。通过文献梳理和调研考察发现,休闲娱乐和竞技竞赛是广大族民参与"打陀螺"的主要驱动因素。一方面,"打陀螺"项目本身最显著的特点就是娱乐性和趣味性,其开展的时间也大多在闲暇时间,加之具有多种有趣的打法,可以形成参与者的良好互动。因此,"打陀螺"在景谷县百姓的生活中发挥的主要是娱乐休闲作用。另外,随着"打陀螺"成为一项民运会的正式竞赛项目,民间自发组织的竞赛也频繁开展,相互比试技艺、决出优胜者成为多数参与者的一致想法,可以说,"打陀螺"的竞技性特征成为其传承的重要驱动因素。综合来看,由于"打陀螺"长时间都存在于人们的日常休闲活动之中,与广大百姓的生活密切关联,并且在多年形成的习俗的作用下一直与时俱进地传承至今。由此可以推知,少数民族传统体育文化的存在、传承和发展,必须融入传承主体的日常生活,并在演变和发展方面与人们的生活需求变化同频同步,否则就容易出现传承链条的断裂。

（二）实施机制维度：传承中存在多种相互补益的制度形式

基于本研究在实施机制维度提出的"师徒制、族群制和师生制"三种传承制度，通过分析认为，景谷县的"打陀螺"在传承过程中存在两种比较确定的传承制度。本研究在"师徒制"下设了"师傅—学徒型"和"师父—徒弟型"两个指标，在陀螺制作工艺的传承方面，未查到"师父—徒弟型"的传艺形式，而"师傅—学徒型"却现实存在。当地有不少陀螺制作作坊，所采用的基本上是这种技艺传承形式。"族内型"和"族间型"是族群制下的两个指标，在景谷县"打陀螺"的传承过程中都存在，因为这项传统体育活动当地的彝族和傣族民众都广泛参与，从民族类型的严格意义上讲，陀螺制作技艺或"打陀螺"的技术技巧，都在本民族和两个民族之间交流传承。此外，"打陀螺"在景谷县不仅融入了学校体育课堂，也组建了陀螺代表队，在学校体育课上的知识、技术教授属于"教师—学生型"，而为了在各种比赛中取得优胜而进行的相对专业的训练，则是在教练指导下进行的，属于典型的"教练—队员型"。综合以上情况来看，"打陀螺"的传承是在多种制度形式的作用下进行的，并且不同制度形式之间相互补益，尤其是通过民运会的"打陀螺"比赛，通过"族间传承"这种形式将高超的技艺进行传播和传承，更加有利于技术的族间传承，也在某种程度上巩固了"教练—队员型"这种传承制度的地位。可见，西南地区少数民族传统体育文化的传承，在实施机制维度上，应根据传统体育项目的不同特点，采用适合的某一种或几种传承制度形式，形成互补互益的传承制度组合，从而更好地促进少数民族传统体育文化的有效传承。

（三）表达机制维度：在不同层面上均呈现多样化的基本特征

表达机制是少数民族传统体育文化传承的表现型指标的集合，本研究提出的表达机制包括了"传承主体、传承内容、传承场域、传承媒介和传承环境"5个方面，下设的三级指标可以较好地呈现传统体育文化传承的基本情况。从景谷县"打陀螺"的传承情况来看,当地的彝族和傣族居民具有了一定的基本知识和较高的技能水平,自愿参与该项活动,并且参与人数总量较大,在年龄结构上呈现多层次特征。在传承内容方面,关于"陀螺"的历史起源等基本知识、制作"陀螺"的材料和工艺、"打陀螺"的基本技术和技能都在具体传承过程中有所体现,并且在当地形成了一种民族风俗习惯和民族文化名片;在传承场域方面,既有当地居民自建的场地,也有官方出资建成的大规模标准化场地,并且都可以在不同场合中使用。"打陀螺"的传承媒介多样化,较为传统的语言和身体在各村寨居民参与中使用普遍,而文字和影像主要用于"打陀螺"比赛的记录、规则和比赛过程。在传承环境方面,"打陀螺"具有活动方式相对简单、历史悠久和难易程度适中的有利内环境,在外部环境方面也与当地政治、经济和文化发展结合紧密。总体来看,景谷县"打陀螺"在表达机制方面相对完善,在不同层面上均呈现多样化的基本特征。由此可见,西南地区少数民族传统体育文化的传承,要在表达机制的各层面和具体指标层面均有良好表现,才能保证传承的有效性和持续性。

（四）保障机制维度:形成了以习俗为中心的多元化保障体系

保障机制是少数民族传统体育文化有序传承的"护航员"和"推进剂"。景谷县"打陀螺"之所以有较好的传承,与其保障机制有密切关联。在制度层面,当地政府将"陀螺"作为一个地方特色文化名片,出台了一系列措施,举办了多次全国性比赛,较好地带动了旅游产业的发展;此外,在每个村寨都有"打陀螺"的习俗,一定程度上为"陀螺"知识、技术、技能的传承提供了机会和空间,融入当地人的日常生活,也会促进习惯的形成,从而使个人通过参与"打陀螺"实现个人情感能量的获取,在村寨及以上级别的比赛中争取好成绩,也在一定程度上实现了集体感情的获取;"打陀螺"是一项健身效果明显的体育活动项目,景谷当地有"拿起陀螺、丢掉药罐"的俗语,个人在"打陀螺"的过程中不仅促进了身心健康,同时也有助于促进人的社会交往,再者,当地将

"陀螺"融入了全民健身活动,不仅传承了本民族的传统文化,也获得了族群的长远利益;相关的活动经费以村寨为单位募集或政府组织比赛进行投入,保障了比赛活动的开展,为其传承提供了更多空间。从景谷县"打陀螺"的整体情况来看,在保障机制方面相对完善,形成了以习俗为中心,以制度、经费、情感和利益为支撑的多元化保障体系。从景谷县"打陀螺"的传承来看,西南地区少数民族传统体育文化的传承,要在保障机制上下功夫进行完善,形成多元化的保障措施体系,对于保障传承效果具有重要意义。

(五)反馈机制维度:在多个方面形成了较好的传承效果表现

相比而言,景谷县的"打陀螺"是诸多少数民族传统体育项目中传承情况较好的传统体育活动。究其原因,一是当地形成了较好的"打陀螺"传统,成为这一活动传承的重要文化维系;二是该项目良好的群众基础,提供了足够数量的传承主体;三是从民间娱乐活动向竞技比赛项目的转型比较成功,为其传承拓展了空间;四是该项目在当地形成了相对完整的"产业链",实现了个人经济利益和族群利益的良好结合。基于此,从本研究提出的反馈机制框架分析来看,景谷县"打陀螺"在传承主体方面有一定数量且保持不断增长,参与者所具有的陀螺制作技艺和技术技能也处于较高水平,参与时间和参与频度也能够保证传承的持续;在传承内容方面,形成了较为完整的基本知识、制作技艺、比赛技术战术,整个传承内容比较系统,形成了"师生型""族内型""族间型""师傅—学徒型""教练—队员型"多种传承制度类型,为其有效传承提供了保障;在传承过程方面,既有个人茶余饭后的随机参与,也有集体或官方组织的各种竞赛,并且两种方式相互补充;另外,通过乡、镇、县、省级乃至全国运动会平台的作用,"打陀螺"不仅取得了良好的传承效果,在其他地区也有较高的知晓度,形成了较大范围的传播面。总体来看,景谷县"打陀螺"已经成为当地的一个文化名片,对地方经济增长和文化发展做出了一定贡献,在整个传承效果反馈方面,形成了相对完整的回路,使其传承得以良性的循环发展。

第二节　西藏羌塘"古尔朵"的传承机制研究

羌塘是中国五大牧场之一,牧业发达,是游牧文化的代表性区域。包括"古尔朵"在内的传统体育保持了原汁原味的自然状态,加之此地自然生态保护良好,远古岩画、古象雄国遗址、英雄格萨尔王的足迹及故事等藏族传统文化在此保留和传承,且每年都会举行为期 5 ~ 15 天的那曲赛马节,为传统体育文化的传承提供了良好条件。"古尔朵"作为藏族传统体育项目的典型代表,有"俄尔多""俄尔朵""俄多""古尔多"等多个名称。其名称来源主要有两个:第一,各种名称中的俄尔、古尔、俄、古、乌均为藏语中的象声词,是"古尔朵"抛石甩出去时发出的声响;第二,藏语中的朵、多是指石头。"古尔朵"具有厚重的藏族文化内涵,并且是流行范围较广的藏族传统体育项目,在其发展、演变和传承过程中,其功能发生了多次转变,是研究藏族传统体育文化传承机制的代表性项目。

图 4-2　藏族"古尔朵"（图片来源：互联网）

一、"古尔朵"的生成背景

（一）"古尔朵"是高原气候的特殊产物

西藏自治区是我国海拔最高的地区，"古尔朵"的产生和发展与特殊的自然环境有密切的关系。试以典型牧区——藏北高原牧场"羌塘"为例，分析二者之间的绵密关联。羌塘位于唐古拉山脉、念青唐古拉山脉及冈底斯山脉之间，具体包括阿里的东北部和那曲全境。此地平均海拔 4000 米以上，藏族游牧居民在此世代繁衍生息，逐水草而居，以放牧为生。羌塘高原气候寒冷干燥，气温变化较大，最暖月平均气温 6 ~ 10℃，局部地区可达 12℃；最冷月平均气温在 -10℃以下，暖季最低气温可达 -1 ~ 18℃，冷季则低达 -40℃以下。此地年降水量约 100 ~ 300 毫米，自东南向西北递减，并且光照条件充足，全年日照时数 2800 ~ 3400 小时。羌塘高原河网较密，一条"黑河"滋养了羌塘，藏语"那区"即为黑河之意；另外，此地湖泊众多，总面积 2.14 万平方千米，占我国湖泊总面积的 1/4 左右。这种特殊的高寒半干旱地理环境和气候条件适宜"紫花针茅"的生长，在西藏草地类型中，紫花针茅的分布面积最大，是藏北牧区主要的植物类型，也是分布最广的地带性植被。紫花针茅虽然算不上优质牧草，但在羌塘这一特殊地域却是牧草的首选，因为紫花针茅在抽穗开花之前茎叶柔软，具有较好的适口性，且粗蛋白质含量高、粗纤维较少，具有较高的营养价值，适合牦牛、马、羊等动物采食，其鲜草具有较强的耐牧性，干草也适合马、羊等家畜食用。有关数据显示，紫花针茅亩产鲜草 30 ~ 70 千克，占西藏天然饲草全年总贮量的 18% 左右，对西藏畜牧业有较大的影响。"羌塘"的特殊自然环境造就了水草丰美的大草原，是牦牛、藏羊等喜欢高寒气候牲畜的生长天堂。世居于此的藏族牧民主要的生产方式就是放牧，面对宽广无垠的草原和数百头的牛羊，控制畜群的行进方向，同时驱赶其他野兽的袭击，"古尔朵"成为首选的放牧工具。

（二）牧区特殊地理环境催生了"古尔朵"

西藏牧区地域广袤，一望无垠的大草原看上去很平坦，地势起伏不大，但走进草原就会发现，雨水冲刷所致的深浅不一的沟壑和水坑到处都是，也有很多较大的石块散布其中。在这种地形上，自行车、汽车等现代化的交通工具不适合使用，相比而言，骑马放牧是最为合适的方式，而且具有诸多优势：马匹奔跑速度快、耐力好，牧民可以随时下马捡石头用"古尔朵"来控制畜群，牧民在马背上的视野也相对开阔，并且马匹是家家户户都有的交通工具，在放牧过程中无需做特殊准备，可以随时通过吃草来补充体能。自行车、汽车等放牧工具一是不适合地形，二是车胎容易破损。上述特殊的交通状况也是"古尔朵"产生的重要原因之一，牧区越是交通状况不便的地方，"古尔朵"的使用越普遍，其优势也体现得更加明显。

（三）藏族传统文化滋养了"古尔朵"

在长期的演变、传承和发展过程中，"古尔朵"在编制方法和日常用途方面都受到藏族传统文化的影响。如"古尔朵"编制方法中有一种"麦穗花纹"的编法（藏语为"甲力尼正"，意即汉语的"麦穗"），这种编法以文化符号的形式表达了牧民对于农作物丰收的期盼和庆祝；另外一种"九只眼编法"，将藏传佛教的元素融入其中，所表达的是藏族牧民对于消灾祈福、佑护平安的美好心愿。随着社会的不断发展，"古尔朵"在传统编制方法上也有了一定的变化，藏族传统文化的影响和滋养体现得越来越明显，如阿里地区有彩色毛线编成的"古尔朵"，区别于传统的黑白两色，其功能超越了工具层面，成为一种保佑平安的"圣物"和具有装饰作用的"饰品"，是藏族传统宗教文化和审美文化的重要载体。可见，"古尔朵"作为西藏牧区普遍使用的放牧工具，已经成为具有特殊文化内涵的载体融入了牧区藏民的日常生产和生活，藏族传统文化赋予了"古尔朵"更丰富的内涵，也为其传承提供了一定的文化滋养。

二、"古尔朵"的传承情况考察

第一,久远的传统为"古尔朵"的普及和传承提供了动力来源。"古尔朵"是一项具有久远历史和传统的传统体育项目,据《贤者喜宴》所载:"第五玛嘉库杰为王时,产生锁链等武器。第六周周魔鬼为王时,出现甩动的抛石绳"①。由此可以推知,远古时期的"古尔朵"是人类的狩猎工具之一。随着社会的发展,其功能有一定的延伸,成为用于战争的"方为武器",这一点可以从藏族史诗《格萨尔传》中关于部落战争的记载中找到依据。还有资料显示,"古尔朵"也曾作为武器用于1904年著名的"江孜抗英战役"中抗击英国侵略者。可见,藏族地区使用"古尔朵"是一种民族传统和习惯,这直接促进了其普及和流行。从地域范围来看,"古尔朵"除了在西藏的拉萨、那曲、阿里、日喀则和山南地区流行以外,在甘肃的甘南藏族自治州和四川甘孜藏族自治州也广泛流行。

第二,宗教文化的承载使"古尔朵"的传承有所依托。如上文所述,"古尔朵"有九只眼的编制方法,即"古尔朵"在主绳上编出9个形如眼睛的花纹,"九只眼"的古尔朵藏语谓之"七目格赤"。有资料显示,"九只眼"的古尔朵是仿照"九眼天珠"②编成的,因古代藏族居民所信奉的是"苯波教",而"苯波教"对于"九"这一数字推崇备至(如"九乘次第、九品莲花生大师、九眼天珠"等),因此,"九"被藏族视为吉祥数字。"九只眼"的"古尔朵"因此被赋予了与九眼天珠类似的宗教情感,日常生产工具中的宗教含义

---

① 谷枫,韦晓康,于浩.藏族传统体育俄尔多的社会功能及文化内涵研究[J].西安体育学院学报,2011,28(3):264-268.

② "九眼天珠":九眼天珠为天珠中最上品、最尊贵者,认为其能免除一切灾厄,慈悲增长,权威显赫,利益极大。在天珠修法功德中,九眼包含所有图腾的象征与意境,佛法修行中最后境地,九品莲华化生。"九"也象征不可预知、无法超越、无限宽广之境界。九眼:集九乘之功德,慈悲增长,权威显赫、离苦得乐之意。至高无上尊贵之气宇、世出世间事业一切迅获成就。九眼天珠是驱邪的,能为人转厄运为吉祥。并有保护之功用,消除慢性病毒,防止恶化之功效,有着不可思议之功力。九眼象征自然界九大行星运转,包含宇宙的运行与人类的思维,化弱为强。代表集九乘之功德,慈悲增长,权威显赫、利益极大之意,是天珠中最珍贵的一种;至高无上的尊贵气宇、世间一切事业速获成就、能免除一切灾厄!

被附加了藏族居民的深厚情感,因此,被赋予了宗教文化内涵和元素的"古尔朵"更加贴合藏族居民的内心情感,其传承也因此更加容易和持久。

第三,较强的实用性为"古尔朵"提供了更大的传承空间。首先,"古尔朵"具有射程远、准确度高的特点,牧民在放牧过程中,充分利用了物理学中的力学原理,借助"古尔朵"转动时的离心力将石块投出,使控制范围得到了最大限度的延伸,即使妇女和儿童都可以用"古尔朵"将石头投出近百米的距离,成年男性可随意将石块投出 150 米,甚至更远的距离。如此一来,每个牧民家的 200 ~ 300 只羊或几十头牦牛的行走范围基本可以顾及,并且,动作熟练的牧民用"古尔朵"投出的石块有很高的准确度,可以较为准确地击打领头的牦牛或头羊,以此控制整个畜群的方向。经验丰富的牧民在选择石块时有讲究,一般选择形状规则、近乎球形、大小适宜(鸡蛋大小)的石块来提高准确性。"古尔朵"还可以通过发出的声音来控制畜群,从结构上来看,"古尔朵"的末端有羊毛做成的"梢子",通过挥动发出的类似鞭子声音的响声可以较好的控制畜群。其次,"古尔朵"使用方便,技术容易传习。"古尔朵"之所以能在藏族牧区普及,一个重要的原因是使用方便。从形质上来看,"古尔朵"就是一条比较软的绳子。据课题组成员前期调研发现,藏区牧民未外出放牧时,一般将"古尔朵"系一个活扣绑在房屋或者帐篷的柱子上,外出时,轻拉一端便可以取走,遇到畜群出现突发性的异动,也能做出及时的处理,而且方便快捷。在放牧过程中,"古尔朵"也很容易携带,可以随时放进宽大的藏袍前襟里,使用时方便拿取,有时也将其系在腰带上。再者,"古尔朵"在使用的技术层面也相对简单,比较容易上手。"古尔朵"的使用方法如下:首先将有指环的一端套在中指上,用食指和拇指拽住末端,选好石头放入石兜后匀速起转,用前臂提起"古尔朵"在头顶或身体一侧迅速挥抡作大圆环转动3 ~ 4 圈,在高速转动的过程中瞄准目标,在适当的时机把"古尔朵"的末端松开,石块便在离心力的作用下飞向目标,同时也会发出"啪——"的声响,在很远的地方都可以听见。

第四,较低的制作要求为"古尔朵"的传承提供更多可能。首先,"古尔朵"制作的原材料充足且廉价。"古尔朵"是用牦牛腹部、尾巴等处的粗牛毛编制,一般都是黑白相间,同时也用到少量羊毛。从原材料的角度来看,制作"古尔朵"的材料几乎家家户户都有,不仅数量充足,且廉价易得,即使使用过程中磨损最快的"乌梯"(兜石头的部分)也可以随时更换,不用太过顾及其造价和成本。"古尔朵"制作原材料充足、廉价的特点也是其广泛普及和流行的主要原因之一。其次,"古尔朵"的制作工艺相对简单,有利于大范围的传播和使用。虽然在不同的地区,"古尔朵"的编制方法有一定差异,但总体而言,其制作工艺比较简单易学。其编制步骤如下:"首先将毛搓成粗毛线,再用8股或12股粗毛线编成圆或略方扁形的绳。当编至约1米长时成为正绳,然后将其经线分为两路,各自继续编至约20厘米,这一节叫'古底框',再将经线合拢继续编织约50厘米长,这节叫'副绳',另外还要编一根称'加呷'(在使用过程中磨损最大,可以另外编制好以备更换)的,比正绳要细一半的尾绳,其长约50厘米,并接在副绳上。最后编织一块与'古底框'相符的两头略尖、椭圆形的'古底',并将其缝接在'古底框'里"[①]。通过上文描述可以看出,"古尔朵"的制作方法和工艺并不复杂,制作花费的时间也不会太长,藏族成年女性,甚至儿童都可以轻松制作,这一特点也使其传播和使用的范围大大扩展。

第五,从藏北高原"古尔朵"的存续情况来看,其长期以来的生存场域都相对固定,草原放牧这种生产生活方式已经存在了上百年,牧民在这种特殊自然环境的影响下,利用最为容易获取的资源,不断积累经验的基础上创造了"古尔朵"这种实用性很强的放牧工具。"古尔朵"的使用范围主要在草原,其制作技艺主要是通过长辈传授给晚辈、同辈之间相互学习的方式,虽然在演变

---

① 朗杰.藏族牧民的抛石绳——"古朵"[J].化石,1987(2):26.

过程中出现了花纹、大小等方面的变化,但总体的传习范围都在"族内"。在使用技能和技巧方面,也主要是通过父母、兄弟姐妹之间的传授而掌握,人群范围也限于"族内"。甚至演化成一种竞技性的传统体育活动之后,比赛的参与者也集中在牧民之间,其他地区的外族人很难短时间内掌握,能够远距离打中目标也非常困难。因此,总体来看,藏族羌塘草原"古尔朵"在传承的实施因素方面,相对集中地以族群制为主,且以族内传承为主。至于族间传承则不具备条件,另外,因为制作技艺和使用技能并不具备太高的技术含量而未形成"师徒制",而牧区游牧的生活方式也影响了"师生制"这种传承方式的形成。

第六,生产工具属性夯实了"古尔朵"传承的群众基础。生产工具(劳动工具)是"人们在生产过程中用来直接对劳动对象进行加工的物件"[①]。生产工具的发展水平是与社会发展相适应的,一定程度上反映出某个时代背景之下人与社会的关系。在藏族牧区,主要的生产方式就是放牧,劳动对象就是成千上万的牛羊等牲畜,通过辛勤劳作和工具的使用促进牲畜的生长,是牧民从事畜牧业的主要目的,"古尔朵"所具有的射程远、制作简单、易于携带、使用方便等特征,使其在牧区成为最具实用性、使用最普遍、生产效率最高的生产工具,牧区上至老人,下至儿童,都可以快速掌握"古尔朵"的使用方法,可以说是最经济的生产工具。"古尔朵"的上述属性和特征使其在牧区得到广泛普及,群众基础深厚,一定程度上为其转型为传统体育活动奠定了基础。

第七,作为武器使用增强了"古尔朵"的社会价值。特定的社会背景往往会造就与之相符合的文化类型,而某一文化类型也往往会在不同的社会生态中产生适应性改变。"古尔朵"在汉语中被称为"抛石绳",是藏族牧民放牧的工具,主要用来控制牛羊的行进方向,而在部落战争频繁的年代,"古尔朵"的社会功能有所增加,成为一种"武器",这一点在藏族英雄史诗《格萨尔王

---

① 生产工具.百度百科[EB/OL]. http://baike.baidu.com.

传》① 中关于部落战争的描述中多次提及。格萨尔称"抛石器（古尔朵）"为"千位战神的命根子"，并且在正文中有具体使用的叙述 ②。另外，有关资料记载，"古尔朵"曾经在1904年的"江孜抗英战役"中曾作为武器使用。通过上述分析可知，"古尔朵"在特殊的历史时期和社会背景之中，其社会功能和价值从"工具"转化为"武器"，这种价值的重新赋予产生于特定的社会环境，可以说是"古尔朵"适应其所处社会环境的结果。

第八，相对落后的经济条件提高了"古尔朵"的使用率。很长的一段时期内，西藏牧区总体交通状况较差，牧区的牛羊等物资资源不具备往外输出的条件，直接导致牧区的总体经济条件落后。正是经济发展方面的限制，牧区居民只能不断积累和总结生产经验，创造出所有原材料都可以就地获取，且制作成本较低的生产工具，"古尔朵"就是其中之一。原材料充足易取、总体成本低、制作简单等特点，是"古尔朵"在经济欠发达的牧区受欢迎的重要原因。从现在的情况来看，不少牧区的交通状况在改革开放后大为改观，柏油路横贯牧区，牧民的经济收入也日益提高，有些牧民开始将摩托车作为日常交通工具，有时也用来放牧。在经济发展水平较高的牧区，"古尔朵"的使用率相对较低，因为摩托车放牧有一定的速度优势，而且其声音也可以驱赶畜群。通过比较可以看出，经济条件与"古尔朵"的使用率高低有密切的关系，也一定程度上折射出社会生态变化对于"古尔朵"等传统体育活动的影响。

第九，民间比赛促进"古尔朵"技能水平的提高和传承。比赛的显著特点是竞技性和竞争性。所谓竞技性是指参赛者为取得优胜而在技术或技艺层面的比拼；而竞争性是参赛者之间，表

---

① 降边嘉措，吴伟.格萨尔王全传[M].北京：五洲传播出版社，2006：59.
② 《格萨尔王传》中关于使用"抛石器（古尔朵）"的描述："'我瞄准你们的前面，炸毁石崖如霹雳。然后再抛出一石子，将你六人全毁灭。六匹马做我的战利品，看什么妖魔鬼怪还敢来！'觉如唱罢，抛出手中的石子，石子带着灿灿的火星，将石崖砸得粉碎，轰隆隆的巨响震耳欲聋。""觉如知道，消火这些地鼠恶魔的时机已到，遂在抛石器里放上三个羊腰子大的石子，口中念诵咒语，将石子打出去"。

现在技术、技艺、心理等方面的博弈。竞技性和竞争性所导致的结果不确定性增强了比赛的魅力。比赛,在一定程度上是为参赛者提供的展示平台,参赛者可以通过比赛找出自身存在的差距,为今后在技术、技艺、心理等方面的提高指明努力方向。由于缺乏组织,"古尔朵"的比赛多在在放牧过程中或者闲暇娱乐之时随机开展。虽然属于"民间"比赛,但其竞技性和竞争性依然凸显,只是在组织性、规范性方面较之正式比赛项目稍有欠缺,但参赛者对于优胜的渴望在本质上是相同的。牧民在"古尔朵"比赛中或者看谁将石块打得远,或者看谁能够准确地击中规定的目标,无论哪种形式的比赛,优胜者都会得到其他人的尊重,而对于未能获胜的牧民而言,赛后通过总结找出失利原因,或者尝试改造"古尔朵",或者加强技术练习,或者向优胜者学习技术,会在较大程度上激发牧民提高技能水平的积极性和主动性,从而促进"古尔朵"整体技术、技艺水平的不断提高和传承。

第十,"民运会"拓展了"古尔朵"的传承和发展空间。"民运会"是我国各民族传统体育竞赛的主要组织形式,具有较大的影响力。"古尔朵"从生产工具转型为体育活动之后,也曾在"民运会"上大放异彩,早在1974年,"古尔朵"就作为一个单项列入西藏自治区第二届运动会田径投掷比赛项目;1982年9月在呼和浩特市举行的第二届全国少数民族传统体育运动会上,"古尔朵"被列为表演项目。众所周知,全国少数民族运动会是我国定期举办的五大国家级综合体育赛事之一,目前已连续举办了十届,是促进民族传统体育发展、弘扬我国传统体育文化、增强民族团结、促进国家统一的重大赛事,能够在此类重大赛事上表演,无疑会使更多的其他民族知晓、认识、了解藏族牧区的这项具有鲜明民族特色的传统体育活动。总之,无论是自治区的民族体育运动会还是全国少数民族运动会,都为包括"古尔朵"在内的传统体育活动创造更宽广的展示平台、传承平台和发展空间。

第十一,藏族牧民是"古尔朵"的创造者和传承者。"古尔朵"是藏族牧民在长期的生产生活中创造出来的,牧民是"古尔朵"的创造主体,在其发展过程中的每一个环节都是由牧民所主导的。尤其是在形制、编织工艺方面的革新,更是牧民长期生产经验的总结和智慧的结晶。如最初的"古尔朵"是有"鞭杆"的,为了携带和使用的方面,逐渐演化成没有"鞭杆"的形制,可以随时放在怀中或拴在腰带上,放牧归来也可以顺手挂在帐篷上,并且方便取用。再者,"古尔朵"不同花纹的编织方法也是牧民在技艺方面的主动创新,不同编织方面的寓意和文化内涵也是由牧民所赋予。由此可以看出,牧民不仅是"古尔朵"的创造者,也是技术、技艺的改进者与创新者,在一代代的赓续中,这种古老的传统技艺通过代际传承延续至今,并在继承的基础上融合进新的元素,从这层意义上讲,牧民同时也是"古尔朵"当然的传承者。

第十二,藏族牧民是"古尔朵"价值功能的赋予者。牧民是"古尔朵"的创造者和传承主体,不仅创造出了这一富有民族特色的传统体育项目,也在生产生活中推动着制作技艺和技术水平的不断改进和提高。在"古尔朵"因所处生态改变而发生的每次调适中,是藏族牧民赋予了其在不同历史时期的多元价值。从最初作为生产工具发挥使用功能和价值的"古尔朵",到作为日常生活中精神寄托的"古尔朵",从一种富有地域特色的民俗活动到一种具有民族特色的传统体育活动,从一种普通的放牧工具到一种富有艺术特色的旅游纪念品……每一次转变都反映出"古尔朵"在功能价值上的改变,其中有些功能和价值是新增的,而每一次转变所引发的功能价值增加,都是牧民依据时代背景和社会发展背景而做出的。

第十三,"古尔朵"逐渐成为藏族牧民的精神寄托。牧民大多数的时间都是在放牧,使用"古尔朵"的时间相对较长,即使是放牧归来,"古尔朵"也通常放在顺手可取的地方,以便处理牲畜围栏的紧急情况。在调研过程中经常看到"古尔朵"挂在帐篷门口,有些牧民干脆把"古尔朵"系在腰带上,或者揣进藏袍里,甚至在晚上睡觉时将"古尔朵"放在枕头旁边,起床后的第一件事就是将"古尔朵"带在身上,不放牧的季节也习惯性地将"古尔朵"

带在身边。长此以往，多数牧民都形成了"配带""古尔朵"的习惯，有些牧民表示不把"古尔朵"带在身上就感觉心里不踏实。另外，还有些牧民表述，晚上出门或者出远门时，会特意带一个"古尔朵"在身边，一来为了壮胆儿，二来为了表达一种对平安的祈求；有些牧民买了摩托车、汽车时，会在上面拴系一个"古尔朵"，认为这样做会保佑平安。由此可以看出，在牧民的生活中，主要发挥"工具"作用的"古尔朵"，在广大牧民的心理层面已经远远超出了工具性，而成为一种象征牧民身份的"符号"。这种现象从一个侧面反映出体育作用于人的基本过程，即由物质层面的各种器具到制度层面的习俗，再到行为层面的身体力行，最后形成心理或精神层面的一种寄托或认同。"古尔朵"从工具到牧民日常的"配带"，正是从工具层面到精神层面的重要转变。

　　第十四，"古尔朵"是藏族牧民的身份象征。从实用层面来讲，"古尔朵"是牧民生活中经常使用的放牧工具，经过长期的演变，牧民将更多的价值内涵赋予"古尔朵"。放牧空闲之余，与唱歌、跳锅庄等休闲活动一起成为牧民重要的娱乐活动之一；长期的放牧生活，使牧民练就了娴熟的使用技巧，一定程度上促进了牧民身体素质的提高；随机进行的打"古尔朵"比赛，促进了技术水平的提高，也促进了牧民的族群认同。练就高超的"古尔朵"使用技能（主要体现在抛石的远度和准确性方面）、编制一条花纹精美、响声清脆的"古尔朵"，逐渐成为西藏牧民的身份名片。这一点从文化认同的角度可以寻求更合理的解释。所谓"文化认同"，是"一种群体文化认同的感觉，是一种个体被群体的文化影响的感觉，是人们在一个民族共同体中长期共同生活所形成的对本民族最有意义的事物的肯定性体认"[1]。因此，从文化认同的角度而言，"古尔朵"在藏族牧区是一种"象征物"，是牧民用以表明"我们是谁"的最有意义的事物。某种程度上讲，"古尔朵"是藏族游牧文化的一种体现和承载，既是牧民外在的身份象征，也是牧民

---

① 文化认同 .360 百科 [WB/OL]. http://baike.so.com/doc/6185295-6398545.html.

精神文化的核心内容。

第十五，现代化交通工具对"古尔朵"的传承形成一定的影响。在考察过程中，通过访谈发现，现在的阿里牧区，摩托车的拥有者比例达到九成以上，除了作为日常交通工具以外，摩托车也用来放牧，草原上相对平坦的地势比较适合摩托车的使用，在速度上也有一定的优势。然而，使用摩托车放牧时，双手不能像步行一样随意，捡石头也更为不便，所以，使用"古尔朵"就受到一定的影响。现在的阿里牧区，青壮年男性放牧基本都使用摩托车，只有妇女和儿童放牧时使用传统的放牧工具——"古尔朵"。由此可知，随着牧区经济状况的不断改善，社会环境也在悄然发生变化，"古尔朵"作为一项传统体育项目，其传承和发展也不同程度地受到这些变化的影响。

第十六，牧区草场承包所致的传统游牧方式转型，对"古尔朵"的传承形成一定冲击。"游牧"是传统牧民的主要生产和生活方式，而随着社会的发展，这一生活方式也在逐步转型，自给自足的传统畜牧业正逐步向商品生产的现代畜牧业转变。从 20 世纪 80 年代开始，草原地区承包责任制初步实行，截至 2010 年，"西藏已落实天然草场承包面积 0.48 亿公顷，占西藏草场面积的 58.4%"[①]。本研究考察的那曲地区是一个传统的纯牧业地区，近年来也开始全面推行落实草场承包到户工作，制定并完善了相关制度，如《那曲地区草畜平衡管理暂行办法》《那曲地区草原承包经营权流转暂行办法》《那曲地区进一步完善落实草原家庭承包责任制实施细则（暂行）》和《那曲地区草场承包检查验收暂行办法》，同时制定了"草地载畜量、畜群结构、牲畜饲养年限、草地建设保护和使用强度"等方面的技术性规范标准。草场承包实施以后，牧民在自己承包的草场拉起围栏划分界限，同时防止野生动物侵扰。一系列的举措意味着传统的游牧方式逐渐退出历史舞台，传统牧民已经转型为现代型的牧民，无需像以前一样骑在马

---

① 央珍，索朗白珍.浅析那曲地区草场承包责任制的利弊[J].西藏科技，2010(6)：18-22.

上用"古尔朵"放牧,这种巨大的转变在很大程度上使"古尔朵"失去了原来的"用武之地","古尔朵"的传承和生存空间受到一定程度的挤压。

第十七,"古尔朵"制作技艺的"代际传承"受阻。对于一项传统技艺而言,"代际传承"是最为普遍和最为有效的传承方式。然而,根据近年来学者的调查发现,"近几年'古尔朵'在牧民家里的使用比例也在下降,尤其是'古尔朵'的制作技能,年轻人掌握这种技能的人急剧减少"①。随着牧区社会的不断发展,通讯方式也逐渐现代化,对外界社会的了解程度较之以前有很大加深,年轻人的观念逐步与现代化接轨,对某些传统的技艺存在一定程度的抵触;再者,在现行的教育体制下,义务教育在牧区也广泛普及,青少年儿童的大部分时间都在学校度过,课余时间被作业挤占,学习"古尔朵"等传统技艺失去了时间保障。鉴于上述情况,"古尔朵"在使用率上远不及以前,而具体编织技能和技艺的"传承链"逐渐断裂,呈现出较为明显的传承危机。

第十八,工艺品化与商品化使"古尔朵"传统文化内涵逐步流失。"古尔朵"的工艺品化和商品化的主要推动力是旅游业的发展。西藏旅游业起步于 20 世纪 80 年代,观光旅游、民俗旅游、生态旅游、徒步、探险等旅游项目蓬勃发展,西藏旅游业逐渐实现了跨越式发展,逐渐成为推进西藏经济结构升级优化的优势产业。据统计,2015 年西藏接待游客突破 2000 万人次、总收入达到 280 亿元,分别比"十一五"末增长 1.9 倍和 2.9 倍。在此背景下,各种形式的旅游纪念品被开发出来,"古尔朵"也在其列,西藏各景区的旅游门店经常会看到"古尔朵",但其形质、样式、大小、颜色等都与牧区经常使用的有一定的差异。作为工艺品和商品出售的"古尔朵",其价值和功能已经发生了改变,而在此过程中,诸多藏族传统文化内涵也被相应淡化,游客所感知的只是一种"古尔朵"的外在,对于其传统文化内涵却知之甚少。诚然,这种工艺

---

① 薛强.藏族传统体育古朵的现状调查与分析——以西藏阿里地区改则县为例 [J].西藏民族学院学报(哲学社会科学版),2014,35(4):135-138.

品化和商品化是社会发展使然,在某种意义上是"古尔朵"适应社会环境改变的表现,但其核心价值一定要体现出其所承载的文化内涵,"古尔朵"的现代转型虽无法回避,但如若因此造成传统文化内涵的流失,则是最大的遗憾。

第十九,"古尔朵"制作技艺保护和传承缺乏制度保障。从编制工艺上讲,"古尔朵"的制作技艺称不上复杂,但也并非简单,完整的编制(麦穗花纹)包括选材、捻线编织等工序,其中"编织"是体现制作工艺水平的核心环节,一般都是全手工编织,且编织手法多种多样,毛线数量和排列顺序的不同组合可编出多种花纹,如麦穗花纹、九只眼、边白边黑等。"古尔朵"各部分的编织方法各异,规格相对固定统一,并且讲究一定的顺序。但从掌握的情况来看,"古尔朵"的编制技艺尚未列入"非物质文化遗产"名录,相关技艺的规格要求等也未形成详细的文字说明材料,虽然有部分学者对其制作技艺进行了文字、图片、视频等形式的记录,但在藏区,这项传统技艺的传承仅仅依赖于年长的民间艺人口传亲授,其传承链处于相对脆弱的状况。此外,关于"古尔朵"制作技艺的保护性制度也未查到,在众多民族传统技艺都面临代际传承危机的情况下,"古尔朵"制作技艺传承和保护方面的制度是亟待制定和实施。

第二十,"古尔朵"比赛欠缺规范性,影响其传承。长期以来,"古尔朵"都是作为一种生产工具用于牧民放牧,"生产性"是该阶段"古尔朵"的主要特征。偶尔进行的"竞技性"比赛,仅仅是一种主要社会功能以外的附加,因此具有随机性、随意性、弱竞争性的特点。据藏文史书记载,旧时牧民的"俄尔多(古尔朵)"比赛主要有两种形式:一是把四五个牛角叠放起来,上边再放上一个石块,打出的石头要把上边的石块打掉在地上,而牛角堆不垮掉为胜;二是打染成红色的牛尾巴,在规定的距离内看谁打得准[①]。可见,古时的"古尔朵"比赛主要是比试准度,相关的规则

---

① 丹珠昂奔.试说藏民族的形成[J].中央民族大学学报,1999(5):139-146.

和胜负判定也相对简单。时至今日,关于"古尔朵"的比赛也保留了准度比赛,同时增加了远度的竞赛,但规范性方面依然没有明显的增强,这一点是众多少数民族传统体育项目普遍存在的问题。或许不必以西方体育竞赛的标准来评价和衡量"古尔朵"的民间竞赛,但当前的体育文化生态是以西方体育为主导的,就连全国少数民族运动会比赛项目都参照西方竞技体育的规范性标准来制定规则和开展比赛,这是对当前体育文化生态的适应性策略。如果"古尔朵"的发展不走竞技化的道路,保持原有的民间竞赛方式方法也并非不可,但要想通过民运会等平台进行推广和发展,其规则、竞赛办法、裁判方法等方面的规范化是首先要解决的问题之一。

三、"古尔朵"的传承机制梳理

(一)驱动机制维度:实用功能和宗教文化是主要驱动因素

从本研究构建的西部地区少数民族传统体育文化传承机制理论框架的角度看,"古尔朵"传承的驱动机制方面,实用功能和宗教文化两个因素起到的作用较大。"古尔朵"作为一种放牧工具长时间被牧民使用,正是因为其经济实用的特点,才能在经济水平相对落后的藏北草原有一定的生存空间,是特殊自然环境中文化创造主体的一种能动性选择,其产生、使用和演变都与该地区特殊的环境有密切关系,也可以说是一种文化生态适应的产物。此外,"古尔朵"融入了宗教文化元素之后,也在一定程度上为其传承提供了驱动力。众所周知,西藏自治区是一个宗教文化发达的地区,全民信教的氛围对于具有宗教色彩的"古尔朵"的传承无疑是一个有力的促进,当人们把美好的愿望以宗教文化符号的形式呈现在"古尔朵"上之后,其传承和发展空间也随之拓展。课题组在调研过程中发现,有很多牧区的司机,将"古尔朵"系在驾驶室,以此来祈求一路平安。这种以宗教文化为背景的存在空间拓展,其实也是一种传承空间的拓展,对于"古尔朵"的传承和发展具有重要作用。此外,竞技竞赛一定程度上对"古尔朵"的传承起到了促进作用,成为传统体育活动项目,也是一种传承路径的拓展。与实用功能和宗教文化相比而言,竞技竞赛这种驱动因素在持续时间上相对较短,且不是一种常态化的表现。至于家族文化和娱乐休闲两种驱动因素,在"古尔朵"这个项目上体现得不明显。

（二）实施机制维度：族内传承是其相对单一的传承制度

从现实层面看,"古尔朵"长期以来的传承并未形成文字性的制度,尽管如此,其在实施机制维度的传承却是相对稳定和固定的,即族内传承维系了"古尔朵"千百年的传承和发展。如前文所述,本研究尝试性地构建了西南地区少数民族传统体育文化的传承机制,在实施机制维度分为了"师徒制""师生制"和"族群制",前两者在"古尔朵"的传承过程中可以忽略,至少未形成严格意义上的"师徒制",而"师生制"也因为其制作工艺相对简单而不具备形成基础。因此,"族群制"是"古尔朵"传承的主要实施机制,在本研究的理论框架内,"族群制"又分为"族间型"和"族内型"。藏北高原几乎所有牧民都是藏族,所以"族间型"这种形式也不具备存在基础。"古尔朵"在传承的实施机制层面相对单一稳定,这种形式也符合其技艺传承和技能传承的规律。从"古尔朵"的情况来看,少数民族传统体育文化的传承,找到适合的实施机制,哪怕相对单一,但只要符合其特点和传承规律就是最有传承效果的。

（三）表达机制维度：在传承内容和场域上个体特征明显

本研究提出的西南地区少数民族传统体育文化传承机制框架中,表达机制由传承主体、传承内容、传承场域、传承媒介和传承环境5个维度,每个维度又细分为2～11个三级指标,每个指标都从不同的角度来与"传承效果"建立联系,即传承效果的体现或决定因素。从现实情况来看,西南地区各少数民族的传统体育文化在表达机制层面都与理论框架中的指标有一定的距离,

"古尔朵"在这方面也是如此。从"古尔朵"存续和传承的现实情况看,传承主体由藏族牧民构成,其中年长者一般具有较高的技能水平和更多的知识储备,这与实际经验的多少有直接关系。作为自然传承者的藏族牧民,在"古尔朵"的传承过程中,将基本知识、制作工艺和使用过程中的技术技能作为传承内容传授给下一代,所选用的场域就是所居住的帐篷和放牧现场,属于自然场域的范畴,只有在正式的竞技比赛时,传承场域才作具体设定。在传承媒介的选择方面,主要依赖于语言和亲身示范,传承环境也在内部环境中进行。因此,"古尔朵"在传承的表达机制维度,传承内容是其中最为核心的部分;其次,传承场域也相对单一和固定,传承媒介的使用也选择了最为原始和有效的方式。从"古尔朵"的上述情况来看,少数民族传统体育文化传承的表达机制与项目自身的特点、项目所处的环境密切相关,传承场域、内容、媒介的选择也都应该根据项目实际来确定,并且要重点参考其多年传承所积累下来的传统套路。

（四）保障机制维度：以习俗为支撑的保障制度日渐式微

"制度、文化、情感、利益、经费和时间"是本研究提出的理论框架中保障机制的几个构成维度。结合"古尔朵"的情况来看,上述的大多数因素都未出现在其传承的保障机制范畴内,不得不说"古尔朵"是一个特例。通过分析,"古尔朵"的传承保障,仅仅与"文化"因素中的"习俗"指标有关联,可以说是藏族居民多年来的生活习惯和生产习惯一直维系着"古尔朵"的传承。纵观"制度、情感、利益、经费和时间"等因素在其发展演变历程中的作用,甚至可以忽略不计,"生产生活需要"成为"古尔朵"传承的唯一保障,不需要制度、无需活动经费、不涉及个人和群体利益、不需要专门的开展时间,甚至个人情感也可以忽略。但是,这种情况随着牧区社会环境的改变而改变,单纯以"习俗"为支撑的保障制度已经开始松动,牧场承包、摩托车放牧等新变化已经冲击着"古尔朵"的传承,其保障机制的多元化构建已显得尤为必要。

（五）反馈机制维度：在多个层面的传承效果都表现不足

总体而言，"古尔朵"的传承更多的是为了满足生产生活之需，对于传承效果的考量也相对简单。从传承主体的角度看，只有在技能水平上有主观的判断，参与的时间和频度完全依赖于放牧时间的长短；在传承内容的完整性、系统性、合理性和有效性的判断上也缺乏客观的衡量，传承过程也仅仅是个体对个体的随机进行，而对于传承效果的判断也仅限于是否学会了编织技艺、是否掌握了使用方法。可以说，在"古尔朵"作为一种放牧工具的范畴内，其传承和发展均处于自然状态，在传统体育的范畴内，"古尔朵"的自然传承特征也比较明显，对于传承效果的关注偏少，总体没有形成反馈的完整回路。

综合以上两个个案的特点和具体情况，景谷县"打陀螺"在传承链条的完整性上表现得相对较好，并且在本研究提出的传承机制理论框架的 5 个维度方面有较高的匹配度，可以说是西南地区少数民族传统体育传承机制研究的代表性和典型性案例；而藏北高原的"古尔朵"在总体传承效果上也比较好，但该项目在传承机制的多个层面都依赖于单一的因素来实现传承，也是研究少数民族传统体育文化传承机制的另一类典型案例。对比两个案例的情况总结，西南地区少数民族传统体育文化传承机制的生成，与其项目特点、历史源起、存在背景、生存环境、传承依托有着千丝万缕的联系，在研究工作中不能将上述因素与少数民族传统体育文化隔离开来，而在优化和构建少数民族传统体育文化传承机制的过程中，也应考虑每一种传统体育文化的自身个性和一般性特征。

第五章　西南少数民族传统体育
文化传承机制诊视

　　西南地区少数民族众多,各民族创造的传统体育文化也风格各异,既包括青藏高原游牧文化滋生的骑乘类传统体育文化,也包括贵州河网众多的山区所孕育的舟楫类传统体育文化,还包括源起于云南农林业的生产类传统体育文化……可以说,不同地域文化类型的传统体育文化都各有个性,其基本特征上的悬殊也在一定程度上衍生出不同的传承方式和传承模式。西南地区少数民族传统体育文化传承机制研究,是一个具有挑战性的选题,不仅要了解和把握同一地区不同民族传统体育文化的差别,也要厘清分布在不同地域的同一个民族的传统体育活动的差异性,还要从整体上进行概括和归纳,以便能够找到普遍性的规律并展开深入分析。基于此,本研究在进行社会调查了解广大少数民族族民的认知和观念的基础上,从整体样貌和存在问题两个方面,对西南地区少数民族传统体育文化的传承机制进行诊视,为其调适与重构的建议和路径进行铺垫。

第一节　西南少数民族传统体育文化
传承机制的整体样貌

　　西南地区地域宽广,少数民族传统体育文化类型较多,其传承形式、方式、模式都存在一定的差异性,对每个类型进行全面深入的分析从理论上讲尤为必要,但从研究工作的实际情况来看,对不同类型传统体育文化的传承机制进行概括和归纳,从整体上对其特点进行把握则更具操作性,也更容易总结出一般性的规律。

一、传统机制的历史久远

我国各少数民族大都经历了千百年的风风雨雨,在民族形成的过程中不同程度地受到自然灾害、部族战争、疾病等因素的影响而迁徙,并且在漫长的发展演变过程中分化形成多个支系。在各少数民族中,羌族是一个历史悠久的典型,距今3000多年前殷商时期的甲骨文中就有"羌"字,是其中唯一关于民族称号的文字,也是中国人类最早关于族号的记载。而伴随羌族漫长的发展史一路走来的传统体育也具有鲜明的特色,如"推杆",起源于1000多年前岷江上游古羌人与外族戈基人战争胜利后的庆祝活动,后来这种角力比赛逐渐演变为羌族独有的传统体育项目。此外,藏族也是一个历史悠久的民族,有文史资料记载,藏族属于两汉时期西羌人的一支,距今已2300多年。另据考古发现,早在4000多年前,藏族的祖先就在雅鲁藏布江流域繁衍生息,可见藏族历史的久远。而藏族的有些传统体育也有悠久的历史,如"大象拔河"(也叫"格吞""押加""朗毒杀响"),据说是千年以前格萨尔王在攻打达惹、罗宗国返回途中发现了上千头牦牛,便采用"大象拔河"这种竞力的方式进行分配,后经流传成为一项传统体育活动。"骑马点火枪"这项传统体育活动传说始于明朝(1368—1644年),是当时为了在部落纠纷中取胜而训练骁勇善战的飞马火枪手,纠纷平息后,"骑马点火枪"逐渐演变为一项喜闻乐见的传统体育活动。

通过上述实例可以看出,少数民族传统体育活动虽然有多种起源类型,但都与该民族的形成、发展、演变有密切关联,或者在生产劳动中产生、或者曾经用于军事、或者从宗教仪式中分化……虽然不同程度地发生了起起伏伏的改变,不同类型的传统体育也有着各自的传承方式,但仍是沿着民族历史发展这条主线进行传承的。因此可以说,西南地区少数民族传统体育文化的传承,是伴随民族发展一路走来的,传承机制虽然未必成熟合理,但其久远的历史是一个客观事实,因此也是西南地区少数民族传统体育文化传承机制的主要特点。

二、以血缘地缘关系为主

千百年来,西南地区的各个少数民族聚居于一隅,虽然部分民族经历了多次迁徙,但都随着社会动乱的减少而定居,并创造了具有民族特色的传统文化。传统体育文化是其中少有的以身体活动为载体来表达情感的文化类型,以民族宗教仪式、婚丧嫁娶、节日庆典、军事武装、生产劳动等社会活动为根源,其生成过程是民族演变和发展的缩影。

众所周知,血缘关系是"由婚姻或生育而产生的人际关系"[①],是伴随人类社会产生而最早形成,并且是每个个体与生俱来的一种社会关系。具有相近血缘关系的个体集合就形成了家族,在以家族为单位、以家族成员为主要参与成员、以"宗祠"或"祠堂"为主要场所的各种祭祀活动中,人们往往以身体活动来表达对于祖先或神灵的情感,其中的某些身体活动逐渐分化演变为传统体育活动。如在云南省弥勒、石林、泸西等地流行的"阿细跳月"就是从阿细人祭火仪式中演变而来的。此外,"彝族摔跤"等活动也是从家族祭祀等仪式中分化形成的传统体育活动。这类传统体育活动因为具有了以血缘关系为基础的家族祭祀而代代传承,其传承的内在机制就是围绕血缘关系而形成的纵向代际传承。

与血缘关系类似,地缘关系也是西南地区少数民族传统体育文化传承机制的主要基础。之所以有此论断,是基于少数民族传统体育文化的地域性特征而言的。俗话说"一方水土养一方人",不同地方的人所创造的传统体育活动也与地理环境有着密切关系。草原善骑、江河泛舟、山地攀爬,都是少数民族传统体育文化地域性品格的生动描绘。所谓地缘关系,是指"以地理位置为联结纽带,由于在一定的地理范围内共同生活、活动而交往产生的

---

① 　血缘关系.360 百科 [EB/OL].https://baike.so.com/doc/5746078-5958833.html2018-08-26.

人际关系"①。生活在同一地域内的民族,其生产、生活习惯近似,所创造的传统体育文化也具有共同特征,如西藏那曲草原广袤无垠,在此游牧的藏族同胞都擅长骑马,并且定期举办大型的赛马会;而生活在此的牧民,早些年也普遍使用"古尔朵"进行放牧,后来演化为一种体育竞赛活动。类似的例子还有发源于贵州赤水河流域的"独竹漂",早在秦汉时期就开始出现,作为一种历史悠久的独特的黔北民间绝技,在赤水河一带具有良好的群众基础,现已列入贵州省第三批省级非物质文化遗产保护名录,并且在2011年的第9届少数民族传统体育运动会上被列入运动项目。"独竹漂"在赤水河流域的产出和流行,与当地的"水域"和盛产"楠竹"的地理环境密切相关。因此,地缘关系也在很大程度上为少数民族传统体育文化的传承提供了重要基础。

三、稳定和封闭特征兼具

西南地区的少数民族传统体育文化,多数是以家族为基础而建构的,而家族这个亲属集团的形成是以婚姻和血缘关系为基础的,可以说,家族所反映的人与人之间的关系是各种社会关系中最为紧密和稳定的。在家族演变和发展过程中形成的家族文化有着几千年的历史,我国古代君王或诸侯在维系社会发展方面就是依赖于家族关系,周朝分封制、晋国六卿即为例子。家族文化,从定义上而言是指"以家族的存在与活动为基础,以家族的认同与强化为特征,注重家族延续与和谐并强调个人服从整体的文化系统"②。其内涵丰富,既包括族规、宗法、家训等行为规范,也包括族徽、族歌和宗祠(祠堂)等标志物和实体,还包括全部家族成员参与的祭祖等集体活动仪式。通过上述分析可以认为,西南地区少数民族传统体育文化所依托的是具有很强稳定性和延续性的

---

① 地缘关系.360百科[EB/OL].https://baike.so.com/doc/6577827-6791592.html 2018-03-02.
② 家族文化.360百科[EB/OL].https://baike.so.com/doc/7309924-7539511.html 2018-06-15.

家族文化,因此能够得以有序传承,而这种伴随家族存续和演变的机制具有了超强的稳定性。

凡事皆有两面,家族文化的护佑,使少数民族传统体育文化传承机制具有稳定性的特征,但是,家族文化也具有封闭性特征。在从古至今的社会演变和发展过程中,资源争夺和名声争夺使家族之间的冲突不断,成员为了维护家族这个小团体的利益而排斥其他家族,甚至不惜发生武斗。家族文化基于血缘关系而形成,在外部意义上存在一定的局限性和狭隘性,而在家族内部,也客观存在一定的阶级性,论资排辈等特征也在某种意义上体现了家族文化的封闭性特征。鉴于此,作为家族文化组成部分的各种仪式也相对封闭地存在,为之服务和表达情感的传统体育活动也因此限制在家族或某个族群内部,对外的传播和交流也因此被囿限。这一点在以"武术""独木龙舟"等项目上表现得更为明显,尤其是在相对偏远地区的少数民族拳术,一般不对外传授和交流,即使在族内传承也要精挑细选后确定对象;而苗族的"独木龙舟"也存在村寨间的竞争,相关的制作技艺也相对封闭地存在于族内。此类传统体育文化的传承机制是在封闭的圈子内进行纵向传承,局限性显而易见。

四、族群利益需求为主导

美国著名社会学家兰德尔·柯林斯(Randall Collins)在其著作《互动仪式链》(1986年)中对于互动仪式进行了分析,认为互动仪式是情感的"变压器",其中的情感与情感之间的连带维系了仪式的形成,获取情感能量是仪式中每个个体的基本诉求。基于该理论,有学者从互动仪式的角度分析了少数民族传统体育的本质,认为"少数民族传统体育在本质上只是一种仪式性的身体活动,情感能量获取是其存续的根本动因"[①]。由此可以推知,少数民族传统体育文化的传承,也是以个体或族群的情感能量为动

①　王洪珅.互动仪式链理论视域下的少数民族传统体育本质推演[J].体育科学,2014,34(7):36-40.

因的,从个体参与本民族传统体育这种仪式性身体活动的角度而言,其基本诉求是获得一种情感能量;从族群的角度而言,开展各种传统体育活动的目的却是基于族群的利益需求的,也可以谓之族群的情感能量诉求。

从前期研究和社会调查的结果看,多数族群成员在参与传统体育活动的过程中,其驱动力构成因素中的"传承家族文化"是一个高选中率的选项,而其利益诉求的终点是"族群利益"。同时,结合上文分析的少数民族传统体育文化的传承与家族文化有着密切关系,而家族文化所崇尚和宣扬的也是族群的集体利益,因此两者在这一点上是相辅相成的。再从个体的情感能量角度来看,个体参与本民族的传统体育活动,所期望获取的也包括族群认同感、归属感和依赖感,因此,西南地区少数民族传统体育文化的传承,是以个体情感能量为基础、以族群利益需求为主导的存在和运行机制。

五、传承主体能动性递减

少数民族传统体育文化的传承主体是一个相对的概念,在族群内部传承的过程中,掌握一定知识和技能的"传者"所处的是主体位置,而作为知识和技能接受者的"承者"所扮演的是客体的角色;而在族群与族群之间传承的时候,少数民族族民作为知识和技能的"输出方"承担了传承主体的角色,其他族群则相应地成为传承客体。因此,此处所谓的传承主体有两个方面的内涵所指。

很长一段时间以来,尤其是改革开放之前,西南少数民族地区社会相对封闭、落后,经济发展水平相对偏低,多数族民都以传统的农耕、放牧、渔猎为主要的生产方式,经济收入也大都来源于此。改革开放以后,国家大力发展西南少数民族地区,交通、住房、教育、经济、文化等方面都大为改观,尤其是旅游业的兴起和发展,少数民族族民有了更多接触外界文化的机会,很多青年群体开始走出村寨、走出大山,掀起了一波又一波"外出务工潮"。外出务工者一年仅返乡 1～2 次,大多数传统节日的庆祝活动不能参与,对少数民族传统体育文化的传承形成了传承主体数量减少的冲击和影响。随之而来的还有少数民族族民观念层面的改变,原本以家族文化为中心建构起来的价值观逐渐消隐,家族性集体活动的号召力远不如从前,甚至由于长时间在现代化都市生活,对家族活动的认识和理解发生转变,尤其是青年一代甚至出现误解和抵触。

"文化主体的价值判断和选择机制是民族文化传承的有机组成部分,是文化传承机制中主体能动作用的表现"[①]。从少数民族传统体育文化面临的上述情况来看,族群内部表现为"后继乏人",虽然年长者有意传承,但不具备客体条件;族群之间则表现为"无暇顾及",传承主体在行为方面的缺席和价值判断方面的改变虽然是客观环境改变所致,但传承主体的能动性逐渐降低的趋势越来越明显。

六、体系化程度总体较低

"民族文化通过'传→承→积累→传'就像一道文化加工厂的生产工序,随人类自身的代代繁衍而形成文化的再生产和社会的再生产"[②]。从中可以看出,文化传承这个相对复杂的过程是一个完整的传承链条,其中的每个环节都发挥着重要作用,并且与其他环节相互影响和制约。在理论层面,传承是一个体系化的过程,包括传者、承者、传承内容、传承媒介、传承方式、传承环境等主观层面的因素,且需要客观层面的制度保障和评价体系,正如本研究拟构建的少数民族传统体育文化传承机制,由驱动机制、实施机制、表达机制、保障机制和反馈机制构成。

从西南地区少数民族传统体育文化传承的实地调研情况来看,几乎所有的地区都存在传承体系化方面的问题。一方面,少

---

① 赵世林.论民族文化传承的本质[J].北京大学学报(哲学社会科学版),2002,39(3):10-16.
② 同上。

数民族传统体育文化的传承是与其他类型的传统文化融合在一起进行的,没有形成相对独立的体系,这种情况的存在既反映出传统体育文化地位的"边缘化",也说明独立传承体系的缺失现状。另外,少数民族传统体育文化依托家族、节日和习俗等进行传承,总体呈现年度单位内的"自然传承"样态,整个传承过程按照以往的传统进行,"经验"在其中发挥了主要作用,未能针对传统体育文化的传承形成具体的文字说明。这一情况在国家大力提倡申报"非遗"之后有所改观,地方政府体育或文化部门对有条件的传统体育项目进行发掘,建立起了一套相对完整的内容体系,其中包括部分传承方面的内容,但体育"非遗"项目在民族传统体育项目总数中所占的比例偏低。因此,从西南地区的整体情况来看,少数民族传统体育文化传承的体系化程度较低。

七、机制内部互应性较弱

西南地区少数民族传统体育文化的传承,由于未能形成相对完整的体系而更多地依赖于"自然"形成的机制,此处所谓的"自然"并非排除族群能动性的因素,而是指少数民族传统体育文化多年来的传承基本上是依赖于其他类型传统文化的,且在传承主体的认知和观念中并未形成明确的传承目的和目标,其所作所为都是在遵从家族或族群集体活动这种"自然"。基于此种情况,西南地区少数民族传统体育文化多年来形成的传承机制,未能形成具体化的环节构成和功能划分。从"传者"的角度看,大多数"传者"对于传承内容的理解也多为经验的传递,而没有进行基本知识和基本技能的具体化传授;对于传承媒介的使用也更多地使用语言,而不是多种媒介的综合;对于如何保证传承任务的顺利进行也缺乏把握,仅仅依赖于自己作为长者的权威和"承者"的积极性、自觉性;对于传承效果的检验也没有具体的标准,仅仅凭借自己的经验主观感受。从"承者"的角度看,自己作为接收传统体育知识或技能的客体,在传承方式选择、传承媒介确定、传承环境创设甚至主观意愿方面都缺乏自主性,主要基于"传者"

的意愿；在"承者"参与传承的过程中，其对于传承目标、任务、责任的理解也容易被忽略。同时，传承过程是否完整、传承效果是否良好、传承环境是否适合等方面也缺乏监督和评价。

总体来看，西南地区少数民族传统体育文化传承链条的每个环节，基本处于孤立存在状态，彼此之间的相互作用和关联在实际传承过程中体现得不明显。此外，传承本身是一个继承、总结、借鉴、扬弃、发展的过程，就现有的少数民族传统体育传承机制而言，传承链条的完整性、长效性和有效性均基本处于"自然"状态。可以说，现有传承机制内部的各个环节缺乏一定的互应和整合。

八、传统机制的转型滞后

"文化是人类为了自己生存而创造的"[①]。文化在人类从古至今的演进和发展过程中，始终以人类的需求为轴线，不同历史时期、不同地域的不同族群为了生存而创造出各具特色的文化类型，透视文化的生成过程，不仅可以窥见其核心的精神内涵，也可以从其外在表征看出经济、社会、政治、文化对其的影响。我国各民族的传统体育文化，以传统文化的发展脉络为纲，依托不同的生产生活方式形成了鲜明特征，并伴随社会的转型不断传承和演变。

对西南地区少数民族传统体育文化的发展进行纵向梳理，可以将其发展历程大致分为三个阶段。第一阶段是从产生至 1840 年鸦片战争，即中国近代的开端；第二阶段是鸦片战争至 1978 年改革开放；第三阶段是改革开放至今。如此划分是基于中国社会的转型和变革脉络，同时也参照传统文化发展的历史拐点和转型节点。第一阶段，传统体育文化所依托的是中国运行千年的农耕文化，虽然部分少数民族地区是游牧或渔猎文化，但都历经了千百年的延续而呈现出鲜明的传统色彩。此阶段人们的生产生活方式相对稳定，传统体育文化也在以家族文化为基础的社会背景下自然传承和赓续。第二阶段，伴随鸦片战争涌入的西方文

---

① 司马云杰．文化悖论——关于文化价值悖谬及其超越的理论研究[M]．合肥：安徽教育出版社，2011.8：2.

化对中国传统文化形成了较大的冲击和影响,随之而来的西方体育也以强势文化的姿态拓展疆域,包括少数民族传统体育在内的传统体育文化逐渐失去发展空间,其传承和发展面临各种困境。第三阶段,改革开放以后,少数民族地区经济社会发展迅速、交通条件的改善带动了当地旅游资源的开发,传统体育作为具有展演性、民族性和参与性的民族文化也成为特色内容。在这样的背景之下,外来文化进入之后与当地传统文化形成撞击,不仅导致了各种"异化"现象,也对当地少数民族居民的传统观念产生影响,对于"个人利益"的看重逐渐超越"族群利益",以家族文化为依托的传统体育文化的根基受到冲蚀。

基于以上背景的调研和分析认为,西南地区少数民族传统体育文化的传承和发展,在中国近代以后逐渐滞后于社会的转型,而且这一趋势日益明显。服务于广大少数民族族民宗教祭祀、娱乐休闲、日常交往的传统体育,逐渐有了"替代者",而少数民族传统体育文化,在面临社会快速转型导致的人的需求快速增长的现实情况下未能及时调整和转型,加之千百年来形成的"封闭"性格,主观和客观方面的共同作用,致使其传承机制不能同步于社会的转型和人们需求的改变。

总之,西南地区少数民族传统体育文化从古至今的传承有其内在的合理性,对其传承机制的基本特点进行概括,一方面是从历史演进的纵向维度进行审视,了解其生成和存在的基本样态;另一方面,是通过横向维度的对比,在总结其演变规律的基础上找出客观存在的问题。由于西南地区少数民族传统体育文化涉及的民族、传统体育活动种类繁多,且分布地域、生存环境、运行机制等方面都具有较大差异,上述理论层面的总结或许不能囊括所有实际情况,也不是所有基本特点都适用于每一个传统体育项目,旨在存异求同,以异化同。

第二节　西南少数民族传统体育文化传承机制剖视

西南地区是我国民族分布最为集中的地区,各个民族的同胞创造了丰富多彩的传统体育文化,既有草原文化孕育的赛马和赛牦牛,也有农耕文化孕育的打陀螺和吹枪,既有舟楫文化孕育的龙舟和独竹漂,也有狩猎文化孕育的射箭和射弩……各具特色的传统体育活动作为传统体育文化的主要载体,体现了不同民族的生产方式、生活方式、地域文化、宗教信仰和民风民俗,在千百年的演变和发展过程中形成了形态各异的传承方式、传承途径和传承模式,在不同传承机制的作用下,有些传统体育活动在历史长河的涤荡中渐次消亡,有些则磕磕绊绊延续至今。立足当下,回望历史,西南地区少数民族传统体育文化的传承机制有无共通之处?退出历史舞台的传承机制有何缺陷?赓续至今的传承机制有何优长?唯有纵向梳理、横向比对,并对不同机制类型进行剖视,以上疑问或许才能有望得以明晰。于是,尝试提出西南地区少数民族传统体育文化传承机制的理论框架,并以此为出发点,结合本研究的社会调查结果和实地考察,从驱动机制、实施机制、表达机制、保障机制和反馈机制 5 个方面,对西南地区少数民族传统体育文化的传承机制进行分析和检视,从整体上找出共性的问题,为其调适和完善提供一定依据。

一、驱动机制维度

(一)传统家族规制的推动作用逐渐让渡

自古以来,中国就是一个以家族血缘为基础的"家国同构"型社会,这种社会结构在传统中国存续了上千年,每个家族的形成、延续和发展,都离不开家规或族规的维系。一般意义上的"家规和族规是一家或一族世代传承的道德准则和处事方法"[①],其形

---

① 胡剑.清代民间的家规与族规[J].四川档案,2017(6):57-58.

成过程较长,是先辈集体智慧的结晶,也可以说是家族文化的积淀和集中体现。每个家族都有自己专属的"家训",即"所有家庭成员或族众共同遵守的行为规范和规章制度的总称,通常是由父祖长辈、族内尊长为后代子孙和族众规定的立身处世、居家治生的原则、规范、训练和禁戒"①。可以说,家训是相对宏观的一种规范,对于一个家族家风的形成具有指向性作用。相比较而言,更具实际指导意义或约束力的是具体意义上的族规。"族规,也叫宗规、祠规等,可以说是家训的扩大化,即由对一个家庭子侄的训诫扩大到整个家族,同时还增加了许多需要共同遵守和强迫执行的规定性内容"②。可以看出,族规在一定程度上具有强制性,尤其对于家族成员的具体行为。鉴于以上分析,少数民族传统体育作为一种依托家族文化而存在的传统文化类型,在家族性的祭祀、礼仪、庆典中扮演了表达集体情感的作用,其开展和传承是以家规的强制性和约束性为保障的。

然而,随着"家国同构"这种传统社会结构的解体,少数民族地区城镇化进程的不断推进,以前家族聚居的生活形式也日渐解构,尤其是外出务工人员导致的"城市化移民",使传统的生活形式发生改变,人们对于家族的态度和观念也在悄然发生变化。再者,随着社会文明化程度的不断提高,法治观念也逐步深入人心,之前家规中的某些封建迷信、歧视女性等消极成分也失去了存在基础,家规作为一种传统社会的产物已经逐渐失去了之前的规约力。因此,随着社会的现代化转型,家族规制在促进少数民族传统体育文化传承方面的约束作用也逐渐减弱。本研究的社会调查结果也反映出这一点,广大西南地区少数民族群众已经不再将家族规制作为参与传统体育活动的驱动因素,反而能否反映和体现本民族传统文化的各种传统仪式,成为具有吸引力的因素。在参与少数民族传统体育的目的方面,也有更多的调查对象首选娱

① 赵璐,李鹏飞.重义轻利:中国传统家训族规教化的价值选择[J].晋中学院学报,2008(4):105-108.
② 王有英.清前期社会教化研究[M].上海:华东师范大学出版社,2005.

乐休闲而不是遵从家族规制。从现实的情况看,社会的变迁和发展已经对人们的观念产生了重要影响,西南地区各少数民族居民对于传统体育活动的认识也逐步转型,家族规制的推动作用也正逐步让渡于能够满足人们现实需求的因素。

（二）宗教的熏染力和促进作用日趋减弱

"宗教是特定信仰人群面临生存、生产、生活的需求和压力,在具体社会情境中产生并延续的一种特殊文化体系"[①]。纵观各类体育文化,其产生之初与宗教相关的可谓不计其数,不论是源于西方欧美国家的体育文化,还是源于东方的体育文化,甚至有多种体育项目是从宗教活动中直接分化演变而来。西南地区少数民族传统体育,也有相当一部分源于宗教,如傣族宗教性质的"泼水节"（傣语:桑勘比迈）,主要目的是祈求佛的庇护和保佑,佛教信徒们采用泼水、划龙舟、堆沙、丢包、放高升等多种形式的活动来表达对佛的恭敬,其中就包括传统体育活动。再如纳西族的"东巴跳",起初是一种宗教性的祭祀活动,其中包括60多个动作组成的武舞体系,如,"中姐伏麻践",耍刀跳就是其中的一个具体表现。该类舞蹈配备的武器道具品种很多,包括刀、矛、盾、弓箭等。参与舞蹈的人员不但穿着战斗服,而且拿着兵器,在激越的战鼓声伴奏下,以两支队伍对抗的形式开始。两队人马相互做出砍杀的对抗性动作,而且还有阵法的演变,展现了实战性的场面。时至今日,"东巴跳"已经成为一项融合武术、舞蹈等元素的综合性民族活动。

通过以上举例可以看出,宗教文化某种意义上是某些传统体育活动的"母体",也在一定程度上为传统体育的开展和传承提供了特殊氛围。借助于少数民族居民对于宗教活动的热衷,传统体育文化的传承也因此得以有所依托地进行。然而,随着近年来西南地区社会的不断发展,少数民族地区的宗教也在现代化的背景

[①]　杨金东.论云南少数民族宗教文化的现代传承[J].世界宗教文化,2017（3）:141-144.

下转型,经过"祛魅化"过程的各种宗教活动,摒弃了"原始、封建、巫术"等消极成分,人们的生活观念也在此过程中发生变化,"经过现代化的洗礼,在日常生活的重大事务中,很多群众不再寻求宗教帮助"[1]。鉴于此种情况,改革之后的宗教,其熏染力和约束力逐渐减弱,这一点从少数民族传统体育文化的角度而言是失去了一种传承的依托,但很多传统体育活动也伴随宗教改革而逐步转型,成为一种满足人们娱乐休闲需求的体育活动。

（三）休闲娱乐逐渐成为主要的驱动因素

人类的需求具有明显的时代性特征和层次性特征。所谓时代性特征,是指不同历史发展阶段的人所产生的需求是不同的,而层次性特征,是针对个体的人而言的,即个体的需求会根据自身发展阶段的不同而出现层次上的差异。关于人类的需求,最为常见的就是马斯洛的需求层次理论（Maslow's hierarchy of needs）中提出的生理需求、安全需求、社交需求、尊严需求、自我实现需求和超自我实现,认为"人类的需求是以层次的形式出现的,由低级的需求开始,逐级向上发展到高级层次的需求"[2]。关于人类需求层次的研究,美国耶鲁大学的克雷顿·埃尔德弗（Clayton Alderfer）在马斯洛需求层次理论的基础上提出了人本主义需求理论——ERG理论（ERG Theory）,即生存需要（Existence needs）、相互关系需要（Relatedness needs）和成长发展需要（Growth needs）三大人类的核心需要。由此可见,人类的需求是具有一定层次性的。

体育也是人类的一种需求,体育作为人类文化的一部分,从其的功能演进也能大致梳理出人对于体育需求的变化,这种变化的总体趋势也基本呈现从低到高的层次性。生活在西南地区边境或山区的少数民族,在物质资料相对匮乏的年代,体育是其生

---

① 杨金东.论云南少数民族宗教文化的现代传承[J].世界宗教文化,2017（3）:141-144.

② 需求层次理论.维基百科[EB/OL].https://zh.wikipedia.org/wiki/%E9%9C%80%E6%B1%82%E5%B1%82%E6%AC%A1%E7%90%86%E8%AE%BA 2019-9-1.

产生活中获取物质能量的工具(射箭、射弩、骑马等),抑或是寻求精神寄托的一种身体活动方式(宗教活动中的舞蹈等身体活动)。随着社会的发展,部分传统体育活动在功能上逐渐分化,成为一种修身养性或用于军事战争的方式(导引、气功、武术),再后来,其功能更加分化,如益智(围棋、象棋、藏棋等),交往,健体和娱乐等功能。虽然各种功能层次之间没有严格的界限,但总体能够反映其演变脉络。从本研究社会调查结果来看,之前基于宗教、交往、养生等目的而参与传统体育活动的人越来越少,而以健身健体和娱乐休闲为主要驱动的参与人数量增长明显,这与马斯洛和埃尔德弗提出的需求理论基本相符。究其原因,是西南地区的社会发展已经进入新阶段,交通条件的改善促进了当地经济水平的提高,人们的生活水准也相应提高,物质上的需求已经基本得到满足,加之各种现代化通讯设施的广泛普及,人们的精神层面需求也日益增长,反映在体育方面的就是通过参与传统体育活动增进身心健康,获得一种愉快的休闲体验。总体来看,西南地区少数民族传统体育文化的驱动因素已然发生了时代性和层次上的改变,较高层次的娱乐休闲和健身逐渐成为主要的驱动因素。

(四)竞技和竞赛逐步成为传承的新驱动

近年来,随着我国体育事业发展水平的不断提高,各种民族体育赛事越来越受到国家和地方各级政府的重视,具有一定的表演性和竞技性的少数民族传统体育也因此面临前所未有的发展机遇,各种形式的民间竞赛和官方比赛全面开花,为各民族传统体育拓展发展空间的同时,也为各民族传统体育文化的传承提供了新的平台,竞技竞赛成为一种具有较大吸引力和推动力的传承驱动因素。

首先,从官方比赛的情况来看,现在已经形成了"全国—各省、市(自治区)—市县"这种自上而下的三级少数民族传统体育运动会模式。各级别的运动会根据民族体育情况设置比赛项目和表演项目,共同构成少数民族体育运动会的项目体系。其中,最具影响力的是"全国少数民族传统体育运动会",从 1953 年至 2019 年,已经举办了 11 届,从 1982 年第 2 届开始每 4 年举办一届,竞赛项目数量也逐年增长(表 5-1),参赛队员数量也逐届增加。此外,各省、市(自治区)也定期举办少数民族传统体育运动会。

表 5-1 历届全国少数民族传统体育运动会竞赛项目情况表

届次	举办时间	数量	增减数量	项目增减
第 1 届	1953 年 11 月	5	0	举重、摔跤、拳击、短兵、步射
第 2 届	1982 年 9 月	2	+2,-2	增:射箭邀请赛、中国式摔跤 减:举重、拳击
第 3 届	1986 年 8 月	7	5	赛马、叼羊、射弩、抢花炮、秋千
第 4 届	1991 年 11 月	9	4	龙舟、珍珠球、木球、武术
第 5 届	1995 年 11 月	11	2	毽球、打陀螺
第 6 届	1999 年 9 月	13	2	跋球、押加
第 7 届	2003 年 9 月	14	2	高脚竞速、板鞋竞速
第 8 届	2007 年 11 月	15	1	马术(速度赛马、走马、跑马射击、跑马射箭、跑马拾哈达)
第 9 届	2011 年 9 月	16	1	独竹漂
第 10 届	2015 年 8 月	17	1	民族健身操
第 11 届	2019 年 9 月	17	0	—

其次,民间比赛方面,各个少数民族地区会根据地方情况,定期或不定期举办各种形式的竞赛或比赛,有些地区还举办单项运动会,如西藏自治区的多个地级市都会举办赛马节或赛马会(藏北赛马节、江孜达玛节、康定赛马节、盘坡赛马节、天祝赛马节、当雄赛马节、定日赛马节等);景谷县乡镇经常举办"打陀螺"比赛(景谷勐迈陀螺文化节、益智乡陀螺精英赛);贵州省台江县定期举办"独木龙舟节"等等。

综合以上情况看,少数民族传统体育竞赛的发展呈递增趋势,各种形式的赛事举办,一定程度上促进了传统体育项目的整理和发掘,也促进了竞赛规则的规范化。从少数民族传统体育文化传承的角度而言,竞赛不仅促进了传统体育项目本身的改进和规范,也在一定程度上提供了一个集中展示的平台,尤其是全国性的比赛活动,会吸引大量媒体转播,这对于促进少数民族传统体育文化的传播和传承都是利好的改变。另外,通过竞赛这一形式,会有更多的民众参与其中,比赛中获得的个人利益,也会促进传承主体的积极主动性。各地区通过举办赛会实现了地方经济、社会、文化的发展,一定意义上是集体利益的获取,也会反向促进少数民族传统体育文化的传承。可见,各种形式的竞技和竞赛已经成为当前西部地区少数民族传统体育文化传承的有力驱动因素。

(五)传统体育的实用功能渐出历史舞台

体育来源于生活,是基于人类的需要而产生的。在从古至今的演变和发展过程中,虽然体育的功能发生了多次变化和转型,其动因都是归于人类的需要。少数民族传统体育活动源于各民族居民在改造自然、利用自然和征服自然的过程中的主观创造,因此,少数民族传统体育文化具有很强的生产生活特征。我国地域广袤,生活在不同地区的少数民族所创造的传统体育活动也各不相同,"北人善骑、南人善舟"即为生动写照。总体来看,少数民族传统体育是从不同地域居民生活和生产创造的实用性演化中而来。

在我国西南地区,有大量的传统体育活动是基于生产、生活、军事之用而产生的,实用性特征是此类传统体育活动长期存在和传承的主要驱动。典型的例子如"射箭",其产生之初就是基于远距离射杀猎物这种实用功能;"高脚竞速"(原名:踩高脚马、高脚),最初是苗族、土家族居民用于雨季地面积水时代步,有时也作为涉水的工具;"射弩",在古代既作为狩猎工具,也是防身武器,有时也用于战争;"板鞋竞速"原是培养士兵集体观念、团结精神和合作精神的工具……可见,实用功能曾经是少数民族传统体育文化传承的主要驱动因素。然而,随着历史的变迁,以实用功能为存在基础的传统体育活动,都不同程度地发生了功能的分化和转型,成为一种满足人们娱乐、健身、竞赛、表演等需求的传统体育活动。从传承驱动机制的角度而言,少数民族传统体育实用功能的减退,一定程度上说明少数民族传统体育文化在传承的驱动因素方面是可以伴随人们的现实需求而改变的。

二、实施机制维度

(一)特定社会背景下的师徒制鲜有存在

我国西南地区地处偏远边境,人口数量较少,且多为分散居住,为了在相对恶劣的自然环境中生存和生活,抵御野兽侵袭和外族打家劫舍,人们在长期的积累过程中逐渐创造了徒手搏击野兽并将其猎杀作为食物的技能,同时也掌握了一些天然工具的制作方法和实用技能,这些经验积累为武术的产生奠定了基础。同时,随着铁器的使用,创造出弓箭等打猎工具并用于军事防御,创造了刀、枪、剑等兵器并形成了多种独特的技能体系。基于上述背景和基础,少数民族的武术逐渐成熟,出现了各种套路,如土家族的八部神打、十二埋伏拳、鸡形拳、茅谷斯拳、乌龟拳和策手;瑶族的盘王拳、南太极和对练套路对打拳;畲族的龙尊拳、虎尊拳;苗族的矮拳和对练套路对拳、老鹰抓鸡式等。此外还有一些特殊的武术器械,如土家族的宫天梳、三星针、八角拐、钺钐刀,苗族的刀、剑、二节棍、三叉尖、大刀、流星等。由于受到传统族群制的影响,各种门派或宗派的武术都内以"师徒制"的形式传承,"在这种宗族传承的社会文化体系之中,拜师学艺是外姓人实现技艺传习的主要途径,也即是说通过仪式实现了由普通人向模拟血缘关系的跨越和转变,进而加入'族群'传承的序列"[①]。很长一段历史时期内,这种"师父—徒弟型"的传承方式维系了少数民族传统武术的延续和发展。

此外,在西南地区少数民族传统体育的形成过程中,还伴有

---

① 王智慧.社会变迁下的民族传统体育文化记忆与传承研究——沧州武术文化的变迁与启示[J].中国体育科技,2015,51(1):81-95+145.

一些特殊器材的制作,如"独木龙舟"龙头的雕刻和制作、西藏林芝地区"响箭"箭头"碧秀"及靶围的制作、云南苗族"吹枪"等等,这些独有技艺的传承也在某一历史时期采用"师父—徒弟型"的传承方式;再者,如仫佬族苗族自治县的"高台舞狮"技能、黔北赤水河流域的"独竹漂"民间技艺、西藏藏族的"藏式摔跤""骑马射箭""马上拾哈达"等少数民族传统体育的特殊技术、技能,也需要经过专人指导和长期训练才能掌握,需要"师父—徒弟型"或"师傅—学徒型"的传承方式作为支撑。

　　然而,随着社会的不断发展,少数民族地区社会区域安定和谐,之前用于防御和生存的各类武术也逐渐从实用性转向健身性,之前需要经过严格的拜师仪式才能达成的"师父—徒弟"关系,也因为依存基础的改变而逐渐减少,"传儿不传女,传内不传外"等传统、保守和封闭的认知理念也与时代背景相左。传统器材制作技艺,也因为机械化工具的使用和人们谋生方式的多元化而逐渐隐去神秘色彩。在传统体育独特技艺方面,由于高危险性而失去传承群体。因此,西南地区少数民族传统体育文化中以武术为典型代表的"师父—徒弟型"传承方式和特殊传统体育技术、技艺传承采用的"师傅—学徒型"传承方式,都随着社会背景的改变而淡出人们的视野。

　　(二)相对封闭的族群制藩篱逐渐被突破

　　在传统中国的"家国同构"型社会结构中,家族或族群是整个社会构成的"细胞",其内部有相对完整的组织结构和人员分工,长时间以来都作为各类社会性活动的最小组织单位,从功能上讲是一个"小社会"。家族或族群这种以血缘关系、婚姻和生命共同体为基础建立起来的社会结构,在少数民族地区各村寨广泛存在,虽然在维护社会秩序、组织集体活动、传承民族文化等方面发挥了重要作用,但具有一定的封闭性和排他性。家族或族群为包括少数民族传统体育文化在内的少数民族传统文化传承和发展提供了一定的保障,包括传承者数量、参与时间、行为方式和组织形式等方面,但也在无形中筑起了一道与其他族群交流和传播的藩篱,具体表现在传统武术的门派、某些技术或技艺"传内不传外"或"传男不传女"。贵州台江县的"独木龙舟"是这方面的典型,一年一度的"竞渡"是以村寨为单位,同时还限定为同一宗族,可以看出这种组织形式的"独木龙舟"是一个家族、宗族、村寨集体情感的承载,虽然具有一定的稳定性,但封闭性特征也非常明显,其传承仅限于"族内",不利于文化的交流、传播和发展。

然而,文化的发展需要交流,交流是文化进步和多样化的重要条件,西南地区少数民族传统体育文化也概莫能外。长期以来,有很多内涵丰富、价值多元的传统体育活动"养在深闺",受传统习俗、交通不便和信息交流渠道少等因素的限制而缺乏交流。近年来,随着少数民族地区各方面条件的改善,各种平台也搭建起来,如旅游平台、物资交流会平台、运动会平台等,都为传统体育文化提供了展示机会,大量传统体育活动以其较强的参与性和娱乐性融入当地旅游业,成为民族文化体验项目,有些舞蹈类传统体育活动在物资交流会上进行展演,既创造了经济价值,也在一定程度上促进了对外交流。此外,随着全国少数民族传统体育运动会的规模越来越大,竞赛项目也逐渐增多,列入正式比赛项目也在很大程度上促进了某些项目的传承和发展。如贵州赤水河一带的"独竹漂",之前是一个鲜为人知的项目,自2011年列入第9届全国少数民族传统体育运动会竞赛项目之后,其他省份的参赛队伍逐年增加。此类例子还有"板鞋竞速",也是基于竞技性借助运动会平台增强了普及性,从而突破了"族群"的界限,实现了更大范围的传播,也因此获得了更大的发展空间。

(三)传承方式单一粗放的现象较为普遍

文化的传承有多种方式,不同类型的传承方式适用于不同的文化类型,意即应当以多元化的传承方式来匹配文化类型的多样性。从西南地区少数民族传统体育文化的情况来看,根据刈分标准的不同可划分为不同的类型,根据自然环境依托可以分为"山地体育文化、干旱半干旱地区的农村体育文化、高原体育文化和草原体育文化"[1]；也有从项目的角度进行分类的，如"化石型、原始型、发育期型、较成熟型和成熟型"[2]。不同的类型划分可作为选择传承方式的重要依据。然而，从西南地区少数民族传体育文化传承的考察情况来看，传承方式单一化存在和传承方式具体化程度不够，简单粗放的传承方式大量存在。近年来，国家对传承传统文化高度重视，各级地方政府加大了对少数民族传统体育文化传承的投入力度，结合不断推进的"非遗"工程进行了一系列有益尝试，包括建设"民族村"、建立"少数民族传统文化博物馆"、设立"少数民族传统体育示范校"、建设"少数民族传统体育训练基地"等等，取得了一定的成效，但也随之出现了一些问题。

　　从本研究着眼的传承机制来看，西南地区少数民族传统体育文化的传承，应当以实际传承效果为最终指向，凡是能够促进其科学、合理、完整、有序传承的措施都值得提倡。不论哪种措施，都应该首先明确一个问题，即传承的最大困境在哪里？通过前期研究发现，"代际传承危机"是西南地区少数民族传统体育文化传承最严峻的问题之一，因为这一问题涉及传和承能否有续链接。具体表现为以下几点：第一，代际传承危机影响传承主体观念延续；第二，代际传承危机关乎传承主体的数量；第三，代际传承危机阻碍传承行为的实施。因此而言，西南地区少数民族传统体育文化的传承，应当形成以"师生制"为基础的传承方式体系，解决传承后继乏人的问题。首先通过少数民族传统体育进校园、进课堂，通过"教师—学生"这种方式进行基本知识和基本技能的传授，使各年龄段的孩子形成基本的认知和体验，树立正确的传统文化观。在此基础上，组建传统体育项目代表队，通过"教练—队员"的方式进行技术技能的训练，以竞技竞赛平台的方式进一步促进传承。其次，结合其他类型传承方式的优势，进行互补互进

---

① 钟全宏.少数民族传统体育文化的类型及特征[J].广西民族大学学报（自然科学版），2008（1）：83-87.
② 赵苏喆.民族传统体育项目的分类及发展[J].体育学刊，2007（5）：78-81.

的整合和组合,形成具有一定数量传承主体的传承方式体系。

三、表达机制维度

(一)传承群体数量和能力代际递减

文化是由人创造的,其传承和发展也以人的主观能动性发挥为基础。西南地区少数民族传统体育文化的创造主体是各民族的族民,他们这一群体是传统体育文化最为鲜活的载体,同时也是最有力量的传承者,其千百年来的传承也证明了这一点。然而,从西南地区少数民族传统体育文化当前的传承困境来看,传承群体数量的减少和传承能力的代际递减是最为突出的两个问题。第一,传承群体的整体性量减冲击了少数民族传统体育文化存在和传承的基础。从现实情况来看,西南地区少数民族聚居地在改革开放以后发展迅速,交通条件的改善和信息获取途径的多元化使当地青壮年观念转变,大量外出务工者不断涌向大城市,有的甚至拖家带口迁居,青年群体在适应了城市生活以后也不愿意返回家乡,而这一群体离开了家乡,也在某种意义上缺席了少数民族传统体育文化传承的原生场域,相对分散的现况也很难再有传承的愿望和行为。这种情况在西部民族地区非常普遍,对少数民族传统体育文化传承最为直接的冲击就是传承者的群体性减少,"后继无人"的现实,使少数民族传统体育文化逐渐失去传承基础。第二,传承能力代际递减影响了少数民族传统体育文化传承的效果。基于上述传承群体量减的现实,留守村寨的大多为年长者,这一群体在传承民族传统文化方面的积极性很高,在调研访谈中也感受到他们对于本族文化传承中断的担忧,毕竟这一群体的知识储备较多,技能水平相对较高,并且具有传承的积极愿望,也就是说这一群体的传承能力是最强的。反观青壮年一代,外出务工者居多,这一群体曾经在长辈的影响下参与各种传统体育活动,具备一定的传承能力,但离开家乡后长时间缺席各种家族活动,其传承能力也逐渐丧失,而他们的后代即使不随同父母到大城市居住,也极有可能成人后以求学或外出务工的方式离开家乡。基于上述分析可见,西南地区少数民族传统体育文化面临着传承群体整体数量减少和传承能力代际递减的困境。

（二）传承场域建设力度亟待加强

从本研究进行的社会调查结果来看,在少数民族传统体育文化传承场域方面,绝大多数调查对象都认为"特定场域"比"自然场域"更加有助于提高传承效果。此处所谓的"特定场域"是指开展传统体育活动需要在条件相对较好的专用场地,而"自然场域"是基于某些少数民族传统体育开展对场地要求不高而提出的。从结果分析来看,之前开展传统体育可以因地制宜,除运动项目对场地要求不高之外,也与人们的生活水平、体育需求和诉求不高有关。然而,近年来西南地区少数民族地区的情况发生了很大改观,国家一系列扶持政策极大推动了当地经济、社会、文化的开放和发展,日益便利的交通条件使当地的农副产品远销外地,精准扶贫等重大战略性举措改变了原有贫穷落后的面貌,国家对于传统文化的保护使当地民族文化繁荣发展。少数民族地区居民物质生活条件改善之后,对于自身健康、娱乐休闲、社会交往等方面的精神需求日益增长,体育需求也随之增长,出于民族情结和习惯,本民族传统体育作为健身娱乐方式成为首选,对于场地的要求也逐渐提高。因此,从总体情况来看,西南地区少数民族传统体育文化的传承,需要加大力度弥补硬件设施方面的短板,根据当地群众的传统体育项目需求,建设一定数量的专用场地,会无形中提高居民参与传统体育的积极性和主动性,少数民族传统体育文化传承群体数量也会不断增加,传承效果也就相应地提高。

（三）新传承媒介的使用程度偏低

文化的传承不能凭空实现,需要借助于一定的传承媒介。所谓媒介有多种解释和定义,"凡是能使人与人、人与事物或事物与事物之间产生联系或发生关系的物质都是广义的媒介"①。这一解释明确了媒介的物质属性,同时也言明了媒介是发生关系的基础,文化的传承主要发生在人与人之间,但需要一定的媒介。美国著名传播学家施拉姆认为"媒介就是传播过程中,用以扩大并延伸信息传送的工具"。这一定义给出了媒介的作用和工具属性,与文化传承的需求基本吻合。结合少数民族传统体育文化的一般特征和特殊性来看,语言、身体、文字、影像是最为常用的传承媒介,尤其是语言和身体,是过去相当长一段时期少数民族传统体育文化传承使用频率最高的媒介,文字次之,影像则出现得更晚。需要指出的是,任何一种传承媒介都有优势和不足,借助语言和身体,可以快速有效地进行基本知识和技术技能的传授,传者不仅可以通过语言描述向承者传输信息,也可以借助于身体示范,使承者学会相关技术和技能,具有很高的传承效率,但相关信息的时效性太强,不容易留存。文字和影像则弥补了语言和身体的不足,可以把相关信息保存时间极大延长,缺点是没有身体示范的直观和形象。

总之,任何一种传承媒介的出现,都与所处的时代背景和社会发展密切相关。在社会发展进入互联网时代和新媒体时代的情况下,反观西南地区少数民族传统体育文化的传承媒介,其使用还相对保守,未能全面借助新时代背景下的传承媒介,基于互联网出现的 SNS、IM、博客(微型博客)和门户等多种新型的信息载体为文化传播提供了更宽广的媒介平台,网络媒体具有信息传播范围广、信息量大、保存时间久、成本低和感官性强的优势。进入自媒体时代,信息传播方式更加多元化,随之而生的微博、微信、抖音、快手等等都成为信息传播的新平台。西南地区少数民族传统体育文化的传播和传承,在与新媒体接轨方面还缺乏实践,在新媒介的使用方面还需突破传统媒介的使用习惯。

① 媒介.百度百科 [EB/OL].https://baike.baidu.com/item/%E5%AA%92%E4%BB%8B 2018-09-20.

（四）传承内容筛选缺乏客观标准

文化传承是一项复杂的系统工程，从理论上讲需要一定的标准来确保传承内容是否严谨和规范，否则很难保证传承效果。按照本研究对西南地区少数民族传统体育文化传承机制的理论设计，传承内容的筛选需要从完整性、系统性、合理性、有效性4个方面进行。所谓完整性是指传承内容中既要包括少数民族传统体育文化的基本知识（历史起源、演变过程、基本特征、具体内涵等），也包括基本技术（活动方式、技术规范、技术要领等）和技艺（器械制作要求、工具、工艺、规格、注意事项）等；系统性是指传承内容在完整性的基础上保持基本知识和基本技术的比例平衡，且体现难易程度的递进性、传授时间分配的科学性和接受者掌握情况的把握性；合理性主要是指传承方式方法、传承媒介、传承时间、传承环境等是否有助于提高传承效果；有效性主要指向传承效果，即承者对传者传达信息的接受程度，表现为基本知识是否领会和基本技术、技艺是否熟练掌握。

然而，现实情况却是传承内容不明确、不成体系、筛选标准粗放且主观。这种现象普遍存在的原因如下："传者"的筛选困难，且标准缺失，也未能得到官方的身份认可，传承的责任不明确；"传者"文化水平相对较低，没有筛选传承内容的意识和能力，只能基于经验来随机主观地拣选内容；传承内容没有文本留存，凭借记忆或经验来确定传承内容，容易出现遗忘或遗漏；整个传承过程缺乏保障，包括制度性的约束、经费支持、时间限定等都没有相对固定的要求，除了学校中教师和学生、教练和队员，传承基本上是一种随机和随意的状态。因此，西南地区少数民族传统体育文化的传承，首要的工作是制定相对科学合理的标准来确定每种类型传统体育文化的传承内容，否则难以保证传承过程的完整性和传承效果的有效性。

（五）内外传承环境亟须整合优化

文化传承不仅需要传承主体、传承场域、传承介质和传承内容,也需要一定传承环境作为保障。毕竟所有文化的生成、演变和传承都是在一定的环境中进行的,正如费孝通先生所言:"文化是脆弱的,如果脱离了它生存的文化圈将会走向灭亡。"①此处的文化圈也是一个包括了文化环境的概念。从西南地区少数民族传统体育文化的传承情况来看,本研究认为其传承环境包括内部环境和外部环境。所谓内部环境是指少数民族传统体育文化的历史、基本特征、基本知识、活动方式、内容、难易程度、基本内涵、技术或技艺等等,即作为一种传统文化而不可或缺的基本内容;而外环境是指传统体育文化传承和发展所依赖的自然环境、社会环境和文化环境等,既包括源生地的植物植被、动物、地理条件、气候特征等,也包括当地政治、经济、宗教、文化、教育等社会因素。

从当前西南地区少数民族传统体育文化发展的现实情况来看,内部环境和外部环境以及两种环境的整合方面还存在一定的问题。首先,在内部环境方面,有些少数民族传统体育文化的基本内容不够具体和明确,基本知识因缺乏系统性整理而处于碎片化状态,历史脉络也因缺乏梳理而不清晰,基本的活动方式和规则也不统一,文化内涵不够明确和具体,技术环节缺乏归纳而不成体系,器材制作技艺基本停留在经验阶段而未形成文本。由于内部环境方面存在的一系列问题,少数民族传统体育文化在外部环境发生变化的时候,自我调适能力不足,不仅不能充分利用好的外部环境推动发展,反而外部环境的变化会对其发展传承带来冲击。无论如何,传承环境对于少数民族传统体育文化至关重要,2018 年 7 月 30 日,中共中央办公厅国务院办公厅印发的《关于实施中华优秀传统文化传承发展工程的意见》也指出,要"推动形成有利于传承发展中华优秀传统文化的体制机制和社会环境"。因此,只有在其内部环境上进行系统化的优化和完善,并结合不同时代的外部环境,实现内部、外部环境的整合,才能更好地

---

① 韩晗.期待原生态回归 [J].民族论坛,2007(1):19-20.

促进传统体育文化的有效传承和良性发展。

四、保障机制维度

（一）制度的出台与实施存在落差

文化的传承和发展离不开制度的保障，毕竟制度是作为一种规范和准则存在的，否则相关工作的开展就没有依据。西南地区少数民族传统体育文化的传承也同样离不开制度保障。在以往文献中多次看到关于"加强制度建设"或"制度不完善、不健全"的提法，但通过梳理不难发现，我国出台的很多制度都可以作为制度性依据来促进少数民族传统体育文化的传承，如《全民健身条例》《"健康中国2030"规划纲要》《关于加强和改进新形势下民族工作的意见》《全民健身计划（2016—2020年）》《"十三五"促进民族地区和人口较少民族发展规划》等，都有涉及民族地区传统体育发展的相关内容。此外，2017年1月26日，中共中央办公厅国务院办公厅印发的《关于实施中华优秀传统文化传承发展工程的意见》《国务院办公厅关于加强我国非物质文化遗产保护工作的意见》（国办发〔2005〕18号）和国家体育总局、国家民委联合印发的《关于进一步加强少数民族传统体育工作的指导意见》等，都是从国家层面对民族传统体育文化发展的制度支撑。

大量制度出台与实际问题得不到解决之间，似乎更多地把责任归咎于制度层面，其实每个制度或意见的基本内容和精神传达都是相对完善的，总体都是为了推进少数民族传统体育事业的不断发展。在本研究看来，制度保障方面存在两个问题：一是国家制度与地方制度的衔接不够紧密；二是制度中较为宏观的内容在实际实施的过程中存在落差，即地方行政部门可能更希望出台具体化的、可操作性的实施意见，以便更好地保障制度的落地和有效实施。因此，西南地区少数民族传统体育文化的传承，一方面要积极寻求国家制度层面的依据，在实际工作中大胆创新；另外，出台与制度相配套的指导性实施意见或许更具实效。

（二）经费来源渠道需进一步拓宽

本研究针对西南地区少数民族传统体育文化传承的限制因素进行了社会调查，其中，活动经费是一个主要因素。同时也对经费来源渠道进行了调查，结果显示"政府支持"是最主要的来源，而"个人捐资"和"族内募集"的经费只占很小一个比例。透过这一现象可以看出，西南地区少数民族传统体育活动的开展，对于政府投入具有较强的依赖性。究其原因有以下几点：第一，过去传统体育活动依附于家族仪式开展的情况随着家族制的消解而结束，"族内募集"活动经费的情况已鲜有存在。第二，由于西南地区整体经济发展水平相对落后，"个人捐资"这种情况在某个家族性活动之中偶然出现，但也并非是单纯资助传统体育活动的开展。第三，西南地区少数民族传统体育活动大都是集体性的，相关活动的组织需要投入较多的活动经费，且需要调动其他社会资源，因此，各种展演性的活动或竞技性的比赛活动都需要政府部门组织。第四，少数民族传统体育节庆活动或竞技赛事的产业化程度不高，除了西藏赛马节、云南景谷陀螺比赛、贵州台江独木龙舟节等少数政府打造较为成功的赛事有企业赞助之外，大多数的传统体育活动还未形成规模和影响，还不具备自我"造血"功能。然而，从长远来看，西南地区少数民族传统体育的传承和发展如果过度依赖政府投入资金，整个传承过程就不能实现常态化，需要在经费来源渠道上进行拓展。

（三）传承活动普遍缺乏时间保障

从社会调查的结果来看，我国西南地区少数民族传统体育活动的开展和传统体育文化的传承活动，都普遍存在缺乏时间上的保障。然而，时间是传统体育文化传承的基础，虽然没有相关的标准作为参考，但从传统体育知识积累和动作技能掌握的角度来看，都需要一定的时间作为保障。分析时间保障的缺乏致因，主要有以下两点：第一，西南地区少数民族传统体育文化的传承依赖于集体组织。很长一段时期内，少数民族传统体育活动都相对集中地出现在村寨的集体活动中,其中以民族节日最为明显,但节日基本上都是一年一度,即使一年中有多个传统节日,也未必都开展同样的传统体育活动;此外就是政府组织的竞技比赛,也基本上是一年一度,甚至是两年举办一届,这种情况是缺乏时间保障的原因之一。第二,由于多数地区体育社会组织未建立起来,广大民众自发开展的健身活动或展演活动也就难以常态化开展,并且这种自发性的活动开展也存在人员不稳定的情况,加之天气、场地等客观因素的影响,时间缺乏就成为自然而然的事实。但是,少数民族传统体育文化传承本身就是一个相对漫长的过程,需要一点一滴地积累,如果时间间隔太久或者中断时间过长,都不利于基本知识的积累和技术技能的掌握,因此,保证足够的参与时间是西南地区少数民族传统体育文化传承的一个挑战性问题。

（四）传承者的利益难以保持平衡

文化传承是一个群体性的社会活动过程,但个体的力量也不容忽视,众人力量汇集才能推动传承链条的转动。作为文化的传承者,从理论上讲是有传承本族文化责任的,但现实中却不可避免的从人的角度去考虑利益的问题。此处所谓的利益,并非狭义上的物质层面,而是指在参与传统体育活动过程中个人想要获得的一种"益处",抑或是物质层面、情感层面,抑或是社会交往层面和自我实现层面,即个体利益。与个体利益相对的概念是集体利益,两者在本质上是一致的,并且两者在绝大多数情况下不会有冲突或矛盾,毕竟个体利益是集体利益的基础,集体利益是个体利益的保障。从西南地区少数民族传统体育文化传承的角度来看,个体利益表现为传承者在参与传承过程中所期望获得的物质、健康、交往、娱乐、休闲等个人利益回报,而集体利益则主要是指家庭收益、家族利益和族群利益,具体表现为家族文化和族群文化的传承与发扬。两种利益在现实中谁先谁后是一个关乎传承行为发生的驱动因素,即传承者个体只有在获取一定个人利益或回报的情况下才能发生传承行为,促进传统体育文化传承的这种集体利益才能实现。但面对成千上万的个体,其个人利益需求是多元化且不稳定的,如何满足传承个体的现实需求,在个体利益和集体利益之间寻求平衡点,是一个不得不面临的挑战。

（五）民族传统文化的承载力欠缺

尽管文化周期理论中认为文化从起源到消亡是一个必然过程,但存续能力是与文化自身的内涵密切相关的,纵观我国传统文化,书法、国画、相声、诗词、民族戏曲等,无不是因为饱含了中国传统文化精髓而传承至今。反观传统体育文化,但凡是与民族宗教、传统节日、习俗等融合在一起的项目,如武术、围棋、射箭、龙舟等,其传承时间就相对较长;反之以娱乐、休闲为主的如蹴鞠、马球、捶丸等项目,仅在某个历史时期内繁盛。从少数民族传统体育文化的情况来看,多数体育项目在民族传统文化内涵的承载方面还不够,总体呈现扁平化的样态。此类项目或许是因为过去与人们生活比较贴近而存在和传承,但在社会变迁和转型加速的背景下,少数民族传统体育项目还需要进一步在传统文化内涵的发掘方面努力,与节日、信仰、艺术、道德、法律、习俗、习惯等融合发展,不断提高传统文化的承载能力,使内涵逐渐丰满和厚重,才能具备存续和传承的后劲。

五、反馈机制维度

（一）传承效果反馈回路未形成

文化传承是以最终效果为导向的,各种制度保障、经费投入、人员支持等方面的措施都旨在促进良好的传承效果。然而,从西南地区少数民族传统体育文化的传承情况来看,由于反馈机制还未真正意义上形成,直接影响了传承效果的评测,也导致其传承效果的反馈回路不完整。现实的情况是,国家和地方政府针对传统文化的保护、传承和发展进行了投入,举办了各种形式的表演活动、竞赛活动,建立了部分少数民族传统体育文化传承基地、少数民族传统体育训练基地和少数民族传统体育示范学校等,其政策指向无非是传承的实际效果。在调研中发现,各相关部门基本完成了传承链条的多数环节,最后的效果反馈尚缺乏制度性的规定和周期性测评。虽然文化的传承是一个周期性相对较长的过程,但必要的效果反馈还是具有重要的意义,否则就很难查找以往工作中存在的疏漏或不足,也就不能对现有的政策或措施进行调整和优化。因此,建立西南地区少数民族传统体育文化传承的效果评价体系,明确评价指标,形成信息反馈的完整回路,是各项传承工作不可或缺的内容和环节。

（二）传承效果评价实施者缺位

西南地区少数民族传统体育文化的传承效果评测是必不可少的环节,但传承效果评价的实施者目前还是处于缺位状态。诚然,少数民族传统体育文化的内容较为丰富,类型划分上也没有严格的标准作为参考,而传统体育的某些活动既可以归为体育工作,也可以列入文化工作,甚至有些舞蹈类还可以归为艺术部门工作范畴。种种因素导致少数民族传统体育工作在政府行政部门的归属不统一,尤其是市、县级表现得更为明显,有些地方的少数民族体育工作归体育局管理、有的则由文化局管理,西南地区行政工作划分也存在文化、体育、旅游合并办公的情况。因此,少数民族传统体育文化传承各项工作分属不同的部门管理,在工作过程中存在一定的交叉,分工不明确也直接导致责任模糊,进而导致传承效果评价实施者缺位的现实境况。而传承工作的整体推进、传承评价内容的确定、传承效果评价的标准等也就无从谈起。

（三）传承效果的评价内容模糊

基于前面对于传承效果反馈回路的分析,与之密切相关的是要明确西南地区少数民族传统体育文化传承效果评价的内容,即解决评价什么的问题。首先,传统体育文化的传承需要一个较长的周期来完成各个环节的有效连接,正是因为周期长,更应该分阶段进行传承效果评价。其次,传统体育文化的传承内容,需要根据不同地区传统体育的特点,以完整性、系统性、合理性和有效性 4 个方面为内容框架进行评价内容的论证,制定更为具体的二级、三级评价指标,建立相对完整的评价指标体系,采用定性和定量相结合的形式来评测传承效果。传承内容和评测指标的确定,不仅可以从整体上了解和把握传承情况,也为传承实施者提供了具体工作的指引,从而避免相关工作浮于表面、流于形式。

(四)缺乏传承效果的评价标准

鉴于西南地区少数民族传统体育文化传承效果评价的必要性和重要性,在建立评价制度、确定评价实施主体和明确评价内容的基础上,应当制定传承效果的评价标准,否则评价工作就无所依据。关于这一点,本研究在提出的西南地区少数民族传统体育文化传承机制理论框架中有所涉及,即评价标准可以将传承主体、传承内容、传承过程和传承效果 4 个方面作为基本框架,在传承主体方面以人数变化情况、技能水平掌握情况、参与的时间长短和参与频率的高低为体现指标;在传承内容方面考察完整性、系统性、合理性和有效性;在传承过程方面重点考察其完整性,同时明确是集体组织还是个人随机参与;最后,在传承效果的体现方面,重点围绕知晓度、参与度、认可度、自觉度 4 个维度考察受众的认知情况,同时将传统体育文化的传播面作为考察点,旨在了解其传承对象的范围。当然,以上只是制定评价标准的参考维度,至于哪些指标该定量体现,哪些指标该定性评价,都需要进一步的论证。

(五)传承效果评价的制度缺失

制度,是一个并不陌生的概念,狭义上是"指一个系统或单位制定的要求下属全体成员共同遵守的办事规程或行动准则"[①]。不难看出,制度具有一定的强制性和规范性,某种意义上还使人的

---

① 制度.MBA 百科 [EB/OL].https://wiki.mbalib.com/wiki/%E5%88%B6%E5%BA%A6 2018-04-06.

行为方式得到一定的约束,可以为完成任务或目标提供保证。从基本功能的角度,制度具有社会协调和整合作用、界定权利边界和行为空间、促进经济效率和实现资源分配、提供物质资源和精神价值保障及激励等方面的功能。可以说,制度在人和团体的社会活动中是不可或缺的。然而,从西南地区少数民族传统体育文化的传承情况来看,其整个传承过程缺乏信息反馈,其中最重要的原因是缺乏制度保障。在各种文献和调研考察中发现,相关的制度性文件中未见到关于传承效果评测的内容,从而使传承过程的反馈环节与其他工作脱节,最为直接的反映和体现是整个反馈机制的缺失。这一问题在之前的相关研究中鲜有涉及,更多的问题指向于传承人的认定、传承危机的表现与消除、传承模式的改革、传承方式和路径的探索、传承策略等方面,传承效果与评价、传承反馈机制等问题无人涉足,而更为具体的传承效果评测和制度设计也基本处于空白状态。某种意义上讲,制度不仅是行为方式的约束,同时也是一种准则,制度缺失是一个关乎行为方式是否合理和有效的重要问题,西南地区少数民族传统体育文化传承效果评价的制度建设和完善问题亟待解决。

综上所述,西南地区少数民族传统体育文化传承机制剖视具有两方面的所指,一是对西南地区少数民族传统体育文化传承情况的回望,旨在梳理、总结、发现其中存在的问题,并将其进行理论维度的分析和论证,找出客观存在的一般性规律,但由于时间跨度过大,对某些问题的分析也只能借助于文献,难免疏漏。二是通过分析西南地区少数民族传统体育文化的传承情况,从本研究提出的传承机制框架维度进行铺垫性研究,为调适和优化西南地区少数民族传统体育文化传承机制提供支撑。

第六章 西南少数民族传统体育文化传承机制的调适与重构

在社会转型和变革加速的背景之下，以传统为表征符号的传统体育文化，其发展的脚步与社会发展速度出现了不同程度的"错频"。西南少数民族地区人民的生活水平大大提高，交通条件大为改观，现代化发展大步前进，人们的观念也越来越开放，在生存和生长环境都发生了翻天覆地变化的大背景下，传统体育文化的存续和传承陷入了困境，之前沿用百千年的传承机制走在了落伍退出和转型发展的交叉路口。面对现实，进行基于传统的调适和重构，或许是一个明智之选，以可持续发展目标为指引，调整过去传承过程中"不合时宜"的内容，找出导致"落伍"的短板进行补缺，形成一个与人们需求和社会发展相契合的传承机制，是一条通往民族传统体育文化繁荣发展的康庄大道。

第一节 西南少数民族传统体育文化传承机制的调适

所谓"调适"，乃"调整使适应"之意。西南地区少数民族传统体育文化传承机制的调适，首先要明确"调"什么？其次要明确与什么相适应？这两个问题是论述和探讨的原点。本研究的立论依据是发现西南地区少数民族传统体育文化由于多重因素的影响和限制而总体处于发展的瓶颈期，在种种发展困境中，不能有效传承是最为核心的问题。为了解决这一问题，需要对传承的整个过程进行梳理，找出各个环节存在的不足之处以及致因，这就是本研究的主题——传承机制。然而，西南地区少数民族传统体育已经传承了成百上千年，理所当然的已形成了各自的传承机制,姑且称之为"传统的传承机制"。而此处所谓的"调",其对象就是过去已然形成的"传统的传承机制",具而言之,就是针对其存在的问题进行调整,所依据的是本研究反复论证后形成的"西南地区少数民族传统体育文化传承机制理论框架"。而"调适",是与什么相适应呢?总体而言,对于"适"的期望是西南地区少数民族传统体育文化的传承和发展与人的需求相适应,即满足西南地区乃至全国范围内人们对于传统体育文化的需求。然而,需要言明的是,人们对于传统体育文化的需求是基于社会、政治、经济、文化、宗教、教育呈动态变化的,既具有时代性特征,也具有地域性差异。概言之,西南地区少数民族传统体育文化传承机制的调适,就是对过去形成的传承机制进行调整,使其与现代人们的传统体育文化需求更加相契。基于上述考虑,本研究拟从基本思路和具体措施两方面进行阐述,基本思路旨在明确调适的基点和总体方向,而具体措施主要从实践层面着眼,从驱动机制、实施机制、表达机制、保障机制和反馈机制 5 个方面展开,提出具有一定操作性和现实指导意义的措施,进而促进西南地区少数民族传统体育的重构。

一、调适的基本思路

(一)尊重历史:以演变历史为纲,探求调适策略

"以史为鉴,可以知兴替"。历史不仅可以让人知过往,也可以观照当下。西南地区各民族都有着久远的历史,如西藏自治区藏族历史悠久,有考古学证据证明在距今 14000 年和 8000 年之间的中石器时代就有人类在西藏居住,应该是藏族的祖先;主要分布于四川省的羌族也是一个古老的民族,史料记载,羌族的祖先——古羌人早在秦朝之前就存在;世代聚居于四川、贵州和云南的彝族,也是个古老的民族,史书中常见的"越嵩夷""劳浸""靡莫""叟"和"濮"等部族,就是古彝族的称谓,在 3000 年前已广泛分布在我国西南地区。厚重的历史为西南地区各民族的传统

体育文化注入了内涵和底蕴,对其传承机制的研究也应循着民族历史发展的脉络进行,在变迁和演变的历史中找寻民族传统体育文化传承和发展的印记,会在很大程度上使我们从整体上了解其特色形成的背景,也会让我们更好地把握其传承的内在规律和基本特点。因此,西南地区少数民族传统体育文化传承机制的调适,要回到漫长而厚重的历史之中,通过对演变历程的梳理,可以探寻传统体育文化在不同历史时期的样貌和特点,以及其存在与当时社会政治、经济、文化背景之间的关联,在纵向的回望和横向的勾连中可以让我们站得更高,从而以相对完整和客观的态度对待其传承机制的调适问题,唯此,调适策略的得出才能有根基,才能更好地观照当下,才能更好地预见未来。

(二)重视传统:以文化传统为脉,创新调适路径

"传统",泛指"历史沿传而来的思想、道德、风俗、艺术、制度等"。在英文体系中,"Tradition"(传统)来源于拉丁语的"Traditio",乃"传承"之意,其含义包括:代代相传的、以口授为主的习俗、信仰;风俗和习惯;宗教派别(教派),或具有共同的历史、文化、习俗和基本教义[1]。可见,传统本身就有传承之意,传承是传统形成和存在的基础。西南地区少数民族传统体育文化之所以赓续至今,与其内在的"传统"关联绵密,这种传统虽然是一种抽象的存在,但从基本内涵上可以表述为民族特质、民族风貌、民族文化、民族历史和思想观念的统称,具体表现为民族信仰、民族习俗、民族节日、语言、文字等,可以说,"传统"在一定意义上是各民族传统体育文化的精华所在。因此,西南地区少数民族传统体育文化传承机制的调适要足够重视传统,将文化传统作为民族传统体育文化发展的轴线,在此基础上探寻调适的具体路径。具体有以下两方面的意涵:其一,西南地区少数民族传统体育文化"内部传统"的自我调整。伴随传统一路走来的并非只有

---

① 传统.维基百科[EB/OL].https://zh.wikipedia.org/wiki/%E4%BC%A0%E7%BB%9F 2019-5-17.

菁华,传统体育文化演变和传承的漫长过程中,在显性的文化载体——传统体育活动方面,存在开展方式、规则、规范方面的地域性差异,虽然这是少数民族传统体育"原生性"特征的表现,但从传承的角度看,即使是族内传承也容易导致认知上的偏误,相对统一的开展方式、比赛或游戏规则以及器材方面规格的一致都会有助于其传承;在隐性的精神层面,有些传统体育文化还有封建迷信、巫术、鬼神之类的成分,这种类型的成分可以谓之"糟粕",有必要在内部进行消除。其二,西南地区少数民族传统体育文化的"传统性"与外部环境"现代性"的协调。"传统性"是民族传统体育文化的核心和精髓,但作为一种文化,最终要达到的目的是与人的需求"同频共振",保持传统并非无条件的全部接纳吸收,应根据不同历史时期社会发展和人的发展而进行调整。在社会现代化进程加快推进的背景下,西南地区少数民族传统体育文化的传承和发展要跟上时代步伐,要适应社会变迁和人的观念改变的现实,否则"传统"也只能步步落伍,从而淡出人们的生活,其存在价值也就逐渐消失。

（三）调整为主：着眼于去芜存菁,优化传承机制

西南地区的各个民族已经在此繁衍生息了千百年,一山一水、一草一木都见证并滋养着民族传统文化的生成和发展。西藏草原地区孕育了游牧文化、山地林区催生了狩猎文化,贵州江河流域培育了舟楫文化,云南山地地区则孕育出农耕文化,不同类型的传统文化都沿着各自的模式和方式在历史长河中浩浩荡荡地流传至今,形成了一种具有惯性的传承机制。各民族的传统体育文化也是如此,与其他类型的民族文化一同变迁、演变和发展,形成了独特的存在方式和传承方式,有的依赖于宗教文化,有的依赖于节日文化,还有的存在于民族的风俗习惯之中。

各民族的传统体育文化能够以自己的方式传承,固然可以说明其本身已具备了一定的适应能力,但任何一种文化的传承都并非完美无缺,意即每一种传统体育文化的传承机制都存在一定程

度的不足。本研究关于西南地区少数民族传统体育文化传承机制的调适,无意改变已经流传千年的传承机制,只是试图结合当前社会发展和时代变迁的大背景,对各类传统体育的传承机制进行理论层面的梳理,按照初步构建的理论框架进行对照分析,从更为具体化的驱动机制、表达机制、实施机制、保障机制和反馈机制5个方面进行剖视,通过相互比对发现每一种类型传统体育文化传承方面存在的问题,以"去芜存菁"为宗旨,以"互相借鉴"为目的,通过基于传统的调适,使西南地区少数民族传统体育文化的传承机制得到优化和完善,从而为其传承和发展提供些许助力。

(四)查漏补缺:理论与实践结合,进行短板补齐

虽然西南地区各民族的传统体育文化都形成了一定的传承机制,但从其传承和发展的情况来看,还是存在一系列不尽如人意之处,否则各民族的传统体育文化传承就不会出现如此多的问题。如西藏林芝地区的特色传统体育项目——"响箭",其所用的"箭头"传承较好,不仅保留了传统,还在原来的基础上进行了适当创新,但在弓和箭的传承方面过度现代化,"传统竹制弓箭因其张力、形制、审美和准确性等方面的原因,逐渐被现代材质的弓箭所代替"[1],"在箭方面也有现代化的元素融入,传统的竹制箭杆也被做工精细、杆形匀直、质地硬实、弹力上佳、抗冲击性强等优点的'高品质铝、玻璃纤维'取代,常用的箭是韩国制造的'现代'牌(HYUNDAI)"[2]。可以看出"弓"和"箭杆"的传承和发展中出现了一定程度的"传统"元素遗落或丢失,长此以往,传统弓和箭杆的制作工艺则渐渐失传,仅仅依赖于"箭头"的传统,难以支撑整个项目的传统价值。类似的例子还有贵州"独竹漂",之前所用的"楠竹"被复合材料制成的"人造竹"取代;云南文山州传统体

[1] 杨建军.藏族工布响箭的生产性保护研究[J].西藏民族大学学报(哲学社会科学版),2016,37(6):128-134.
[2] 韩玉姬,韦晓康,王洪珅.藏族"响箭"文化生态剖释[J].青海民族大学学报(社会科学版),2019,45(1):113-119.

育项目"吹枪",在训练基地和各级学校,训练和教学所使用的"吹枪"均为改造后的单管吹枪,木(竹)质且有枪托的传统"吹枪"几乎未见使用,这种情况很难保证传统体育项目的传统价值。此外,本研究通过社会调查发现,西南地区各民族的传统体育文化传承机制中,普遍缺乏反馈机制,也在很大程度上反映出传统的传承机制在理论层面还存在一定的"短板"。因此,对待延续至今的传统体育文化传承机制,既要尊重其存在历史和基础,也要以客观的态度进行分析和审视,从理论层面和现实层面以及两方面结合的层面去认真分析每种传承机制客观存在的"短板",通过调适或重构进行补齐,既具有理论意义,也可以更好地服务于实践。

（五）达善臻美：采借"他山之石",完善传承机制

"他山之石,可以攻玉"。西南地区少数民族传统体育文化传承机制的调适,一方面要对少数民族传统体育文化的起源、历史、特点、变迁、变异、价值等进行较为全面的梳理和把握,将少数民族传统体育置于原生环境之中去进行审视,同时还要从当下及未来发展趋势的角度去分析社会环境的影响,如此才能更好地对传承机制的内容和构成进行调整。另外,也要借鉴相关理论来调适传承机制,如有专家从"传承场""文化认同""非物质文化遗产""文化自信"等角度研究了民族传统文化的传承问题,提出了很多有价值、有意义的观点,这些都可以作为调适传统体育文化传承机制的借鉴。此外,社会科学领域的一些相对成熟的理论,例如,"互动仪式链理论""社会资本理论""记忆理论""文化生态理论"等,其中的部分内容对于文化的传承和发展都有重要的参考价值:互动仪式链理论可以让我们看清民族仪式性活动的情感互动本质,社会资本理论认为的"可以通过信任、规范和社会关系网络等来规范组织成员的行动,并提高社会效率"[1],可以从

---

① 罗伯特·帕特南.使民主运转起来[M].王列,赖海榕,译.南昌:江西人民出版社,2001:159.

社会资本的角度解释少数民族传统体育文化传承和发展问题；从记忆理论的角度来看，"传统文化就是一种集体记忆形式，它既通过代际间的交往记忆得以传承，也通过文化记忆形式——即通过某种经典化或仪式化的行为方式，将对过去的不断重构与现实的实践牢固地连接在一起，引导'过去'进入'现在'"①，少数民族传统体育文化的传承可以从集体记忆的角度找到更多思路。以上视角和理论是研究传统体育文化传承的"他山之石"，唯有适当借用，方能提出具有多角度、多维度和多元化的调适策略，西南地区少数民族传统体育文化的传承机制才能得到进一步的优化和完善。

二、调适的具体措施

（一）驱动机制：由"分散"型调整为娱乐休闲和竞技竞赛"双重"驱动

很长一段历史时期内，西南地区各民族的传统体育文化存在多种驱动方式，在不同的历史阶段和不同的地区，其驱动方式也有一定的差异性。在古老的原始社会，传统体育活动并未分化，而是作为捕鱼狩猎、攀爬采集的生产性活动，获取物质生活资料是最重要的驱动；随着部落争夺资源而起的各种冲突，使骑马、射箭、射弩等项目服务于军事或战争，保卫家园、抢夺资源是主要的驱动因素；在原始宗教活动中，传统体育以身体活动的方式达到"娱神"的目的，寄托和表达群体情感是主要的驱动因素……随着人类社会的不断发展，上述传统体育文化的驱动因素和驱动方式，大部分继续存在于奴隶社会和封建社会，但大多都是与家族性的集体仪式和节日庆典糅合在一起的，传统体育文化是以其特有的身体活动服务于家族性活动，表达集体情感和遵从家族文化、宗教文化是主要的驱动因素，整体表现为"分散"型状况。社

---

① 唐忠毛.记忆理论视野中的文化传承问题[J].南京大学学报（哲学·人文科学·社会科学），2017，54（6）：63-69＋156.

会发展带来的生产力水平提高和物质生活资料的充足,使传统体育的分化趋势越来越明显,出现了各种游戏类、休闲类的传统体育活动,而之前用于军事战争的猎杀性活动也逐渐转型,要么成为狩猎的工具,要么转型成为娱乐性活动。如射箭、射弩在一定程度上保留了生产性和军事性特征,而"板鞋竞速"的原型——板鞋,是明朝用以训练士兵团结精神和协作意识的工具,后来逐渐演变为一种娱乐性传统体育活动。综上可见,各民族的传统体育活动伴随社会的变迁和发展传承至今,其存在形式和社会功能也在不同的历史阶段发生了多次转变,其驱动因素也呈现出鲜明的历史特征和区域特点。

改革开放以后,西南少数民族地区社会发展迅速,整体生活水平大幅提高,人们的精神生活需求日益增长,传统体育文化传承的驱动因素也发生了巨大变化。之前处于对家族文化和宗教文化的遵从而参加传统体育活动的驱动力已经逐渐减弱,民族节日庆典中的娱乐休闲逐渐成为人们参与传统体育活动的动因,此外,越来越多的民族传统体育赛事也促进了人们参与传统体育活动。鉴于此,西南地区少数民族传统体育文化传承机制的调适,主要是要根据社会发展的现状与趋势,以及人们对于传统体育文化的现实需求进行调整,使其与社会发展同步,与人们的需求契合。具体调适措施如下所述。

（1）从"娱神"转向"娱人",挖掘并适度发挥娱乐休闲价值。西南地区各民族传统体育活动丰富多彩,其中有一部分是从"神坛"走来,长期都依赖于宗教、祭祀、节庆的仪式性活动而存在和延续,所发挥的都是"娱神"的社会功能。随着社会文明程度的不断增强,年轻一代接受了现代化教育之后观念也发生变化,对于那些带有封建迷信色彩的集体活动有了新的认识,不再像长辈那样虔诚地参与其中。此类传统体育文化的传承必须通过调整,与新时期的社会背景和人文背景相适应,即实现从"娱神"到"娱人"的社会功能转变。典型实例是羌族的"跳莎朗",这种最具羌族特色的圆圈群舞,在商朝时期是"祭天"的祭祀舞,之后普遍用于羌族人祭祀白石神、太阳神的祭祀活动中。随着时代的发展和社会的变迁，"跳莎朗"也逐渐从"祭神"仪式中剥离，在丧葬、婚庆、节日中广泛开展，并以其多姿多彩的舞姿衍生出了忧事莎朗、喜事莎朗、祭祀莎朗、集会莎朗、劳动莎朗、礼仪莎朗等多种形式。近年来，羌族"跳莎朗"更多以娱乐休闲的方式出现在北川、茂县、理县的健身广场上，其健身、休闲、放松身心的社会功能开始展现，以"娱人"的方式走入寻常百姓的日常生活之中。随着当地旅游业的发展，茂县和理县的部分村寨依托羌族文化建立了各种"羌族风情园"，也组建了规模不一的展演团，其中"跳莎朗"是重要的活动内容。"茂县坪头羌寨的展演团规模相对较小，展演团现在只有18人，男性12人，女性6人；汶川萝卜寨现有的展演团有男性10人，女性20人；茂县的幸福牟托羌寨规模较大，展演团共有40人左右"①。而且，羌族"跳莎朗"已列入四川省第二批非物质文化遗产名录。通过羌族"跳莎朗"从"娱神"到"娱人"的传承和发展轨迹可以看出，作为传统体育文化，只有根据时代和社会背景变化进行自我调整，并适应新的变化才能实现有序传承和持续发展。

（2）从"田间"转向"赛场"，选择性的走竞技竞赛传承之路。作为传统体育文化，其竞技属性还是最为本质的特征，对于有条件的传统体育项目能够利用竞技比赛的平台实现传承目的，也不失为一种路径。尤其是近年来体育赛事的全面开花，为各民族的传统体育活动提供了广阔平台，竞技竞赛这条路径之所以可行，一方面可以使传统体育竞技性的特征得以保持和拓展，另外，竞技比赛可以吸引政府目光，经费、组织、人力、宣传等方面都可以通过行政途径得到保障。因此，对于具有一定竞技性的传统体育活动，通过竞技竞赛来驱动参与人群数量的增加、参与积极性的调动和传承长效机制的建立是现实可行的。有些民族传统体育项目从"田间"走向"赛场"，不仅有效促进了项目自身的转型，也

---

① 刘婷.羌族传统体育项目莎朗的挖掘整理与传承发展研究[D].成都体育学院硕士学位论文，2014：21.

在一定程度上为有续传承拓宽了路径。如西藏地区的"赛马",起初骑马只是生产生活中的一种劳动和交通工具,通过竞技比赛,形成了"当雄赛马会""那曲赛马节""江孜达玛节""天祝赛马节"等以"赛马"为主题的综合性节日,不仅促进了赛马相关产业的发展,也促进了当地的物资文化展示和交流,还促进了赛马传统的形成,对于赛马文化的传承和发展也具有重要的驱动作用。云南省文山州麻栗坡县董干镇马林村的"吹枪",也是竞技竞赛驱动之下从"田间"走向"赛场"的典型。"吹枪",俗称"盏炮",发源于云南省文山壮族苗族自治州麻栗坡县董干镇,具有几百年的历史,最早是作为一种生产劳动的辅助器械而出现的,主要用于守护庄稼时驱赶和击打鸟类、老鼠、昆虫等。随着社会的不断发展,传统"吹枪"逐渐转型,经过改良和完善规则之后,成为云南省少数民族运动会的正式比赛项目和全国少数民族运动会的表演项目;同时,作为一项源于民间的特殊技艺,被列入文山州和云南省非物质文化遗产名录。通过以上例子可以看出,竞技竞赛这种形式与当前的社会发展吻合度较高,作为西南地区少数民族传统体育文化传承驱动机制的调适方向具有经验可循,并且是具有现实操作性的路径。

（二）实施机制：传承模式由"单向型"调整为师徒制和师生制"双师型"

西南地区民族传统体育文化类型众多,通过多年的积累和传承,形成了多种类型的传承模式。综合分析各类传统传承模式,其特点可以归纳为两个方面:（1）集体无意识。多数传统体育文化的传承都是以村寨、家族集体性活动为依托的,广大民众多年来已经形成了参与集体活动的习惯,到了特定的时间就会不约而同地集聚,本民族的传统体育活动也作为一种习俗自然而然地开展,甚至不需要专人组织。透过这种现象,一方面可以看出习俗力量的强大,但另一方面也反映出广大民众的传统体育参与是一种集体无意识的状况,认为固定的时间参与传统体育活动是一种

"应然",而对于无形之中传承了传统体育文化的"实然"则没有主观认识。（2）非功利性。西南地区少数民族继承了先辈勤劳朴实的良好品质,待人诚恳、热情好客、质朴厚道等特质也反映在传统体育开展的过程之中。长期以来,人们参与村寨集会、邻里婚嫁、丧葬、民族节庆等各种集体活动,都是出于诚心和自愿,并非为了谋取个人利益。在有些节日开展诸如"赛马""摔跤"等传统体育活动时,广大族民还会捐出一部分物资或金钱作为集体活动的物质奖励,映射出了一种非功利性的民族文化特征。

　　然而,近年来传统文化的传承和发展陷入困境之后,上述情况发生了一定程度的改变。在联合国《保护非物质文化遗产公约》的号召下,各国积极响应,形成了"以政府为主导、法律意识为导向、资金投入为形式的传统文化传承与保护模式",之前集体无意识的自然传承正变成有目的、有组织的传承,非功利性也逐渐变成了利益优先的情况。首先,传统体育文化的传承正在有组织地进行,其目的一来是为了保护和传承,二来是作为一种民族文化资源进行产业化开发。典型的表现是非物质文化遗产方面,在政府行政推动之下,包括民族传统体育文化在内的传统文化走上了一条"非遗化"的道路,换句话说是一条"文化资源产业化"之路;此外,还有一种"文化产业专利化"的形式,即认定的传承人某种程度上成为传统文化资源的"专利人"。总之是一种有组织、有规划、有目的的行为,完全区别于之前的"集体无意识"。其次,功利性的追求。获取经济利益成为传统体育文化传承和发展的主要驱动,政府层面希望通过"非遗"申报打造地方文化名片,结合旅游产业进行开发,提高政绩和政府收入。在此背景下,传统体育文化的持有者——少数民族居民的传统观念也发生改变,其文化传承的功利性也得以激发,获取经济收入成为重要的驱动因素,具体表现为追求利益的"单向型"传承模式。

　　鉴于以上分析,本研究认为西南地区少数民族传统体育文化的传承机制,应当向"去功利化"的方向调整,规避利益冲突和"异化"现象,推行"双师型"的传承模式,即推行"师徒制"和"师生制"

结合的传承新模式。具体有以下几方面的所指：

第一，"双师型"传承模式可以缓解传统体育文化传承的主要困境。从当前西南地区少数民族传统体育文化传承面临的主要问题来看，"代际传承"受阻是核心问题，传承群体数量的减少和传承意识的消隐是主要表现。研究认为，通过"双师型"模式中"师生制"的实施，全面推进少数民族传统体育进校园工程，政府教育部门给予政策和经费方面的适当支持，对现有教师队伍进行再培训，使其掌握传统体育文化的基本知识和基本技能，通过文化通识课、体育课、课外活动、大课间、体育兴趣小组等形式，使民族地区小学和中学学生群体得到全面深入的教育，并建立考核、评价机制，借此缓解传统体育文化"后继乏人"的窘况。同时，通过"双师型"模式中的"师徒制"来解决传统技艺的传承受阻问题，政府文化和体育部门可以尝试推行"传承人培育工程"，将传统体育文化等传统技艺整理，发掘一部分掌握传统技艺的老师傅，开设民族传统技艺培训班，通过当地体育彩票基金的支持，扶持一部分年轻人前来"学艺"，同时对技艺的传承过程通过视频录像的形式进行保存，并进行文字材料的整理和出版，以此实现传统技艺的保存和"活态化"的传承。

第二，"双师型"传承模式可以有效避免传统体育文化传承的过度"异化"。如前所述，西南地区少数民族传统体育文化在"文化资源产业化"、传统文化资源"专利人化"、旅游开发"过度商业化"的趋势下，"异化"情况也相伴而生。面对新的发展困境，本研究认为"双师型"传承模式会有效规避上述现象，传统体育文化在学校的开展和传承只要措施得力，就不会出现"异化"现象，而"师徒制"也不同于过去磕头拜师成为入室弟子的情况，以保存和传承技艺为宗旨的活动基本属于公益性质，不会出现过度功利化和商业化的问题。再者，技艺传承群体数量的增多，不仅实现了传统技艺的有效传承，也在某种程度上规避了"专利化"独占的情况。

第三，"双师型"传承模式可以持续推行且有效保障传承效果。从西南地区少数民族传统体育文化的传承机制调试角度来看，之前那种"集体无意识"和"非功利化"的自然传承已经成为历史，大环境的改变也几乎不具备"重现"或"重塑"的可能。因此，传承机制向"双师型"传承模式调整，具有可操作性的同时，也会有效保障传承效果。毕竟"双师型"传承模式具有投入少、见效快、可持续的特点，既可以较快地缓解核心矛盾，也没有"异化"的风险。从本研究提出的西南地区少数民族传统体育传承机制理论框架的角度而言，"双师型"传承模式也更加合理。首先，驱动机制比较明确，即激发族民传统体育文化的传承意识和责任，从而激发积极主动的行为；其次，在实施机制方面采用"小班"传艺和"课堂"教学的形式，具体而有效；再次，在表达机制上也比较容易，传承内容的掌握情况和主观态度都可以集中获取；再者，在保障机制层面，有政府相关部门的制度、经费保障，也有民族文化的情结作为支撑；最后，在反馈机制方面可以更加容易地形成信息反馈回路，且补齐了传统传承模式反馈机制缺失的"短板"。

概言之，西南地区少数民族传统体育文化传承机制在实施机制方面的调适，一方面要在传统模式和长处的基础上进行调整，另外，要从现实问题出发，尽量规避矛盾问题。基于上述两点及上文的客观分析认为，"双师型"是一个值得各类传统体育文化借鉴和参考的传承新模式。

（三）表达机制：从以"内容"为核心调整为以"主体"为核心

少数民族传统体育文化是经过多年的历史积淀而留存下来的一种民族文化表现形式，是各民族历史变迁、生活变迁、文化演进的重要见证。西南地区少数民族传统体育文化多种多样，不仅具有鲜明的民族特色和地域特色，也具有多方面的价值。基于此，学界早在二三十年前就开始了挖掘、整理少数民族传统体育及其文化的探讨和呼吁，并且针对地域、民族、类别等维度提出了多种方法、路径和措施，出现了大量关于少数民族传统体育活动方面的科研成果，其中有一部分学者关注少数民族传统体育文化的传承问题,并从传承方式、传承人、传承空间、传承路径等方面开展了研究,提出了很有见地的观点。基于学者们的研究成果,本研究在提出的西南地区少数民族传统体育文化传承机制理论框架中,将传承主体、传承内容、传承场域、传承介质和传承环境作为表达机制的体现指标。在社会调查结果中发现,西南地区少数民族传统体育文化的传承,在表达机制方面存在的共性问题,集中表现在传承内容不明确和传承主体的意识缺失两方面。对比5个方面的内容来看,本研究认为传承主体问题是表达机制的核心问题,毕竟传承内容是一种相对固定的客观事实,且必须通过传承主体才能发挥作用,传承场域、介质和环境也都是需要通过传承主体的创设或选择才能确定。

理论层面的探讨和观点需要在实际中验证。本研究在实地调研中发现了传承主体所存在的一系列问题,具体表现在以下三个方面:其一,少数民族传统体育文化的"内部"认识不足。在西南少数民族地区实地考察中发现,少数民族地区的居民多数是娱乐、表达宗教情感、增加节日气氛等才参加以各种节日、农事活动、祭祀活动、宗教活动为依附的少数民族传统体育,意即传统体育并没有被作为一种"体育"的形式来认知和接受,反而更像是一种理论化的"意向性"存在,这种现象甚至在一定程度上推翻了原有的认知。从客观和理性的角度来看,这种现象的背后是少数民族传统体育文化缺乏"内部认识"的集中表现。其二,传统体育文化发展促进工作中的"主体缺席"。在调研中还发现,学界关于少数民族传统体育文化的挖掘、整理、传承、演进等理论分析和各种担忧,在少数民族居民群体中未见回应,绝大多数少数民族居民在传统体育文化发展过程中基本处于"缺席"状态。当然,少数民族传统体育文化的传承和发展不能要求所有的少数民族族员定期参与、身体力行,或许其千百年来就是在这种"自然"的状态下传承和延续的,更或许少数民族居民在其日常生活中的"在场"就是在身体力行的实现传统体育文化的延续。但透过这一现象可见,少数民族传统体育文化的传承过程中,"传承主体"

的积极性、主观能动性以及责任感还需要进行深挖。其三,对传统体育文化濒危的"集体漠视"。在众多学者的眼中,少数民族传统体育文化的价值是多元和不可或缺的,而且有相当一部分传统体育项目已经受多种因素的影响而濒临消亡,各种担忧屡见报端。然而,关于这一问题同样表示担忧的都是拥有某项传统体育相关技艺、技能的人,即具有"非物质"特征的项目,如"独木龙舟"的制作技艺、传统弓箭的制作技艺等,而外围的族员的忧虑和危机感并不十分明显。

基于上述现况可见,"传承主体"意识上的缺席在很大程度上影响了少数传统体育文化的传承和发展,传统传承机制的调整,要以"传承主体"意识的调整或建构为中心。具体有以下几方面的设想:(1)传统体育文化观念"从无到有"的建构。从现实情况来看,西南地区各族族民还未建立起传统体育文化观念,对于"体育"的认识和理解相对欠缺,需要利用各种媒体,尤其在重大的仪式性活动中进行引导和宣传,使各族族民对于传统体育文化的价值有普遍的认识,通过后期实践逐步建立传统体育观念,形成传统体育文化意识。(2)传承主体角色"从外人到主人"的转变。各族族民不仅是传统体育文化最鲜活和有力的载体,也是传统体育文化的创造者、传承者和主导者,还是理论上的受益者。不论从哪个角度,包括传者和承者的传承主体都应是传统体育文化的"主人"而不是"外人",因此,西南地区各民族传统体育文化传承机制的调适,要通过大力宣传和各种教育,使各族族民以"主人翁"的态度去对待传统体育文化的传承。(3)传承行为"从被动到主动"的激发。在族民建立传统体育文化观念和转变角色的基础上,对传统体育文化当前面临的传承困境进行分类宣讲,尤其是要在学校对青少年群体进行宣传和教育,并且强调每个族民的重要性,使其具有忧患意识,从而形成责任意识并激发积极主动的传承行为。

（四）保障机制：从"多点支撑"调整为制度和经费"双项支撑"

文化传承是一个相对复杂的过程，不仅表现为周期性长，还表现为促成因素和制约因素的多元性。西南地区各民族的传统体育文化的发展历程各不相同，传承和发展的依托也因类型不同而呈现一定的差异性，但从整体来看，各种类型的传统体育文化都在某些因素的作用下，在"传承→演变→发展→传承"的循环中流淌至今。细究其实不难发现，促成传统体育文化传承的诸多因素，在本研究的理论框架内属于保障机制的范畴，这些因素抑或是宗教文化、抑或是生产方式，也可能是家族文化、民族情结、传统民俗、特定仪式和生活习惯。草原游牧的生产方式和生活习惯，可以成为"赛马""赛牦牛""古尔朵"等藏族传统体育活动传承的保障因素；贵州江河密布的生活环境，为"独竹漂""独木龙舟"提供了生存和传承空间；云南白族特殊的宗教信仰孕育和滋养着"霸王鞭""绕三灵"中的桑林舞、八角鼓舞、武术；傈僳族历史悠久的狩猎习俗使"射弩""射箭"广泛开展并世代传承；景颇族一年一度的传统节日"目瑙纵歌"为"景颇武术""扭杠""跳高""爬滑竿""打弹弓""摔跤"提供了开展的时间和空间保障；四川凉山彝族劳动生产用马的习惯为"赛马"提供了一定的保障……总之，在西南地区少数民族传统体育文化传承的过程中，形成了"多点支撑"的保障机制。

在文化生态理论的基本框架内，通过梳理西南地区少数民族传统体育文化发展的轨迹不难发现，其产生、演变和传承在很大程度上受所在地区自然环境、社会环境和当地族民的影响，其中社会环境是相对复杂的因素，包含其中的政治、竞技、宗教、教育、制度等，都不同程度地影响着传统体育文化的传承和发展。本研究通过总结认为，西南地区少数民族传统体育文化传承的保障机制应当从之前"多点支撑"的情况，逐渐向以制度和经费为主的"双项支撑"改进。详述如下。

（1）制度是民族传统体育文化传承保障机制的"抓手"。"制度"，出自《易·节》："天地节，而四时成。节以制度，不伤财，不害民。"在社会科学领域泛指"以规则或运作模式，规范个体行动的一种社会结构"[①]。制度具有多方面的功能，主要表现为社会协调和整合作用、界定权利边界和行为空间、促进经济效率和实现资源分配、激励和伦理教化等等。同时，"制度与文化有着非常密切的关系，制度的本身就是文化的组成，而文化在很大程度上是通过制度体现的"[②]。从西南地区少数民族传统体育文化的传承来看，制度在其中所发挥的引领、规范、约束、激励等作用最为明显，因为制度在某种程度上反映了政府部门的意志，也是社会政治、经济、文化环境的集中体现。以贵州赤水河流域的"独竹漂"为例，对制度的"抓手"作用进行说明："独竹漂"是一种流行于黔北赤水河流域的民间技艺，人站立于漂浮在水面上的单株竹子之上，手持细竹竿划水前行，原本是当地居民渡河的工具，后来逐渐发展成为一项水上传统体育活动项目。为了纪念 1966 年 7 月 16 日毛泽东主席畅游长江而确定每年的 7 月 16 日为毛泽东畅游长江纪念日之后，赤水河流域连续几年举办包括"独竹漂"在内的一系列水上表演和竞赛活动，受此影响，"独竹漂"引发了众多当地人的参与热情，一度盛行。直到 1977 年，地方政府出于安全考虑，避免大型水上活动举办过程中的意外事故，包括"独竹漂"在内的水上活动被明令禁止，"水上禁令"的实施使参与人群骤减，技术和技能水平也在持续下降，对"独竹漂"的开展影响重大，其发展也进入停滞不前的状态，甚至淡出人们的视线和记忆而销声匿迹。时至 1998 年，在贵州省民族事务委员和贵州省体育局的努力之下，"独竹漂"这项濒临消亡的传统民俗活动重新焕发生机和活力，经政府部门的多方努力并出台相关制度进行扶持，"独竹漂"开始转型为少数民族传统体育项目，1998 年在贵州省第 4届民运会上作为表演项目首次亮相、2009 年"赤水独竹漂"被批

---

① 制度. 百度百科 [EB/OL].https://baike.baidu.com/item/%E5%88%B6%E5%BA%A6 2018-06-05.

② 高学德，翟学伟. 政府信任的城乡比较 [J]. 社会学研究，2013（2）：6-7.

准列入贵州省第三批省级非物质文化遗产保护名录、2010 年 6 月 5 日，"独竹漂"最终被列为第 9 届全国民运会竞赛项目。期间，贵州省民委和贵州省体育局出台了相关的制度和政策，主导成立了多支"独竹漂"表演队，组织编写了《独竹漂竞赛规则》（试行）、《独竹漂裁判法》，研制成功"独竹漂"标准化器材，协助国家体育总局组织举办全国 14 个省（市、自治区）的"独竹漂"裁判员培训班，努力将"独竹漂"推向全国 10 余个省、直辖市、自治区。不难看出，"独竹漂"从濒临消亡到全国农民运动会和全国少数民族传统体育运动会竞赛项目，并且列入"非遗名录"，是政府和制度的力量促成了其成功转型，制度的保障作用可见一斑。

　　（2）经费是民族传统体育文化传承保障机制的"杠杆"。相比而言，经费虽然没有制度那般可以引领、约束、激励传统体育文化传承的作用，但其作用也不容忽视。近年来的相关研究，多涉及经费短缺的问题，在本研究开展的社会调查中，缺乏经费支持也是少数民族传统体育文化传承的主要限制性因素。活动经费主要用于场地、器材、所需物资、奖品或奖金等各方面，在少数民族传统体育文化传承过程中发挥的是"杠杆"作用，贵州台江施洞镇的"独木龙舟"的传承情况可以清楚地体现这一点。贵州台江县的"独木龙舟节"是一年一度的盛大节日，历史悠久，参与者众多，均以村寨为单位组队参赛。按照传统，参赛的龙舟上必须有"鼓头"这个核心人物。"鼓头"既是比赛中的指挥，也是整支龙舟能否参赛的关键人物，负责组建参赛队员，其中包括"撑篙""掌艄""锣手""炮手"和"桡手"（划桨者，一般每船每侧 16 人）。"鼓头"要在 4 天的比赛期间内酒肉招待参赛队员，比赛结束后要送鸭、鹅作为礼物，还得杀猪请村寨的人吃酒。能被村民推选为"鼓头"虽然是一种荣誉，但其花费仅仅依赖于比赛沿途亲戚的送礼是难以收支平衡的。20 世纪五六十年代，每年有 20 ~ 30 支龙舟参赛，但到了 80 年代只有十几支龙舟下水比赛，90 年代，只有几支龙舟参加比赛，其中重要的原因就是经济压力大而无人愿意担任"鼓头"。近年来，在居民经济观念发生改变的情况下，"鼓头"更加难找,"独木龙舟"的传承和发展陷于艰难境地。

概言之,西南地区少数民族传统体育文化传承机制,应当结合社会发展的背景、现况和趋势对保障机制进行调整,以制度和经费两个核心点为主要抓手,带动其他因素共同发挥作用,形成"双项支撑"和"多点辅助"的保障机制,从而更好地促进西南地区少数民族传统体育文化的有续和有效传承。

(五)反馈机制:评价体系从"缺失"转向以"传承效果"为中心

反馈机制是在"系统观"框架内的一种提法,本研究之所以将反馈机制作为西南地区少数民族传统体育文化传承机制的一个板块,正是将少数民族传统体育文化的传承和传承机制作为一个"系统"来考虑的,呈现具象化特征的传承过程本身就是由多个环节构成并相互作用的系统,而传承机制是关于传承环节内部因素及其相互关系的概念,虽然相对抽象,但也是一个整体性的系统。

反馈机制,具体包括正反馈和负反馈,"正反馈可使系统更加偏离平衡位置,不能维持系统的稳态",而负反馈是"系统的输出变成了决定系统未来功能的输入,其意义就在于通过自身的功能减缓系统内的压力,以维持系统的稳态"①。结合西部地区少数民族传统体育文化传承机制的状况,某个民族的传统体育文化就是一个相对完整的系统,所包括的传统体育文化类型越多,其传承则越困难,整个系统的平衡就越难维持,这就是所谓的正反馈。因此,要维持系统的稳定,就需要负反馈,从少数民族传统体育文化传承的角度来看,负反馈就是传承效果,实现有续和有效传承的传统体育文化类型越多,这个民族的传统体育文化传承系统就越容易保持平衡,这个民族的传统体育文化也就会发展得更好。基于上文分析,西南地区少数民族传统体育文化传承机制的反馈机制,要以"系统观"来统揽全局,从正反馈和负反馈的角度进行

---

① 反馈机制.互动百科[EB/OL].http://www.baike.com/wiki/%E5%8F%8D%E9%A6%88%E6%9C%BA%E5%88%B6 2019-08-03.

调整。一是要从正反馈的角度,控制某个民族传统体育文化中进入传承体系的类型数量。从某种意义上讲,所有的民族传统体育文化和同一个民族的所有传统体育文化类型都是一种平等关系,但就历史文化内涵、传统价值和意义、基本知识的丰富程度、技术技能的体系化程度而言,不同类型的传统体育文化之间存在一定差异,意即传承的必要性和传承价值是有区别的。鉴于此,本研究认为西南地区各民族应建立传统体育文化传承体系,通过挖掘、整理和论证之后,筛选出一部分传统体育文化进入本民族传统体育文化的传承体系,进行制度、经费、资源等方面的配给,从而促进其传承和发展,进而从正反馈的角度维持整个民族传统体育文化传承系统的稳定和平衡。二是从负反馈的角度,建立以"传承效果"评价为中心的反馈机制。为了保证某个民族传统体育文化传承系统的稳定和平衡,还需要以"传承效果"为最终落脚点建立评价体系,对纳入传承体系的传统体育文化进行定期评价,从传承主体(人数变化、技能水平、参与时间、参与频度),传承内容(完整性、系统性、合理性、有效性),传承过程(集体组织、个人随机)和传承效果(大众知晓度、群众参与度、群众认可度、参与自觉度、传播面)查找传承过程中存在的问题,并采取措施进行纠偏和改进,保证传承过程的正常进行,尽可能多地增加有效传承的传统体育文化数量,从而从负反馈的角度保证整个传承系统的稳定和平衡。

因此,西南地区少数民族传统体育文化传承机制的反馈机制调适,要建立正反馈和负反馈的作用机制,有重点、有侧重、有针对性地建立传统体育文化传承体系,建立传承效果评价体系,进行动态监控和评测,形成完整的反馈机制回路,是西南地区少数民族传统体育文化的传承形成完整、有序和有效的循环的保障。

第二节　西南少数民族传统体育文化传承机制的重构

"重构",原是计算机软件领域的专业术语,是指"通过调整程序代码改善软件的质量、性能,使其程序的设计模式和架构更趋合理,提高软件的扩展性和维护性"[①]。后来逐渐用于社会科学领域,是"重新建构"之意,具体可概括为通过调整使之更合理,且较之以前有所改善或提高。结合西南地区少数民族传统体育文化传承机制的情况,在前文中已有述及,传统的传承机制客观存在一定的问题,这些问题通过调适以后,还需要将其置于传统体育文化传承的整个链条中跟其他环节进行匹配,使调整后的环节与其他环节能够相互支应,能够在发挥作用的同时对其他环节形成支撑或支持,从而使整个传承链条相对完整,并且较之以前更加顺畅和有效地发挥作用,这就是此处"重构"的应有之意。然而,西南地区少数民族传统体育文化的传承机制重构,是个需要在一定原则上统筹考虑的问题。因此,首先要确定的是重构西南地区少数民族传统体育文化传承机制的基本原则,通过研究提出了系统性原则、协调性原则、基础性原则、发展性原则、主体性原则和渐进性原则。在明确原则的基础上,从政府职能划分、培育体育社会组织、保护传统体育文化生态、培养"传承人"梯队、产业开发、传承模式重构、促进传统体育现代转型、加强传承制度建设、优化传承场域、传承主体建构、建立社区体系、构建传承评价体系和传承媒介多元融合等方面提出重构的具体路径,一方面为西南地区少数民族传统体育文化传承机制的理论框架提供支撑,另外,也是本研究最重要的目的,即促进西南地区少数民族传体育文化传承机制的优化和完善,助力西南地区少数民族传统体育文化走出当前困境,实现绿色、持续、健康的传承和发展。

---

① 重构.百度百科[EB/OL].https://baike.baidu.com/item/%E9%87%8D%E6%9E%84/2182519 2017-10-16.

一、重构的基本原则

（一）系统性原则

系统性原则是一种整体思维，所讲求的是以整体的概念来看待每个构成环节或个体及其相互作用。所谓"系统"是源于古希腊 σύστημα（systēma）的名词，后来演变为英语的"system"，其涵义是"整体""总体"或"联盟"，泛指"由一群有关联的个体组成，根据某种规则运作，能完成个别元件不能单独完成的工作的群体"①。以上涵义和概念强调了系统是由多个个体构成的集合，具有超越个体能力的优势，但需要在一定的规则中运作。"系统"大致分为自然系统、人为系统两大类，"自然系统"包括人体系统、生态系统、大气系统和水循环系统，"人为系统"主要是生活中的系统，包括电子系统和社会系统。其中，社会系统是"为达成某共同目标，而依规律化的交互作用，或相互依赖的事物之结合，所构成之整体"②。通过上述分析可知，系统是具有共同目标且相互作用的事物或个体所构成的整体。

重构西南地区少数民族传统体育文化传承机制的系统性原则，是基于系统的概念和基本涵义提出的，即少数民族传统体育文化的传承，是一个由多个环节构成的完整链条（图6-1），传承过程的完成需要各环节共同发挥作用，形成的合力共同推进传承的循环往复。

在整个传承过程中，虽然只是一个由"传者"（某种意义上也是承者）把传统体育文化的基本知识和技能传授给"承者"（也是另一个传承环节的传者）的简单过程，但其间须有一定的因素来驱动整个传承，也要借助于一定的传承媒介，且必须在一定的保障条件中进行，传与承两个环节基本完成以后，到底效果如何？这就需要一个评价和反馈，最终反映在传承效果上。过程虽然不

① 系统.维基百科[EB/OL].https://zh.wikipedia.org/wiki/%E7%B3%BB%E7%B5%B1.
② 系统.维基百科[EB/OL].https://zh.wikipedia.org/wiki/%E7%B3%BB%E7%B5%B1.

复杂,但每个环节之间的有序衔接是非常必要的,至于其中的影响因素就更为复杂了。因此,重构西南地区少数民族传统体育文化的传承机制,就是要对传承过程中的各个环节进行有序安排,协调各环节的关系,进行最优化的组合,将之前阻碍传承过程的因素通过调整而消除,对于欠缺的条件和环节进行补充,使各个环节都能发挥实际作用,并且能够形成力量的整合,共同促进传承过程的继续和循环。

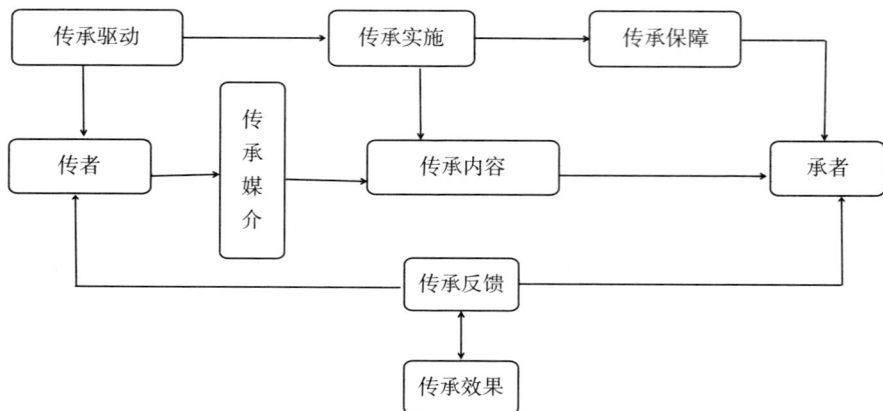

图 6-1 传统体育文化传承基本过程

（二）协调性原则

西南地区少数民族传统体育文化的传承之所以出现了诸多问题,在很大程度上是因为各种矛盾的存在。现实矛盾的缓解或消除,需要进行关系的协调,所以,重构西南地区少数民族传统体育文化的传承机制,需要以协调性原则为指导,通过矛盾关系的规避或消除,实现最终的协调发展。协调性原则的应用主要针对以下几点:第一,传承与发展的协调。从理论上讲,传承是发展的一个必要环节,但在调研中发现了诸多传承与发展脱节的现象,这一点在各地区少数民族传统体育申报"非遗"中体现得最为明显,具体表现为"非遗"申报工作的虎头蛇尾,即各地区"经过认真的准备申报成功之后,出现了传承人待遇落空、配套制度不健全、忽视'非遗'项目后期发展等后续工作不到位的情况,反映出对于'非遗'申报工作的认识不到位,即认为'非遗'申报成功就意味着工作结束,而通过'非遗'引导传统文化进一步传承和发扬的最终目的却被忽略"①。第二,传统与现代的协调。少数民族传统体育文化最有价值的内容在于其"传统",这种传统来源于民族历史的多年积淀,也源于民族生产生活的积累,同时还是民族文化变迁的写照。然而,面对社会的现代化发展,少数民族传统体育文化也必须跟上步伐,在现代转型方面也面临"传统"保持的抉择,如何在"传统"特色保持不减的情况下,充分利用旅游、展会、学校、竞技等平台实现发展模式的现代转型,也应该是传承机制重构不容忽视的问题。第三,民族性与大众化的协调。这一问题的现实存在,是少数民族传统体育文化传承和传播之间矛盾的反映。众所周知,传承更多的是纵向维度的意义表达,反映在少数民族传统体育文化上,就是在本民族内进行的代际传递;而传播则是横向维度的主要体现,是文化在不同民族间的横向交流和拓展,突破了民族的界限。在重构西南地区少数民族传统体育文化传承机制的过程中,不得不考虑传统体育文化是坚守族内纵向传承还是跨越民族限制进行横向传播的问题。坚守纵向的族内传承所面临的困境主要表现为传承群体数量逐年减少,但能够最大可能地保证民族传统体育的"民族性";要突破民族界限进行大范围的横向传播,可以通过大众化的形式实现传承群体的量增,但"民族性"又难以把握。鉴于此,西南地区少数民族传统体育文化传承机制的重构,需要在协调性原则的基础上提出能够规避现实矛盾的措施和举措。

（三）基础性原则

通过文献梳理和调研发现,西南地区少数民族传统体育文化传承面临的诸多困境,其致因是多方面的,但基础性条件的缺失或不足是其中重要的一点。具体表现为以下几点:（1）传承群体

---

① 王洪珅,韩玉姬,梁勤超.少数民族传统体育文化发展的生境困境与消弭路径[J].体育科学,2019,39（7）:33-44.

基础薄弱。各少数民族本来就存在人口总量偏少,传承群体总量不足的情况,同时还存在年龄层次结构问题,一些老年、幼儿都不能列入传承群体范围。加之近年来青壮年外出务工导致的人员外流,传统体育文化的传承群体就出现了数量和质量两方面的问题,呈现出基础薄弱的状况。(2)传承环境基础较差。从分类上讲,少数民族传统体育文化的传承环境可分为"硬环境"和"软环境",前者是指场地、器材、工具等方面的硬件条件,后者是指传承时间、传承氛围、传承条件等方面的软件条件。从实际情况看,少数民族传统体育文化的传承在"硬环境"方面的要求虽然不高,但如"赛马""陀螺""响箭""独木龙舟"等项目还是需要专用的场地才能开展,硬件条件的好坏会直接影响开展的质量和传承效果;"软环境"方面,大多数民族的传统体育活动都依赖于仪式、节日、庆典等活动,时间条件不具备也很难开展,传承也就失去了依托。(3)保障基础缺失。西南地区总体发展情况相对落后,不仅在环境基础方面的保障不够,还表现为传统体育文化传承的制度、经费、文化氛围等方面的保障欠缺。因此,重构西南地区少数民族传统体育文化的传承机制,要将基础性原则置于重要位置,只有在传承基础方面有所改善,其传承才具备起码的条件,否则其他的对策或措施都缺乏实施的根基。

(四)发展性原则

世间一切事物都处于不断的运动、变动和发展之中,发展是硬道理。"发展"(Development)原本是哲学术语,"指事物由小到大,由简到繁,由低级到高级,由旧物质到新物质的运动变化过程"[1],后来这一个概念普遍运用于各个领域。追求提高促进和谐的功能与提高存在的价值是发展的内涵,同时,存在价值的提高是所有事物发展的标志。传统文化的传承和发展在本质上也是在提高存在的价值。因此,西南地区少数民族传统体育文化的传

---

[1] 发展.百度百科[EB/OL].https://baike.baidu.com/item/%E5%8F%91%E5%B1%95/5040179 2018-07-19.

承机制的重构也须坚持发展性原则,即通过优化和调整促进传承机制存在价值的提高,具有以下两方面的所指:第一,传承机制的研究最终目的是促进少数民族传统体育的发展。本研究虽然以传承机制为切入点,但需要明确的一点是,传承是少数民族传统体育发展过程中的一个环节,或者说是发展的一个前提条件。从另外一个角度讲,有效传承也是少数民族传统体育文化发展的具体表现,某种意义上讲,发展贯穿于所有少数民族传统体育文化的同类研究之中。第二,传承机制的重构要基于发展的眼光。发展的根源是事物的内部矛盾,正是基于西南地区少数民族传统体育文化在传承方面出现的各种矛盾,其发展才出现了各种问题。因此,西南地区少数民族传统体育文化传承机制的重构,要以各种对立关系为出发点,通过各种措施转化现实矛盾,在相对统一的情况下,使少数民族传统体育文化的自身内部要素得以优化,与其相关事物之间的关系更加协调,同时,在不断变化的各种环境中能够进行自我调适,与各种相关因素之间形成良好的关系互动和互应,最终提高自身存在的价值,更好地满足人们和社会的需求。

（五）主体性原则

人是文化的创造主体和传承主体,同时,文化又依赖于人的存在而存在。德国哲学人类学家米夏埃尔·兰德曼(Michael Landmann)在其论断中认为:"人与文化之间存在着的交互作用关系:一方面文化在塑造人的方面发挥着举足轻重的作用,可以说没有文化也就没有人;另外,文化又是由人创造的,离开了人的创造,文化就会枯竭。"[①]基于人与文化的相互关系,西南地区少数民族传统体育文化的传承,要坚持以主体为中心的基本原则。具言之,重构西南地区少数民族传统体育文化的传承机制,首先要明确的是少数民族族民作为传统体育文化的主体地位,其主观

---

① 徐强.当代西方学者关于文化与人之间关系的思想述评[J].伦理学研究,2014(4):50-54.

能动性的发挥是民族传统体育文化传承的基础和保障：一方面，没有一定数量的族民作为载体，民族传统体育文化的传承只能是空谈，因此，西南地区少数民族传统体育文化传承机制重构的对策中要着眼于促进传承主体数量的增加；另外，族民是传统体育文化的最佳载体。文化的发展最终是人的发展问题，文化的传承最终也归结于人，人具有创造性和能动性的特征使其成为传统体育文化传承载体的最佳选择。传承链条的每个环节都离不开族民，传承媒介无非就是促进传承内容更好地被"承者"接受的工具，传承方式是促进传承内容更容易被接受的途径，传承保障措施也最终指向传承效果的提高，都是以传承主体的"传者"和"承者"为中心的。此外，重构西南地区少数民族传统体育文化的传承机制，要在传承主体的文化认同增强和传承责任赋予上有所举措，充分调动和发挥族民作为传统体育文化"主人"的积极性和主动性，为传统体育文化的传承提供内生动力。

（六）渐进性原则

前文已述，文化传承是一个相对漫长的过程，一方面是说文化传承过程的周期性较长，传承内容从"传者"到"承者"看似一个相对简单的过程，实际上需要经过几年甚至十几年才能真正意义上完成。从少数民族传统体育文化的情况看，某一长者有意将某些传统体育的知识和技能传给下一代，而具有传承环境和条件的时间就在某些仪式或节日开展的几天，而这种能够进行传承活动的时间往往是一年一度；此外，传统体育活动一般都具有较强的技术性和技能性，如"独竹漂""射箭""摔跤"等传统体育活动，需要经过大量的实践才能掌握相关的技术动作，至于"独木龙舟"龙头雕刻、"响箭"碧秀和"靶围"的制作技艺，更需要多年的实践才能相对完整和系统地掌握。另外，文化传承需要在相对较长的时期内去对待和审视。西南地区少数民族传统体育文化所面临的的传承困境，并非一朝一夕就形成的，即某个类型的传统体育文化的消亡不是一年两年就发生的；反观其传承也是同样的道理,从传承效果的反馈情况看,"承者"对于传统体育知识或技能的掌握情况,需要通过多年学习和练习之后才能显现,甚至在"承者"的身份发生转变,成为"传者"之后才能够得以检验。如云南景谷的"打陀螺",虽然男女老幼都可以参与,但作为孩子阶段的"承者"在接受长辈知识技能传授的过程中,会受到理解水平的限制而不能完全消化某些信息,加之"打陀螺"比赛有很多战术性的要领,这些非技术类的知识传承只有在不断的实践中逐渐积累。鉴于上述两点的分析,西南地区少数民族传统体育文化传承机制的建构要基于循序渐进的原则,相应的措施也应该具有时间上的连续性,规避那些急于求成的"短视"做法,同时将少数民族传统体育文化的传承置于民族发展的时间跨度之内去对待,循序渐进地推进各项措施,并且根据实际情况的变化而不断调适,最终实现可持续的传承和发展。

二、重构的具体路径

（一）进行政府组织机构的职能和责任划分,明确实施主体

西南地区丰富厚重的民族传统体育文化资源是我国民族文化的重要组成部分,其存在和延续是维持民族传统文化体系完整性的必然要求。中共中央办公厅、国务院办公厅 2017 年印发的《关于实施中华优秀传统文化传承发展工程的意见》(以下简称"意见")明确了传承优秀传统文化的重要意义、要求、任务和保障措施,为包括传统体育文化在内的传统文化传承指明了方向,而关于传承机制的探索是落实《意见》的具体行动。

西南地区少数民族传统体育文化的传承依然面临诸多挑战,其传承机制的重构,一方面要厘清传统传承机制存在的不足或问题,另外,要结合当前社会发展的重大改变来确定发展方向。回望西南地区各民族的传统体育文化发展历程,其传承和发展的诸多环节多数都是依赖于家族或村寨这种"小集体",内生动力基本源于家族文化或族群文化。随着民族地区社会的现代化转型加

快,传统的家族文化逐渐落后于人们观念的改变,在此情况下,各民族传统体育文化的传承和发展被置于一个实施主体缺失的境地。近年来,《意见》印发以后,其中的加强宏观指导、提高组织化程度、纳入经济社会发展总体规划、纳入考核评价体系等要求,引起了西南地区政府民族事务部门、文化部门、教育部门和体育部门的高度重视。但在实地调研中发现,由于传统体育文化既属于民族文化范围,也属于体育工作范畴,还与民族宗教事务相关的这种特殊性,在相关工作的具体分工上出现了体育部门和文化部门的交叉,有关工作的落实和相关政策的执行缺乏一个明确的实施主体,在很大程度上使传统体育文化的传承工作均被置于边缘地带。因此,西南地区少数民族传统体育文化传承机制的重构,首先要解决的问题就是在政府部门明确实施主体,进行工作分工和职能划分。

第一,明确各级党委和政府的领导地位和责任。按照《意见》第十五条加强组织领导的相关规定:"各级党委和政府要从坚定文化自信、坚持和发展中国特色社会主义、实现中华民族伟大复兴的高度,切实把中华优秀传统文化传承发展工作提上重要日程,加强宏观指导,提高组织化程度。"可见,各级党委和政府应当作为包括传统体育文化在内的传统文化传承工作的组织领导者,从传统文化重要性方面考量,也应由党委和政府统一部署,毕竟此项工作意义重大且涉及的部门较多,只有利用行政工作的推进思路和办法,各民族传统体育文化的传承工作才能有效推进。

第二,党委宣传部门负责协调各项工作。确定了各级党委和政府的领导职能,具体工作的统筹安排和协调推进由党委宣传部门负责。因为《意见》明确指出:"各级党委宣传部门要发挥综合协调作用,整合各类资源,调动各方力量,推动形成党委统一领导、党政群协同推进、有关部门各负其责、全社会共同参与的中华优秀传统文化传承发展工作新格局。"结合西南地区少数民族传统体育文化的具体情况,既涉及非物质文化遗产方面,也涉及民族宗教事务,同时还涉及各种体育比赛的组织协调和学校体育教育方面的工作。由党委宣传部门综合协调,不仅可以更好地领会和传达上级领导部门的工作精神,也可以使各项工作安排有统一领导,在资源整合和力量调动方面也更加高效。

第三,相关部门负责具体工作的落实。鉴于民族传统体育文化传承和发展工作的系统性和复杂性,西南地区各级党委和政府以及党委宣传部门,可通过行政工作方式将具体工作统筹安排,明确民族事务委员会、体育局、教育局、文化局和社区居委会的工作范围和职责,形成自上而下的管理体系(图6-2)。

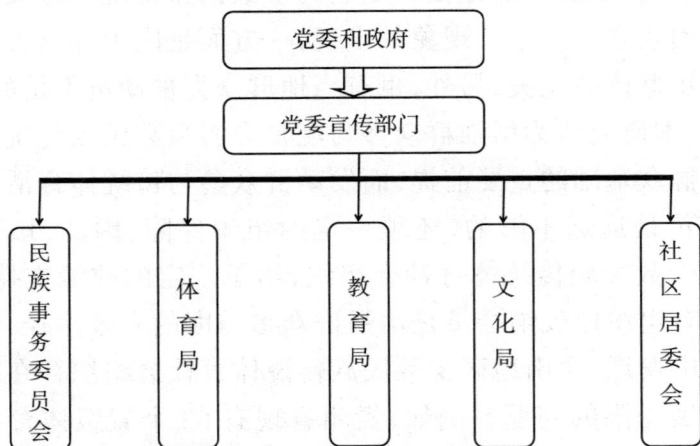

图6-2 民族传统体育文化传承行政组织机构

具体分工大致如下:民族事务委员会负责少数民族传统体育古籍的收集、整理、出版工作,会同有关部门对少数民族传统体育题材文化作品和出版物进行审查,负责各类传统体育协会或组织的管理;体育局主要负责全民健身中传统体育的相关工作,组织各种规模的传统体育比赛及运动员相关事务;教育局主要负责传统体育在各级学校中开展的相关事务,协调师资队伍培训、体育器材设施完善以及学校传统体育运动会相关工作;文化局主要负责传统体育类"非遗"项目的申报、组织、管理等工作;社区居委会主要负责协调传统体育文化传承社区的建设、与体育社会组织关系的协调和社区传统体育活动的开展等工作。

总之,西南地区民族传统体育项目众多、分布较为分散、敏感性强,因此,传统体育文化的传承更加需要政府行政部门的统一领导,对相关工作进行总体部署和统筹协调,形成"省(市)→市→县→乡(镇)→村"的"伞状"管理体制,构建"纵横结合"的民族传统体育文化传承行政管理体系,共同推进各民族传统体育文化的有序传承和健康持续发展。

(二)培育少数民族传统体育民间自发组织,增强群众参与度

群众基础是西南地区少数民族传统体育文化传承和发展的重要依托,传承群体总量偏少是制约少数民族传统体育文化传承的重要因素之一。这一现象的出现,一方面是因为外出务工导致了青壮年群体的流失,另外,也有当地群众力量动员不足的原因。鉴于此,本研究认为增强群众参与度是夯实少数民族传统体育文化传承群众基础的重要前提,而发动群众参与传统体育活动仅仅依靠宣传是远远不够的,还须一定的组织保障,因此,培育一定数量的少数民族传统体育社会组织,给予一定的政策支持,使其有目的有组织地吸纳会员是增强群众参与度的有效途径。然而,在调研中发现,西南地区少数民族传统体育社会组织存在数量偏少和发展受限的问题。例如,贵州省现有 63 个省级体育社会组织,与传统体育相关的有 36 个,但只有 1 个民族传统体育单项协会——贵州省龙舟运动协会;在 26 个体育类民办非企业单位和 1 个体育基金会中,没有与少数民族传统体育相关的单位或组织机构。需要说明的是,贵州是一个民族成分较多的省份,且各民族的传统体育项目丰富多彩,这与传统体育社会组织的数量形成巨大反差。此外,西南地区部分市、县成立了一些自发性群众体育组织,如西藏林芝地区公布早在 1997 年就成立了"响箭"协会,2007 年云南景谷县成立了"陀螺"单项体育协会,还有云南文山州的"吹枪"协会、四川甘孜州的"赛马"活动站等,但均受场地、经费、组织管理等方面的制约而发展受限。然而,民间自发成立的传统体育社会组织和各单项协会,在促进少数民族传统体育文化传承方面具有不可替代的作用,毕竟这种体育社会组织是以群

众体育兴趣而组建起来的,具有参与传统体育的原生动力,并且能够自发地、有组织地开展活动和比赛,是一支不容忽视的传承力量。因此,西南地区少数民族传统体育文化传承机制的重构,应将体育社会组织的培育和支持作为一项重要工作。

体育社会组织的培育和成长需要一个过程,鉴于西南地区少数民族传统体育社会组织发展基础薄弱的现实,其培育需要从以下几个方面着力:第一,盘活"存量"形成模范效应。此处所谓的"存量"是指以前成立的各类体育社会组织。西南地区各省、市、县民政部门应开展传统体育社会组织的摸底工作,对现有的体育社会组织进行实地调研,了解其发展现状及面临的困难,协同体育和文化部门对现有传统体育社会组织进行会诊,根据具体情况制定发展规划,进行政策和资金等方面的支持,促进其更好运转。同时,将先进经验在同类体育社会组织中推广,激发其发展动力和活力。另外,根据国务院印发的《行业协会商会与行政机关脱钩总体方案》,并参考《中国足球协会调整改革方案》等文件,进行体育社会组织的管理体制改革,推进"脱钩",给予传统体育协会和体育社会组织更大的发展空间。第二,狠抓"增量"扩大影响力。随着我国全民健身计划的不断推进,广大群众的体育需求井喷式增长,造成了体育公共服务与体育需求的供需矛盾,国家层面开始重视体育社会组织在全民健身方面的重要作用,并出台了培育体育社会组织的制度,这一社会背景为少数民族传统体育社会组织提供了有力条件。体育社会组织的"增量"需要制定扶持政策并配给一定的资源来培育,首先要出台鼓励传统体育社会组织成立、登记注册、管理和服务方面的政策,并从场地、器材、设施、经费和技术等物质资源上进行支持,鼓励社区带头孵化,成立小规模的传统体育活动小组,条件成熟时协助成立体育社会组织,以此促进西南地区少数民族传统体育社会组织的数量增长。第三,加强"管理"促进良性运转。在西南地区少数民族体育社会组织"存量"盘活和"增量"扩容的基础上,体育行政部门和民政部门应在管理理念上进行调整,重新认识体育社会组织在促进少数民族传统体育传承和发展方面的重大作用,"逐步摒弃传统的'管理'思维,进一步树立'大体育'的治理观念,重构政府与体育社会组织之间的权力关系,充分调动和发挥体育社会组织的功能与潜力"①。同时,给予传统体育的各类体育社会组织一定的资源配置,建立促进其发展的保障机制,优化政策供给,提供良好的生长"土壤"和发展空间。

概言之,西南地区少数民族传统体育文化传承机制的重构,要紧紧围绕群众基础这一点,通过培育传统体育的各类体育社会组织来实现传承群体的增量,并充分发挥其"抓手"作用,促进传统体育活动有组织地开展,进而助力少数民族传统体育文化的传承和发展。

（三）加强少数民族传统体育文化生态保护,优化传承环境

西南地区少数民族传统体育文化传承机制的重构,既要从传统体育文化内部进行调整,也要从外部环境角度发力,使其更好地适应所处的环境。文化与环境之间的关系可以从文化生态理论中找见依循,加强少数民族传统体育文化生态保护可以使其传承更有保障。文化生态是文化生态学领域的概念,而文化生态学是"从人类生存的整个自然环境和社会环境中的各种因素交互作用研究文化产生、发展、变异规律的一种学说",简言之是研究文化与自然环境、社会环境相互作用的学说。1955年,美国人类学家斯图尔德（Julian Haynes Steward）出版了《文化变迁理论》（*Theory of Culture Change*）,标志着文化生态学正式诞生。文化生态学有以下几个基本理念:（1）文化与其生态环境是不可分离的,它们之间相互影响、相互作用、互为因果;（2）文化生态学的全部基础是环境适应;（3）相似的生态环境下会产生相似的文化形态及其发展线索,而相异的生态环境则造就了与之相应的文化形态及其发展线索的差别。可见,文化生态学是以文化与生态环

---

① 韩慧,郑家鲲.新中国成立70周年我国体育社会组织发展:历程回顾、现实审思与未来走向[J].体育科学,2019,39（5）:3-12.

境之间关系为基础而建构起来的学科。文化生态,其概念也有多种界定,有学者认为,"文化生态是指文化的生成、传承、存在的生态状况"[1];也有学者认为,"文化生态是指就某一区域范围中,受某种文化特质的影响,文化的诸要素之间相互关联、相互作用所呈现出的具有明显地域性特征的现实人文状况"[2]。以此为基础,国内学者也对体育文化生态进行了研究。王洪珅博士认为,"体育文化生态是指构成各民族体育文化的各要素之间相互作用、相互影响、相互制约等关系的呈现状态"[3]。他也对少数民族传统体育文化生态的概念进行了界定,认为,"少数民族传统体育文化生态是指我国各少数民族所创造的传统体育文化与其所处的环境之间,以及其内部各要素之间相互作用、相互影响和相互制约关系的呈现状态"。由此可以看出,西南地区少数民族传统体育文化生态的保护,就是要处理好少数民族传统体育文化与其所处生态环境之间的关系,使两者能够相互作用,相互促进。

西南地区少数民族传统体育文化生态保护是优化其传承环境的前提,在文化生态理论框架内,环境有自然环境、社会经济环境和社会制度环境三个方面的所指。因此,本研究认为可以从环境的三个维度来分析传统体育文化,从其相互关系的角度进行少数民族传统体育文化传承环境的优化。

第一,加强自然环境保护,保证少数民族传统体育文化传承的原生态。"自然生态环境制约着民族体育文化活动的内容,而各民族的体育活动在社会实践、认识关系和价值关系的每一个环节中发挥作用,都必须通过自然生态环境,并在自然生态环境的制约下才能得以实现"[4]。西南地区各民族的传统体育文化所具有的地域性特征基本上都来源于自然环境,可以说,自然环境赋予了少数民族传统体育文化最本真的个性,因此,少数民族传统体

---

①　李学江.生态文化与文化生态论析 [J].理论学刊,2004（10）:118-120.
②　管宁.文化生态与现代文化理念之培育 [J].教育评论,2003（3）:7-11.
③　王洪珅.中国传统体育文化的生态适应论 [M].北京:中国商务出版社,2017.12.
④　张涛.中国少数民族传统体育文化生态学研究 [M].北京:中央民族大学出版社,2008.8.

育文化的传承,首要的是要保护好其原生环境。所谓原生环境,主要包括地理位置、气候、海拔、植物、动物、居住环境、交通条件、器材场地等,除去一些人力所不可控的因素,其他的都该得到应有的保护。例如,有一定数量的少数民族传统体育器材,制作的原材料均取材于当地特有植物:贵州"独竹漂"的"南竹"、云南景谷制作传统"陀螺"的"柚木"、贵州施洞镇制作"独木龙舟"的"柳杉",西藏工布制作传统"响箭"箭杆的"西藏梨藤竹"和制作"碧秀"的"西藏青冈木"等等;也有些项目与当地动物关联绵密,如西藏林芝地区"响箭"靶围的原材料就是"羊皮"和"牛皮",西藏的"赛牦牛""赛马",四川凉山州的"彝族赛马",贵州三都的水族"赛马"等等。因此,从某种意义上讲,保护好少数民族传统体育文化所依托的自然环境,就是保证了其最鲜明的民族个性。其次要保护好少数民族传统体育文化赖以生存的自然环境。随着民族地区城镇化进程的推进,原先植根于村寨和乡村的传统体育活动也面临失去生存空间的危险,面对这种不可逆转的社会现实,可以采用建设少数民族传统体育文化生态保护区①的形式来应对,其建设应以原生环境——村寨或乡村为区域范围,选取某一项传统体育活动开展最具特色的自然村落或村落群为范围,为各项少数民族传统体育提供可以进一步成长的"土壤"和"传习所"。最后,保护少数民族传统体育文化的历史遗迹和文物。少数民族传统体育文化的传承还体现在历史遗迹、古老器材、古籍和文物上,在自然环境的框架内,要保护具有历史沉淀的场地,如重庆土家族摆手舞的"摆手堂"、四川西昌具有百年历史的赛马场、云南景谷的古老陀螺场等等,此类遗迹承载了某个项目的历

---

① 文化生态保护区是指"在一个特定的区域中,通过采取有效的保护措施,修复一个非物质文化遗产(口头传统和表述,包括作为非物质文化遗产媒介的语言;表演艺术;社会风俗、礼仪、节庆;有关自然界和宇宙的知识和实践;传统的手工艺技能等以及与上述传统文化表现形式相关的文化空间)和与之相关的物质文化遗产(不可移动文物、可移动文物、历史文化街区和村镇等)互相依存,与人们的生活生产紧密相关,并与自然环境、经济环境、社会环境和谐共处的生态环境"。

史文化信息和珍贵的历史记忆，应当通过保护使其代代传承。

第二，充分借势社会经济环境的改变，促进少数民族传统体育文化传承。在市场经济的大背景下，社会经济环境较之前有了很大改变，不论是西南地区各民族居民还是各级政府部门，都在此背景下发生了观念的调整与转变。各民族的传统体育文化虽然应当坚守传统，但也应当在传承过程中进行调整，跟上社会经济环境改变的步伐。少数民族传统体育文化既是一种特色的民族民俗文化资源，也是一种有特色的体育旅游资源，伴随低碳经济发展而勃兴的旅游业发展势头迅猛，在"文化＋旅游"产业融合的背景下，少数民族传统体育文化作为一种特色资源，可以在坚持民族特色的前提下，作为一种"体验型"的文化类型"嵌入"文化旅游产业，一方面可以促进少数民族传统体育文化资源的经济利益转化，有利于促进当地少数民族居民积极性的调动和能动性的发挥；另一方面，可以为各级地方政府发展经济服务，从而获得更多的政策支持和发展机遇。因此，借势经济环境的改变，一则会促进西南地区少数民族传统体育文化群众基础的增加，二则也会促进其在"原生地"的传承和发展和"活态型"传承机制的形成。

第三，借力社会制度环境的改观，为少数民族传统体育文化传承提供保障。制度环境是"指一系列与政治、经济和文化有关的法律、法规和习俗，是人们在长期交往中自发形成并被人们无意识接受的行为规范"[①]。制度具有一定的规范性、约束性和强制性，可为少数民族传统体育文化的传承提供重要保障。近年来，国家层面出台了一系列的制度和措施，如《全民健身条例》《"健康中国2030"规划纲要》《关于加强和改进新形势下民族工作的意见》《全民健身计划（2016—2020年）》《"十三五"促进民族地区和人口较少民族发展规划》《关于进一步加强少数民族传统体育工作的指导意见》（体群字〔2018〕9号）及《关于实施中华优

① 制度环境 .360 百科 [EB/OL]. https://baike.so.com/doc/6444125-6657806.html.

秀传统文化传承发展工程的意见》等,从不同侧面为少数民族传统体育文化的传承和发展提供了制度层面的支持,西南地区少数民族传统体育文化的传承和发展要善于借力各种制度,为各项工作的开展寻求制度保障。

（四）大力实施"传承人"培育和保护工程,形成传承梯队

人是文化传承中最具活力和能动性的因素,所有文化的传承最终都通过人来实现。反观西南地区少数民族传统体育文化传承的限制性因素,传承主体是其中最为核心的要素,毕竟传承链条的首尾相接都是传承主体,传承媒介的选择者、传承过程的实施者、传承效果的体现等,都从"人"这一要素上得以体现。"杰出的传承人应是在继承传统中有能力做出文化选择和文化创新的人物,他在非物质文化遗产的传承、保护、延续、发展中,起着超乎常人的重大作用,受到一方民众的尊重与传诵"①。因此,"传承人"的培育和保护是西南地区少数民族传统体育文化传承机制重构的重中之重。

从现实情况来看,"后继乏人"的情况在西南地区各民族的传统体育文化传承中普遍存在,掌握了某项传统体育技术或器材制作技艺的年长者相继老去,眼看着自己手中工具变得锈迹斑斑,眼睁睁着自己的技术或技艺随时间的流逝而失传,在调研访谈中多次听到此类老者的感叹和无奈。典型的实例是贵州省台江县施洞镇的"独木龙舟",这种龙舟的样式和制作技艺在全世界独一无二,足见其价值。在几百年的传承过程中也造就了一批批能工巧匠,因为打造一艘龙舟不仅耗费大量的人力物力,还是一项复杂繁琐而又精益求精的工作,仅必须的工具就有 30 多种,包括木工、雕刻等技艺,要掌握全部手艺需要经过十几年的学习和积累。在台江县施洞镇调查中了解到,比较知名的龙舟制作人叫张

---

① 刘锡诚.传承与传承人论 [J].河南教育学院学报（哲学社会科学版）,2006（5）: 24-36.

学丁,是目前村里唯一会做龙舟的匠人,早在十几岁就学木工和龙舟制作,30岁才真正学会所有龙舟制作工艺。据理解,在张学丁一代,会做龙舟的人本来就不多,有的已经不在人世,现在台江县会做龙舟的不到10人,而且都年事已高。"差不多已经10年没人请我去做龙舟了,以前用过的工具也有很多找不到了,还有些也都锈了……年轻人都不愿意学手艺了,觉得没啥用。"张学丁的一番话,道出了传统体育器械制作技艺传承的现实和无助。类似的例子还有西藏林芝地区的"响箭",传统的竹片弓在选材上十分考究,制作过程包括选材、浸泡、压、削、黏、绑等步骤;"弓弦"有的用牛筋做成,更多的是用麻来制作,制作过程包括搓、并、泡、绑等步骤;箭杆的制作工艺较为复杂,制作过程中的选材、浸泡、打眼儿、烘烤、掰、削、刮、裹、绑线、黏、调试等步骤,都有一定的规格要求和注意事项;靶围的制作包括剪裁底布、缝制牛皮(浸泡、脱毛、踩皮)、缝制门围、缝制香布和彩布等环节,每个环节对制作方法都有一定的讲究。这些传统工艺是非常宝贵的"非物质文化遗产",同样面临传统技艺丢失和传承中断的危机。

从以上两个实例可以看出,西南地区少数民族传统体育文化传承人的培育和传承梯队的打造已经刻不容缓,否则传统技艺的消失将是我国传统体育文化传承的遗憾。本研究认为可以从以下几个方面着手:第一,进行少数民族传统体育技术和器材制作技艺的全面普查和挖掘整理。在调研中发现,有不少传统体育的技术或器材制作技艺以独家"绝活"的形式掌握在一小部分人手中,这一点与其他类型的"非物质文化遗产"类似,有些传统技艺作为一种谋生手段在家族内部传承,秘不外宣。这种情况虽然在少数民族传统体育领域不多,但也有个案。如四川凉山地区的"彝族赛马",虽然家家户户都用马养马,但真正能在比赛中夺魁的马却有着独特的挑选方法,有些人擅长"相马术"①,虽然大家都略知一二,但具体挑选还得靠"火眼金睛"。相信此类特殊相马术在西藏牧区、四川藏区等地都存在,也相信类似的独家技术或技艺在其他民族的传统体育项目中也存在。但现在关于这方面的普查、挖掘和整理还不够,如若能采用"非遗"发掘和整理的办法,在广大少数民族地区进行挖掘,并采用文字、图片或影像的形式进行记录和整理,将是一笔宝贵的财富。第二,筛选和认定一批传承人。类似上文提到的"独门绝技"还是少数,更多的传统体育项目都是大众化的,即便如此,在技术或技艺的水平高低方面还是存在个体性差异,有些人热衷于某项技术或技艺,总是技高一筹。在培育少数民族传统体育传承人的过程中,要筛选出对技术或技艺情有独钟且有传承意愿的人,借鉴"非遗"的传承人认定方法,政府文化和体育部门颁发官方的资格证明,使其得到一定程度的法律地位认可,并给予一定的资助或补贴鼓励其传承技术或技艺。第三,制定传承人技术或技艺的保护性制度。首先需要说明的是,此处所谓的"传承人"是一个大概念,一方面包括了"非遗"领域的传承人含义,另外,还是指包括传承的个人和集体(团体)。诚然,技术或技艺某种意义上是一种非物质形态的存在,存在"知识产权"的问题,一旦大范围传授或许影响了技术拥有者的收入和生活,这种情况的确是个两难问题,需要通过制度的建立和完善来逐步解决。早在 2008 年,文化部颁布了《国家级非物质文化遗产项目代表性传承人认定与管理暂行办法》,对传承人的认定有了较为具体和明确的规定,但在"非遗"领域的传承人认定还存在行政手段干预和民间的事民间办的争论。尽管

---

① 彝族"相马"标准:马的头要大,耳朵要向上且有力,眼睛要大而鼓,马的鼻孔也要大,利于呼吸;马的嘴也要大,在赛跑时必须张开大嘴,跑时应该是埋头和嘴,以快触到地面者为佳。马的颌颊要大,这样才能够多吃东西。马鬃不能太厚,马腰肢不能太长,马肚不能大,马后腿不能太直,马蹄不能大,马旋不能长在马脖子上和马嘴上,认为长在脖子上是上吊旋,长在嘴上是吃人旋。马毛最好是纯黑色或纯绛红色。白斑点长在背两侧者被喻为翅膀很好,白斑点长在两前肢或后肢者也很好,额头上的白斑点也很好,但白斑点从额头长到嘴角上的却不好。

如此，现实中也有经验可循，如"实行由行政部门认定与公民自由申报有机结合的传承人申报和认定制度……在认定时，采取两条腿走路的方式，即除了政府组织申报外，还采取由传承人直接'登记'的'文化财登录制度[①]'"[②]。"双轨制"的传承人认定方式，一方面可以激发传承主体的积极性，也在一定程度上规避了知识产权的矛盾问题。同时还应建立传承人的动态管理和激励制度，使其乐于并安于各项传承活动。第四，开展传统体育技术或技艺的专业培训，打造传承梯队。基于上文述及的技术或技艺的挖掘整理、传承人认定和传承制度完善，在"族内"开展多种形式的传艺或技术培训是实现少数民族传统体育文化传承的必要手段，具体可采用社区兴趣小组、定期开办培训班、融入学校课堂等形式，使传统体育的技术或技艺得到纵向的深度传承和横向的传承范围拓展，尽最大可能地增加传承群体的数量。同时，在各种培训的实施过程中，发现人才并进行重点培养，逐步打造具有较强传承能力和较高传承水平的传承梯队。

（五）推进少数民族传统体育文化产业发展，探索传承新路径

西南地区少数民族传统体育文化的传承，需要结合时代背景、社会背景和行业背景进行传承路径的探索和创新，形成符合社会需求的传承新机制。过去很长一段时期内，各少数民族的传统体育活动大都融合在民俗和仪式中，基本处于"搁置化"的存在状态，只有在特定的时机才"现身"于众。这种情况在20世纪90年代以后才有所改观，伴随旅游业的发展，"体验式"旅游产品逐渐成为新宠，此时的传统体育活动作为一种表演性质的旅游产品融合在民族特色旅游之中，其传承的空间和平台也开始了新的探索。从近些年的情况看，少数民族传统体育文化与旅游的结合

[①]　文化财登录制度主要是由各级文化主管部门负责制定非物质文化遗产代表性传承人的标准，并根据各大门类规定具体的实施细则和办法，符合申报条件的公民可以随时申报，有关部门按年度对申报人员进行考核，并对传承人实施动态管理。——佟玉权. 非物质文化遗产传承人的保护与制度建设 [J]. 文化学刊，2011（1）：128-133.

[②]　李荣启. 对非遗传承人保护及传承机制建设的思考 [J]. 中国文化研究，2016（2）：20-27.

发生了改变,2014 年出台的《国务院关于加快发展体育产业促进体育消费的若干意见》(国发〔2014〕46 号)中明确指出,要"支持中西部地区充分利用江河湖海、山地、沙漠、草原、冰雪等独特的自然资源优势,发展区域特色体育产业。扶持少数民族地区发展少数民族特色体育产业。鼓励地方根据当地自然、人文资源发展特色体育产业,大力推广武术、龙舟、舞龙舞狮等传统体育项目,扶持少数民族传统体育项目发展……"[①]。产业化成为少数民族传统体育新的发展方向,较大程度上使少数民族传统体育改变了原有的发展模式,也为其传承开启了新的路径。

西南地区有着丰富的传统体育文化资源,通过产业化开发,不仅可以使广大少数民族居民得到实惠,也在一定程度上为少数民族传统体育文化的传承提供了符合时代背景要求的新路径。《关于加快发展体育产业促进体育消费的若干意见》《关于加快发展健身休闲产业的指导意见》和《关于做好政府向社会力量购买公共文化服务工作的意见》等一系列文件,也为少数民族传统体育文化的发展提供了新的发展机遇和发展环境,西南地区各民族传统体育文化也应因势利导,通过产业化实现传承路径的再拓展,形成新的传承机制。

(1)打造少数民族传统体育"体验+健康"的旅游产品。2016 年,国家体育总局和国家旅游局签署了《关于推进体育旅游融合发展的合作协议》,"旅游+体育"的发展模式成为市场中的一股新生力量。国家体育总局副局长冯建中认为,体育旅游作为一种全新的休闲方式已成为新的消费热点。体育作为内容,进一步提升了旅游的资源价值;旅游作为渠道,进一步拓展了体育的实现方式。在倡导产业融合发展的当下,西南地区各民族传统体育文化,应当充分利用旅游业成熟的产业模式进行深度融合,开发"民族+民俗"体验、"原生态+原生力"健康相结合的传统体育文化旅游,在发展民族传统体育文化和促进旅游产业升级之间

---

① 资料来源:《国务院关于加快发展体育产业促进体育消费的若干意见》(国发〔2014〕46 号),2014.

寻求平衡点,以特色产品挖掘市场潜力,实现两者利益的最大化。

（2）选择性地建设少数民族传统体育"特色小镇"。"特色小镇"是指以行政区划为单元,资源禀赋各异、特色产业鲜明、具有一定人口和经济规模的建制镇,其实质是一种"在块状经济和县域经济基础上发展而来的创新经济模式"。特色小镇的建设在2016 年得到住建部等三部委力推,于当年 7 月发布了《关于开展特色小镇培育工作的通知》。在此背景下,体育类特色小镇的建设也提上日程,2017 年 5 月 9 日,国家体育总局下发了《关于推动运动休闲特色小镇建设工作的通知》,正式启动了体育小镇的建设工作,掀起了以"体育产业＋特色旅游"为方向的体育小镇建设热潮。西南地区现已有 15 个运动休闲特色小镇得到了国家体育总局的认定。在此基础上,依托西南地区丰富的少数民族传统体育文化资源,并结合当地自然景观的旅游资源,建设少数民族传统体育特色小镇,通过少数民族传统体育的产业开发和融合发展,促进少数民族传统体育文化的产业升级,从而为少数民族传统体育文化的传承拓展新路径。

（六）丰富少数民族传统体育文化传承媒介,突破传承范限

"媒介"是一种工具,从基本概念上讲,"凡是能使人与人、人与事物或事物与事物之间产生联系或发生关系的物质都是广义的媒介"[1]。在美国著名传播学家施拉姆那里,"媒介就是传播过程中,用以扩大并延伸信息传送的工具"。从上述概念和界定上不难看出,媒介的主要作用在于信息传送,而媒介所连接的两端是人与人、人与事物或事物与事物。从西南地区少数民族传统体育文化传承机制重构的角度来看,其重点在于打破传统传承机制在媒介利用方面多元化程度不够的限制,建构一个相对多元且具有时代特征的媒介体系,为各类传统体育文化的传承提供选择。具体措施如下:

---

① 媒介 . 百度百科 [EB/OL].https://baike.baidu.com/item/%E5%AA%92%E4%BB%8B 2018-09-20.

第一,综合分析传统媒介,在尊重传统的基础上对传统媒介进行优化和重组。文化传承是个复杂的过程,传承媒介的使用会因传承阶段和传承环节的不同而有所侧重和区别。符号、语言、身体和文字是人类社会发展早期文化信息传递使用最广泛的媒介,具有 3000 多年历史的云南沧源岩画可辨识 1063 个的图像,为我们保存和传递了狩猎、采集、舞蹈、战争等方面的信息,是一种典型的符号媒介,具有保存时间长、形象生动的优势和特点;语言和身体也各有优势,语言在同文化族群内使用具有信息容量大、信息传递准确和适用范围较广的优势,但也客观存在信息保留时间短、族群界限明显等问题;身体作为媒介传递信息,可以生动形象地表达情感和动作规范,在传统体育文化传承方面使用更多,但客观存在表意不明确的不足;文字作为媒介,可以使信息表达具体,且便于保存,但文字跟语言类似,也有民族、地区和国家方面的范限。结合西南地区少数民族传统体育文化的传承情况看,以上传统媒介往往是通过组合使用的方式,促进了民族传统体育文化的有续传承,符号、语言和文字传递了传统体育文化的基本知识,并通过与身体配合,有效促进了传统体育动作技能的传承。从当前的社会背景来看,符号更多地出现在史料中或文物上,其解读需要专业知识储备,语言和文字作为使用最广泛的两种传承媒介,需要通过翻译来跨越使用的范限,使不同文化背景和语言文字背景的受众能够准确获取正确信息,身体的使用也需要配合语言和文字,并且一定程度上要求受众"在场"。因此,鉴于传统媒介的优势,西南地区少数民族传统体育文化在当下的传承,不仅需要上述 4 种媒介的自身优化,同样也需要相互组合之后形成的强大力量。

第二,积极使用新兴媒体,构建西南地区少数民族传统体育文化"新老组合"的传承介质体系。媒介在信息传递过程中的优势,需要借用各种媒体来发挥。当前,人类社会正在迈入信息时代,信息社会中的信息传递基本借由互联网来实现,网络新媒体、移动新媒体、新型电视媒体等各种新媒体应运而生,同时,介质也在迭代更新,报纸、广播、电视、电影、杂志等"旧介质"已经呈现式微的态势,电子邮件、报刊的网络版等"新介质"和博客、优视网、推特、聚友网、维基网等"新新介质"①也日新月异。在此社会背景之下,西南地区少数民族传统体育文化的传承机制需要走出对传统媒体和旧媒介的依赖,充分利用新媒体和新介质来构建新的传承媒介体系。根据中国互联网络信息中心(CNNIC)发布的第 44 次《中国互联网络发展状况统计报告》,截至 2019 年 6 月,我国网民规模达 8.54 亿,农村网民规模为 2.25 亿,占网民整体的26.3%,互联网普及率达 61.2%,手机网民规模达 8.47 亿,网民使用手机上网的比例达 99.1%,网络视频用户规模达 7.59 亿。可见中国网民规模之大和互联网普及率之高(图 6-3)。

网民规模和互联网普及率

单位:万人

时间	网民规模	互联网普及率
2016.6	70958	51.7%
2016.12	73125	53.2%
2017.6	75116	54.3%
2017.12	77198	55.8%
2018.6	80166	57.7%
2018.12	82851	59.6%
2019.6	85449	61.2%

■ 网民规模　—×— 互联网普及率

来源:CNNIC 中国互联网络发展状况统计调查　　2019.6

图 6-3　我国网民规模和互联网普及率

在中国互联网发展迅速的背景下,西南地区各民族传统体育文化的传承不能再"养在深闺",应当充分借势,顺应时代潮流,在传承内容上通过文字、图片、视频等实现数字化、在传承介质上充分利用新介质实现信息化、传播范围上通过互联网实现全球化。总之,在新的时代背景下,要突破原来的传统媒介范限,充分利用

---

① [美]保罗·莱文森著.新新介质[M].何道宽译.上海:复旦大学出版社,2011.3.

新媒体、新媒介,形成新的传承媒介体系,并以此促进各民族传统体育文化的有效传承和发展转型。

(七)探索类别划分基础上的多元传承方式,创新传承模式

西南地区少数民族传统体育项目繁多,并且在历史起源、开展方式、参与人数、场地器材、开展规模等方面各有特点,在一定程度上决定了西南地区少数民族传统体育文化类型的多样性。基于不同类型传统体育文化的特点和其传承方式的差异性,本研究认为传统体育文化传承路径的确定应当基于其类别划分,即传统体育文化在传承方式的选择上应当多元化,根据类型选择适合的传承方式和传承路径。

根据不同的分类标准,可将西南地区少数民族传统体育分为不同类型,但关于传统体育文化的分类应当基于其基本属性。因此,本研究根据西南地区各民族传统体育所具有的观赏性、竞技性、集体性、教育性等属性,将民族传统体育文化分为动态类和静物类,其中,动态类主要是指各种类型的传统体育活动,具体分为观赏型、竞技型、参与型和教育型,静物类主要是指民族传统体育文化相关的文物、器材、古籍、艺术品和纪念品等。基于以上分类认为,西南地区各民族传统体育文化在传承方式或路径上可形成以下几种模式。

(1)观赏型的展演模式。纵览西南地区各民族的传统体育,有一部分是源于各种仪式的身体活动,抑或是宗教仪式中的祭祀性舞蹈、抑或是出征前鼓舞士气的武舞、抑或是庆祝丰收时的欢庆舞,这类传统体育活动不仅具有较大的运动量,对促进健康有重要作用,而且具有较强的观赏性。这种类型的体育在传承空间拓展上可以采用展演模式,发挥其观赏性和娱乐性的优势,借由各种民族重大活动进行展演。此前介绍过的羌族"推杆"是借助展演模式实现传播和传承的典型,在当地形成了规模不一的展演团,既发挥了其经济价值也实现了有续传承。历届全国少数民族传统体育运动会上的几十到上百个表演项目,其传承都可通过展

演模式实现空间的拓展和传承面的扩大。

（2）竞技型的竞赛模式。竞技性是绝大多数少数民族传统体育的基本特征,如竞争速度和技巧的"赛马"和"高脚竞速",比试力气的"抱石头",比拼力气和技巧的"摔跤",考验准确度的"射箭""射弩"和"吹枪",体现智力和技巧博弈的"打陀螺"等等,都从不同侧面反映出较强的竞技性。此类民族传统体育活动现在已经有了多个竞赛平台,不少地区发掘当地体育资源,举办各种规模的传统体育节或传统赛事,有些地区还针对省级少数民族传统体育运动会和全国少数民族传统体育运动会组建了训练梯队,建成了多个训练基地。可以说,竞赛模式为竞技型的传统体育文化传承提供了广阔平台。

（3）参与型的健身模式。在众多少数民族传统体育活动中,有很大一部分群众基础好、技术门槛低和健身效果较好的项目,如云南景谷县的"打陀螺"、四川凉山州的"骑马"、多个民族都开展的"秋千"以及各民族的健身舞蹈等等,具有较强的参与性,既可以自娱自乐,也可以集体活动。此类传统体育可以作为民族地区全民健身的备选项目,借助社区的资源和平台开展多种形式的健身活动。总之以"健身"为主题,发挥其参与性优势进行传承,既可以增加传承群体的数量,也可以丰富民族地区群众的文化生活。

（4）教育型的课程模式。关于少数民族传统体育进校园,已经有很多学者进行了探讨,也有不少民族地区的中小学付诸实践,如贵州兴义地区将本地特色传统体育项目"板凳舞"改编为"板凳操"进入学校、景谷县中小学开展"打陀螺"体育课程、云南文山州将"吹枪"融入学校体育课程等等,均取得了较好的效果。此外,"高脚竞速""蹴球""板鞋竞速""独竹漂"等民族传统体育活动也作为体育课程在高校和专业体育院校开展。针对具有一定教育价值和健身价值的趣味性传统体育活动,只要能够体现民族文化特色并且具有较好的群众基础,都可以尝试性地进入民族地区中小学体育课堂或课外活动,作为一种"校本课程"进行传统体育文化教育,是缓解传承代际危机和增加传承群体数量的两全之策。

（5）实物型的馆藏模式。西南地区少数民族传统体育文化,除了各种类型的传统体育活动作为载体之外,还有一部分传统体育的实物,作为历史积淀的产物同样是传统体育文化的良好载体,例如,各种文物、器材、古籍、艺术品和纪念品等,都蕴含了重要的历史文化信息。体育史专家郝勤说:"体育博物馆是体育文化非常重要的组成部分,它通过文物等展品唤起人们的集体记忆"。此类实物型的传统体育文化载体,最后的传承就是馆藏和展览。目前,中国民族博物馆、中国体育博物馆、天津体育博物馆、成都体育学院博物馆等体育主题博物馆都做了大量贡献,举办了"动·境——中华古代体育文物展""中国少数民族传统体育文化展"等等,为少数民族传统体育文化的传承和发展提供了新机遇,搭建了新平台,形成了新模式。

（八）建构少数民族传统体育文化的传承场,改良生长土壤

西南地区少数民族传统体育文化在现代社会中的生存、传承和发展存在的一系列问题,社会各界已有了一定的认识,并做了诸多有益的尝试。从某种意义上讲,制度建设、经费支持、模式构建等促进少数民族传统体育文化传承和发展的措施,都属于一种"外部"的力量,而相对于少数民族传体育文化本身而言,它能够在过去的千百年间不断传承和延续,一定有其"内部"的发展之道,这种内生的存续能力和适应能力源自何处? 又是如何发挥作用的? 是研究其传承机制不容回避的问题。

传承场可在一定程度上对上述疑问进行解惑。传承场是一个基于"场"而提出的概念,所谓"场",首先是一个空间概念,一般意义上是指较为平坦的空地,也是"许多人因事聚集的地方"。正是由于场是一个集体因事而聚的空间,也赋予了其文化含义,意即,"场"是一个具有"具体空间"和"抽象空间"两层含义的概念。由此可以推知,文化的传承场一方面具有物理空间的所指,

也具有无形空间的含义,而此处的无形空间是以多人聚集议事而产生的各种社会关系为基础而形成的。有学者将传承场概括为自然传承场、社会传承场和思维传承场三种类型。其中,自然传承场是"与人类的生存与发展休戚相关,与人类社会生活有着密切联系,又被人类所认同的那些自然环境的因素"①;社会传承场包括社会经济环境和社会制度环境两个方面,"前者指人类加工、改造自然以创造物质财富所形成的一套生产条件,包括工具、技术、生产方式等;后者指的是人类创造出来为其文化活动提供协作、秩序、目标的组织条件,包括各种社会组织、机构、制度等结合而成的体系"②;思维传承场是一个抽象概念,是基于思维这个过程而具有空间、通道,即"场"。基于上述传承场的论述,可围绕传承场的三种类型来分析西南地区少数民族传统体育文化传承和机制的重构。

(1)保护少数民族传统体育文化的原生自然传承场。众所周知,特殊的自然环境孕育了不同类型和不同特点的传统体育文化,并赋予其特殊的文化内涵和独立个性,从某种意义上讲,是原生自然传承场为各民族的传统体育文化提供了原生动力,同时也为其生存、生长、传承和发展提供了空间和营养。因此,从本质特征上来梳理各民族的传统体育文化,理清潜藏于内部的自然环境因素,并将其来源进行有目的的保护,如保护好"赛牦牛"和"古尔朵"存续的大草原、"独竹漂"和"龙舟"生长的河流、"吹枪"和"射箭"所依赖的山林等等,都会从根本上提高少数民族传统体育文化传承的内生动力和潜在后劲。

(2)以家庭和村寨为基础进行民族传统体育文化社会传承场的再构。前文有所述及,家族文化和族群文化为西南地区各少数民族传统体育文化的存续提供了保障和依托,同样,家庭作为社会的最小组织单位,具有多重社会功能,其存在和发展在某种程度上是社会经济环境的缩影;家庭和村寨之间的关系也在某

---

① 张福三.论民间文化传承场[J].民族艺术研究,2004(2):27-34.
② 冯天瑜.中华文化史[M].上海:上海人民出版社,1990:10.

种意义上反映出社会制度环境的变化。可以说,家庭和村寨为各民族的传统体育文化提供了传承和发展组织保障、人力保障、资源保障和制度保障。因此,西南地区少数民族传统体育文化传承机制的重构,要在维持家庭和村寨这种社会场域的基础上,依托现代社会所出现的旅游、展演、竞赛、教育等平台,进行社会传承场域的拓展和建构,为少数民族传统体育文化的传承提供更多空间。

（3）通过少数民族传统体育文化教育构建传承主体的思维传承场。少数民族传统体育文化是集体智慧的结晶,当前西南地区少数民族传统体育文化传承所面临的"主体意识淡漠"现象,充分说明诸多民族的居民没有形成传统体育文化的思维传承场,而是在民族传统文化的思维传承场中融合进了传统体育文化这一内容,因此要通过多种形式的宣传和教育,使广大少数民族居民形成"体育"意识,通过多种形式的体育活动强化,使作为传承主体的少数民族居民形成思维传承场,从精神层面发挥作用,激发更多传承本民族传统体育文化的行为。

（九）构建少数民族传统体育文化传承社区,融入群众生活

前文已述,西南地区各民族传统体育文化共同面临的一个困境就是传承群体数量减少,这一问题的致因是多方面的,要从根本上解决,需要在"内生性"方面寻求突破,即在青壮年外出打工等短期内难以改变的背景下,只能从民族地区广大群众中去发掘传承群体。本研究结合西南地区经济发展情况,人口资源情况,软、硬件情况提出了民族传统体育文化传承的社区模式,即在广大民族地区建立民族传统体育文化传承社区,来促进传统体育融入百姓生活,从而实现传承群体数量的增长。

众所周知,社区是以人为基本构成单位的,社区是人的集合。从辞源上讲,"社区"是一个舶来品,源于 community,具有团体、社会、公社、公众、共同体、共同性等多种含义。20 世纪 30 年代,费孝通先生在翻译德国社会学家滕尼斯的《Community and

Society》(社区与社会)时,才有了中文"社区"的提法。从概念上讲,社区的定义有上百种,本研究认为刘视湘的界定有一定代表性,即"社区是某一地域里个体和群体的集合,其成员在生活上、心理上、文化上有一定的相互关联和共同认识"①。从含义上讲,社区有以下6方面的含义:(1)每个人都生活在一个相对固定的区域,那里有一定数量的人口,居民具有共同的区域身份、某些共同的看法、相关的利益和比较密切的交往。(2)社区是一个特定地区内的人口集团。(3)社区成员之间的联系纽带是共同语言、风俗和文化,由此产生共同的结合感和归属感。(4)每一社区都有共同的活动场所和活动中心。(5)每一社区都有自己的组织和制度。(6)每一社区都有它特有的自然条件或生态环境。其实,上述6条也是构成社区的基本条件。结合西南地区各民族的生活情况来看,社区的6个基本条件都满足,因此,构建西南地区少数民族传统体育文化传承的社区模式是现实可行的。具体而言,西南地区少数民族传统体育文化传承的社区模式是指,在广大民族地区依托各村寨、乡镇等基层行政组织,将现有的广场、学校、村委会等自然条件作为活动场所,遴选出一定数量的"召集人",利用闲暇时间组织群众开展各种形式的传统体育活动,以此丰富居民业余文化生活和增进健康水平,进而促进传统体育文化的"本土化"和"活态化"传承。具体实现路径如下:

第一,政府体育部门主导建设民族传统体育文化传承社区。少数民族传统体育文化传承社区的建设从理论上分析已经具备了各方面的条件,也具有建设的可行性,但实践层面是一个系统工程。考虑到资源的统筹分配和科学使用,本研究认为少数民族传统体育文化传承社区的建设,可以与全民健身工程的建设整合,依托全民健身的场地、人力资源、硬件和软件条件,将纳入本民族传统体育传承计划的传统体育项目与全民健身内容进行适当融合,对社区工作人员进行传统体育文化基本知识的培训,将

---

① 刘视湘.社区心理学[M].北京:开明出版社,2013.

学校体育师资力量纳入传承社区的传统体育技术技能培训,以此解决人力资源的问题;同时,政府体育部门牵头制定相关的支持制度和措施,将传统体育文化社区的工作纳入社区工作人员的绩效,计入体育教师的工作量。此外,加大宣传力度,通过体彩公益金、企业赞助等形式筹集资金,支持传统体育文化传承社区的活动开展。

第二,基层行政单位负责推行民族传统体育文化传承模式。各村寨、乡镇等基层行政单位结合当地实际,在政府体育部门的带领下开展讲座、小型比赛、展演等多种形式的传统体育活动。在当地民族节日期间,集中开展宣传、参观、竞赛等活动,也可以与当地学校联合开展趣味运动会,增强广大群众和学生群体的互动,购买一定的体育器材作为奖品,调动居民参与传统体育文化相关活动的积极性和主动性。再者,利用电视、手机媒体等各种宣传平台,加大传统体育文化基本知识的普及教育,使传统体育融入老百姓的日常生活。

第三,整合民族传统体育文化传承社区和民间体育组织的资源。西南地区少数民族传统体育文化社区的建设和运行,可与当地各类体育社会组织进行合作,将体育组织的活动与社区结合,在人力资源、社会资源和行政资源上互相支持。在社区开展的各种活动中,将体育组织的部分人员吸纳进来进行基本知识的宣讲、基本技术技能的传授和技艺的展演,同时,体育社会组织开展活动也可以利用社区的平台和场地设施等资源。此外,各体育社会组织可以通过社区的各种活动吸纳新会员,使原本相对分散的传承力量汇集起来,从而在促进传统体育文化的传承和发展方面发挥更大作用。

(十)协调国家介入与民间回应之间的关系,增强传承互动

西南地区少数民族传统体育文化作为民族、民间、民俗文化的集合,长期存在于我国的乡土社会,与各民族民众的生产生活融为一体,伴随当地社会的变迁而变迁、伴随人们生活方式的改

变而改变,是我国传统文化当中独具特色的一支,具有多方面的价值和意义。从传统文化的保护、传承和发展来看,国家介入在不同的历史时期有不同程度的表现,总体来讲,各类传统文化的发展方向与国家发展是同步的。西南地区少数民族传统体育文化虽然分布较为分散,并且大都存在于民间,但其传承也须符合国家意志,毕竟各民族的传统体育文化内含着广大民众对于社会基本规则的认同,也是各种社会关系存在和发展的映射。虽然如此,西南地区各民族的传统体育文化传承也离不开广大民众的积极参与,否则其存在将是"皮之不存毛将焉附"。然而,在现实情况中所反映出来的是国家介入和民间回应之间的失衡,导致少数民族传统体育文化的保护、传承和发展与国家需求出现了某种程度的脱节。具体表现为以下几个方面。

第一,"国家高度重视"和"民间若无其事"。近年来,我国政治、经济、文化发展的加速,而对少数民族传统体育而言,或许是由于"传统"的体量和影响过大,导致其文化的转型和发展略显滞后,在多种因素的影响下,包括少数民族传统体育文化在内的传统文化出现了不尽如人意的情况。为此,国家层面高度重视,教育部为了进一步加强新形势下中华优秀传统文化教育,在2014年出台了《完善中华优秀传统文化教育指导纲要》(教社科〔2014〕3号),中共中央办公厅、国务院办公厅为建设社会主义文化强国,增强国家文化软实力,实现中华民族伟大复兴的中国梦,于2017年印发《关于实施中华优秀传统文化传承发展工程的意见》,习近平总书记站在21世纪的时代高度,从实现中华民族伟大复兴出发,高屋建瓴,对中华优秀传统文化作出新的判断、新的概括和新的定义,赋予崭新的时代内涵:"中华文明绵延数千年,有其独特的价值体系。中华优秀传统文化已经成为中华民族的基因,植根在中国人内心,潜移默化影响着中国人的思想方式和行为方式"。国家层面出台的一系列制度和国家领导人的讲话,充分体现了国家对于传统文化的重视程度,但从传统体育文化传承和发展中客观存在的"主体意识淡漠""责任义务模糊""功利化观念"等现象,显然是一种民间回应的不对等。

第二,"政府主动介入"和"民间被动接受"。政府包办在很多领域成为一种常态化现象,在西南地区少数民族传统体育发展方面同样如此,无论是各种大型传统体育赛事的组织还是传统体育节日活动的举办,民间力量都作为政府介入时的辅助,策划依靠政府安排、经费依赖政府投入、资源依靠政府统筹、人力物力依赖政府调集……各类传统体育社会组织的培育和发展还处于探索阶段,传统体育文化的产业化发展也处于萌芽状态,传统体育赛事的自我造血能力偏低。种种现象都表明政府主动介入已经成为一种常态,而较为分散和弱小的民间力量被动接受也成为一种习惯。

然而,少数民族传统体育文化是在广大西部地区民间成长起来的,千百年的传承和延续显示出其内部潜藏的巨大能量,民间力量也应该是最大的力量。因此,西南地区少数民族传统体育文化传承机制的重构,要在政府介入和民间回应方面进行调整,适当弱化政府行政干预,充分发挥民间力量,如此才能形成长效机制。具体可从以下几方面进行尝试。

(1)变"政府包办"为"政府主导"。从少数民族传统体育文化发展的一般规律来看,其最大的内生力量在于民众。因此,本研究认为西南地区少数民族传统体育文化的传承,要改变原来"政府包办"的做法,明确政府和民间主体的责任,政府可在硬件基础设施、政策制定、技术和物资援助方面给予一定的支持,而对于其他的传承活动如组织策划、人力资源和经费来源等方面,应放权给传统体育社会组织等民间力量,政府仅仅进行必要的监督和管理,以此变"包办"为"主导",既可以为民间力量提供成长机会和空间,也在一定程度上减轻了政府负担,而且在很大程度上消解了国家强介入和民间弱回应的现实矛盾。

(2)变"政府为主"为"民间为主"。从当前的情况来看,大部分少数民族传统体育文化活动的开展都依赖政府的主动策划和组织,这在一定程度上削弱了民间力量的积极性和主动性,应当在政府主导的前提下为民间力量"断奶",使广大民众在传统体育文化方面的需求自下而上地迸发,同时主要依靠民众的内生力量来组织活动,满足民众需求。

（3）变"被动传承"为"主动转型"。在国家强介入的情况下,各民族传统体育文化的传承显然成了国家责任,而作为传统体育文化主体的广大少数民族民众的责任被人为解除,导致了传统体育文化的传承更多地依赖政府的外力推动,而其源于传承场的内生力量被压制。因此,西南地区少数民族传统体育文化未来的传承,要消除外力的影响和限制,将主动权交还广大民众,经过一段时间的缓冲期之后,以民众的体育需求反向激发传统体育文化主动转型的动力,从而形成传统体育文化传承和发展的内生机制。

鉴于上述分析认为,西南地区少数民族传统体育文化传承机制的重构,要在国家介入和民间回应之间寻求平衡点,政府适当放权并做好管理和服务,培育并促进民间力量的主动回应,既能保证各民族传统体育文化的传承和发展符合社会和国家需求,又能够最大可能地激发传统体育文化传承和发展的内生动力,进而形成可持续的传承机制。

附　录

附录 1:《西南地区少数民族传统体育文化传承机制指标构建》专家咨询表

《西南地区少数民族传统体育文化传承机制指标构建》
专家咨询表(第一轮)

尊敬的专家:

您好! 十分感谢您百忙中对我们的问卷进行指导并填写相关内容! 以下是国家社科基金项目——《西南地区少数民族传统体育文化传承机制研究》为构建西南地区少数民族传统体育文化传承机制指标而设计的专家咨询问卷,烦劳拨冗填写并给予指导,您的意见或建议将作为课题研究的重要参考依据。再次感谢您的支持和帮助,顺祝身体健康、工作顺利!

联系电话: 13558685925

E-mail: yujihan2017@163.com

课题组

2019 年 4 月

西南地区少数民族传统体育文化传承机制构成要素(一级指标)[多选题]*

　　□动力机制
　　□运行机制
　　□约束机制
　　□保障机制
　　□评价机制

□其他或建议 ＿＿＿＿＿＿＿ *

1 西南地区少数民族传统体育文化传承的动力机制构成要素（二级指标）[多选题] *

□家族文化主导型

□宗教文化主导型

□娱乐休闲主导型

□竞技竞赛主导型

□实用功能主导型

□其他或建议 ＿＿＿＿＿＿＿＿＿＿＿＿＿＿＿ *

1.1 家族文化主导型（三级指标）[多选题] *

□家祭

□家法

□家礼

□族规

□其他或建议 ＿＿＿＿＿＿＿＿＿＿＿＿＿＿＿ *

1.2 宗教文化主导型（三级指标）[多选题] *

□宗教政治

□宗教哲学

□宗教伦理

□宗教礼仪

□其他或建议 ＿＿＿＿＿＿＿＿＿＿＿＿＿＿＿ *

1.3 娱乐休闲主导型（三级指标）[多选题] *

□健体

□益智

□养生

□其他或建议 ＿＿＿＿＿＿＿＿＿＿＿＿＿＿＿ *

1.4 竞技竞赛主导型（三级指标）[多选题] *

□民间非正式竞赛

□官方正式比赛

□其他或建议 ＿＿＿＿＿＿＿＿＿＿＿＿＿＿＿ *

1.5 实用功能主导型（三级指标）[多选题] *

□生产工具

□交通工具

□防卫武器

□其他或建议 _____ *

2 西南地区少数民族传统体育文化传承的运行机制构成要素（二级指标）[多选题] *

□师徒制

□族群制

□师生制

□其他或建议 _____ *

2.1 师徒制（三级指标）[多选题] *

□师傅—学徒型

□师父—徒弟型

□其他或建议 _____ *

2.2 族群制（三级指标）[多选题] *

□同姓（氏）型

□同村（寨）型

□其他或建议 _____ *

2.3 师生制（三级指标）[多选题] *

□教师—学生型

□教练—队员型

□其他或建议 _____ *

3 西南地区少数民族传统体育文化传承的约束机制构成要素（二级指标）[多选题] *

□传承主体

□传承内容

□传承场域

□传承介质

□传承环境

□传承目标

□其他或建议 _____ *

3.1 传承主体（三级指标）[多选题] *
□技能水平
□知识储备
□个人愿望
□健康状况
□经济条件
□总体数量
□年龄结构
□家人态度
□族群地位
□工作类型
□文化水平
□其他或建议 _____ *

3.2 传承内容（三级指标）[多选题] *
□知识
□技艺
□技术
□文化
□其他或建议 _____ *

3.3 传承场域（三级指标）[多选题] *
□自然场域
□公共场域
□随机场域
□特定场域
□其他或建议 _____ *

3.4 传承介质（三级指标）[多选题] *
□身体
□文字
□语言
□其他或建议 _____ *

3.5 传承环境（三级指标）[多选题] *
□内部环境
□外部环境
□其他或建议 _____ *

3.5.1 内部环境 [多选题] *

☐项目特点

☐技术与技能水平高低

☐器材制作技艺难易程度

☐其他或建议 _____ *

3.5.2 外部环境 [多选题] *

☐政治环境

☐文化环境

☐经济环境

☐制度环境

☐教育环境

☐组织环境

☐居住环境

☐其他或建议 _____ *

3.6 传承目标（三级指标）[多选题] *

☐模糊不定

☐明确具体

☐其他或建议 _____ *

4 西南地区少数民族传统体育文化传承的保障机制构成要素（二级指标）[多选题] *

☐制度

☐文化

☐利益

☐情感

☐其他或建议 _____ *

4.1 制度（三级指标）[多选题] *

☐国家制度

☐地方制度

☐家族制度

☐其他或建议 _____ *

4.2 文化（三级指标）[多选题] *

☐宗教文化

☐风俗文化

□节日文化

□其他或建议 _____ *

4.3　利益（三级指标）[多选题] *

□个人利益

□族群利益

□其他或建议 _____ *

4.4　情感（三级指标）[多选题] *

□个体情感

□集体情感

□其他或建议 _____ *

5　西南地区少数民族传统体育文化传承的评价机制构成要素（二级指标）[多选题] *

□传承主体评价

□传承内容评价

□传承过程评价

□传承效果评价

□其他或建议 _____ *

5.1　传承主体评价（三级指标）[多选题] *

□人数变化

□技能水平

□参与时间

□参与频度

□其他或建议 _____ *

5.2　传承内容评价（三级指标）[多选题] *

□完整性

□系统性

□合理性

□其他或建议 _____ *

5.3　传承过程评价（三级指标）[多选题] *

□集体组织

□个人随机

□其他或建议 _____ *

5.4 传承效果评价（三级指标）[多选题] *

□知晓度

□参与度

□自觉度

□认可度

□其他或建议 _____ *

附录2：西南地区少数民族传统体育文化传承机制调查问卷

西南地区少数民族传统体育文化传承机制调查问卷

您好！十分感谢您百忙中对我们的问卷进行填写！以下是国家社科基金项目——《西南地区少数民族传统体育文化传承机制研究》为构建西南地区少数民族传统体育文化传承机制指标而设计的整群抽样调查问卷,您的意见或建议将作为课题研究的重要参考依据。此问卷不涉及您的个人隐私,相关信息我们会严格保密,请放心填写！

再次感谢您的支持和帮助,顺祝身体健康、工作顺利！

联系电话：13558685925

Email：yujihan2017@163.com

课题组

2019 年 7 月

第一部分　基本信息

1. 您的民族归属是？ [单选题] *

○汉族（请跳至问卷末尾,提交答卷）

○其他民族 ＿＿＿＿＿＿＿＿＿＿＿＿＿＿＿＿＿＿ *

烦请务必填写。

2. 请选择省份城市与地区： [填空题] *

＿＿＿＿＿＿＿＿＿＿＿＿＿＿＿＿＿＿＿＿＿＿＿

3. 您的性别： [单选题] *

○男　　　○女

4. 您目前从事的行业： [单选题] *

○ IT/ 软硬件服务 / 电子商务 / 因特网运营

○快速消费品(食品 / 饮料 / 化妆品）

○批发 / 零售

○服装 / 纺织 / 皮革

○家具 / 工艺品 / 玩具

○教育 / 培训 / 科研 / 院校

○家电

○通信 / 电信运营 / 网络设备 / 增值服务

○制造业

○汽车及零配件

○餐饮 / 娱乐 / 旅游 / 酒店 / 生活服务

○办公用品及设备

○会计 / 审计

○法律

○银行 / 保险 / 证券 / 投资银行 / 风险基金

○电子技术 / 半导体 / 集成电路

○仪器仪表 / 工业自动化

○贸易 / 进出口

○机械 / 设备 / 重工

○制药 / 生物工程 / 医疗设备 / 器械

○医疗 / 护理 / 保健 / 卫生

○广告 / 公关 / 媒体 / 艺术

○出版 / 印刷 / 包装

○房地产开发 / 建筑工程 / 装潢 / 设计

○物业管理 / 商业中心

○中介 / 咨询 / 猎头 / 认证

○交通 / 运输 / 物流

○航天 / 航空 / 能源 / 化工

○农业 / 渔业 / 林业

○其他行业

5. 您的年龄段：[单选题]*

○ 18 以下　　○ 18~25　　○ 26~30　　○ 31~40

○ 41~50　　○ 51~60　　○ 60 以上

第二部分　调查内容

1. 您通常在以下哪种场合参与本民族传统体育活动？ [单选题]*

○家族祭祀

○宗教活动

○节日庆典
○日常休闲
○竞技比赛
○学校体育课
○学校大课间
○表演或展演
○其他 _____ *

2. 您参与本民族传统体育活动的时间情况是？［单选题］*
○时间充裕,经常参与
○时间不足,不时间断

3. 您参与本民族传统体育活动的主要目的是？［多选题］*
□娱乐
□健体
□益智
□交往
□养生
□其他 _____ *

4. 您参与本民族传统体育活动的驱动力来自于以下哪些方面？［多选题］*
□传承家族文化
□宗教文化遵从
□娱乐休闲
□竞技竞赛
□实用功能
□其他 _____ *

5. 您认为以下哪种竞技方式更有助于本民族传统体育文化的传承？［单选题］*
○民间竞赛
○官方比赛

6. 您认为以下哪种传授方式更有助于本民族传统体育文化的传承？［单选题］*
○师傅—学徒型
○师父—徒弟型

7. 您认为以下哪种教学方式更有助于本民族传统体育文化的传承？[单选题]*

　　○教师—学生型

　　○教练—队员型

8. 您认为以下哪种形式更有利于本民族传统体育文化的传承？[单选题]*

　　○集体组织

　　○个人随机

9. 您认为以下哪种场域更有利于本民族传统体育文化的传承？[单选题]*

　　○自然场域(场地要求不高,随地开展)

　　○特定场域(专用或专门场地开展)

10. 以下家族文化的内容中,哪些更有助于本民族传统体育文化的传承？[多选题]*

　　□家族祭祀

　　□家族礼仪

　　□本族族规

11. 以下宗教文化的内容中,哪个更有助于本民族传统体育文化的传承？[多选题]*

　　□宗教伦理

　　□宗教礼仪

12. 在族群制框架中,您认为哪种方式更有利于本民族传统体育文化的传承？[单选题]*

　　○族内传承

　　○族间传承

13. 以下关于传承主体的因素中,您认为哪些对于本民族传统体育文化的传承更重要？[多选题]*

　　□知识储备

　　□技能水平

　　□个人愿望

　　□经济条件

　　□健康状况

□年龄情况
□家人态度
□工作类型
□学历层次
□族群地位
□价值观念

14. 以下内容当中,您认为哪些是本族传统体育文化传承的核心内容? [多选题] *
□基本知识
□制作工艺
□技术技能
□民族文化
□族群谱系
□风俗惯习
□集体记忆

15. 您认为以下哪些介质更有利于本民族传统体育文化的传承? [多选题] *
□身体
□文字
□语言
□图片
□影像
□其他 _____ *

16. 您所在地区民族传统体育活动经费的来源主要是? [单选题] *
○政府支持
○个人捐资
○集体募集
○其他 _____ *

17. 您认为以下哪些因素能够对本民族传统体育文化的传承起到保障作用? [多选题] *
□制度
□文化

□情感

□利益

□经费

□时间

□平台

18. 您认为本民族群众参与传统体育活动时首先考虑的是哪种利益？ [单选题] *

○个人回报

○家庭收益

○族群利益

19. 您认为本民族传统体育文化传承缺乏的是以下哪种平台？ [多选题] *

□教育平台

□实训平台

□宣传平台

□展示平台

□其他 _____ *

20. 以下关于传承主体的因素中,您认为哪些更能反映本民族传统体育文化的传承效果？ [多选题] *

□参与人数增加

□技能水平提高

□参与时间增长

□参与频度增加

□其他 _____ *

21. 以下传承内容的因素中,您认为哪些能够反映本民族传统体育文化的传承效果？ [多选题] *

□完整性

□系统性

□合理性

□趣味性

22. 您认为以下哪些因素更能反映本民族传统体育文化的传承效果？ [多选题] *

□群众的知晓度

□群众的参与度

□群众的认可度

□群众参与的自觉度

□体育活动的传播面

23. 您认为本民族传统体育文化在传承过程中存在的障碍有哪些？［多选题］*

□缺乏经费支持

□传承人才断层

□外来文化冲击

□缺乏制度保障

□宣传工作不力

□民众动力不足

□传承模式陈旧

□传承方式老套

□传承内容单一

□缺乏时间保障

□其他 ＿＿＿＿＿＿＿＿＿＿＿＿＿＿＿＿＿ *

附录 3：西南地区少数民族传统体育文化传承机制指标体系调查问卷

西南地区少数民族传统体育文化传承机制指标体系
调查问卷（第二轮）

尊敬的专家：

您好！十分感谢您百忙中对我们的问卷进行指导并填写相关内容！以下是国家社科基金项目——《西南地区少数民族传统体育文化传承机制研究》为构建西南地区少数民族传统体育文化传承机制指标而设计的专家咨询问卷，烦劳拨冗填写并给予指导，您的意见或建议将作为课题研究的重要参考依据。此问卷不涉及您的个人信息，请放心填写！

再次感谢您的支持和帮助，顺祝身体健康、工作顺利！

联系电话：13558685925

E-mail：yujihan2017@163.com

课题组

2019 年 6 月

机制泛指一个工作系统的组织或部分之间互相作用的过程和方式。文化传承机制是引发、促进并制约文化传承的内部因素的耦合关系及各因素之间相互作用的形式和规律。

西南地区少数民族传统体育文化传承机制一级指标

（请根据您的理解对以下一级指标的重要程度进行评价）[矩阵量表题] *

	很不重要	不重要	一般	重要	很重要
驱动机制	○	○	○	○	○
实施机制	○	○	○	○	○
表达机制	○	○	○	○	○
保障机制	○	○	○	○	○
反馈机制	○	○	○	○	○

1　驱动机制(请根据您的理解对以下二级指标的重要程度进行评价)[矩阵量表题]*

	很不重要	不重要	一般	重要	很重要
1.1 家族文化	○	○	○	○	○
1.2 宗教文化	○	○	○	○	○
1.3 娱乐休闲	○	○	○	○	○
1.4 竞技竞赛	○	○	○	○	○
1.5 实用功能	○	○	○	○	○

1.1 家族文化 [矩阵量表题] *

	很不重要	不重要	一般	重要	很重要
家祭	○	○	○	○	○
家礼	○	○	○	○	○
族规	○	○	○	○	○

1.2 宗教文化 [矩阵量表题] *

	很不重要	不重要	一般	重要	很重要
宗教伦理	○	○	○	○	○
宗教礼仪	○	○	○	○	○

1.3 娱乐休闲 [矩阵量表题] *

	很不重要	不重要	一般	重要	很重要
娱乐	○	○	○	○	○
健体	○	○	○	○	○
益智	○	○	○	○	○
养生	○	○	○	○	○
交往	○	○	○	○	○

1.4 竞技竞赛 [矩阵量表题] *

	很不重要	不重要	一般	重要	很重要
民间竞赛	○	○	○	○	○
官方比赛	○	○	○	○	○

1.5 实用功能 [矩阵量表题] *

	很不重要	不重要	一般	重要	很重要
生产工具	○	○	○	○	○
交通工具	○	○	○	○	○
防卫武器	○	○	○	○	○
装饰器具	○	○	○	○	○

2. 实施机制（请根据您的理解对以下二级指标的重要程度进行评价）[矩阵量表题]*

	很不重要	不重要	一般	重要	很重要
2.1 师徒制	○	○	○	○	○
2.2 师生制	○	○	○	○	○
2.3 族群制	○	○	○	○	○

2.1 师徒制 [矩阵量表题]*

	很不重要	不重要	一般	重要	很重要
师傅–学徒型	○	○	○	○	○
师父–徒弟型	○	○	○	○	○

2.2 师生制 [矩阵量表题]*

	很不重要	不重要	一般	重要	很重要
教师–学生型	○	○	○	○	○
教练–队员型	○	○	○	○	○

2.3 族群制 [矩阵量表题]*

	很不重要	不重要	一般	重要	很重要
族内型	○	○	○	○	○
族间型	○	○	○	○	○

3. 表达机制（请根据您的理解对以下二级指标的重要程度进行评价）[矩阵量表题]*

	很不重要	不重要	一般	重要	很重要
3.1 传承主体	○	○	○	○	○
3.2 传承内容	○	○	○	○	○
3.3 传承场域	○	○	○	○	○
3.4 传承介质	○	○	○	○	○
3.5 传承环境	○	○	○	○	○

3.1 传承主体 [矩阵量表题]*

	很不重要	不重要	一般	重要	很重要
技能水平	○	○	○	○	○
知识储备	○	○	○	○	○
个人愿望	○	○	○	○	○
经济条件	○	○	○	○	○

	很不重要	不重要	一般	重要	很重要
健康状况	○	○	○	○	○
总体数量	○	○	○	○	○
年龄结构	○	○	○	○	○
家人态度	○	○	○	○	○
工作类型	○	○	○	○	○
学历层次	○	○	○	○	○
族群地位	○	○	○	○	○
价值观念	○	○	○	○	○

3.2 传承内容 [矩阵量表题] *

	很不重要	不重要	一般	重要	很重要
基本知识	○	○	○	○	○
制作工艺	○	○	○	○	○
技术技能	○	○	○	○	○
民族文化	○	○	○	○	○
族群谱系	○	○	○	○	○
风俗惯习	○	○	○	○	○
集体记忆	○	○	○	○	○

3.3 传承场域 [矩阵量表题] *

	很不重要	不重要	一般	重要	很重要
自然场域	○	○	○	○	○
特定场域	○	○	○	○	○

3.4 传承介质 [矩阵量表题] *

	很不重要	不重要	一般	重要	很重要
身体	○	○	○	○	○
文字	○	○	○	○	○
语言	○	○	○	○	○
图片	○	○	○	○	○
影像	○	○	○	○	○

3.5 传承环境 [矩阵量表题] *

	很不重要	不重要	一般	重要	很重要
内部(项目特点、历史、难易程度等)环境	○	○	○	○	○
外部(政治、经济、文化等)环境	○	○	○	○	○

4. 保障机制（请根据您的理解对以下二级指标的重要程度进行评价）[矩阵量表题] *

	很不重要	不重要	一般	重要	很重要
4.1 制度	○	○	○	○	○
4.2 文化	○	○	○	○	○
4.3 情感	○	○	○	○	○
4.4 利益	○	○	○	○	○
4.5 经费	○	○	○	○	○
4.6 时间	○	○	○	○	○
4.7 平台	○	○	○	○	○

4.1 制度 [矩阵量表题] *

	很不重要	不重要	一般	重要	很重要
国家制度	○	○	○	○	○
地方制度	○	○	○	○	○
家族制度	○	○	○	○	○

4.2 文化 [矩阵量表题] *

	很不重要	不重要	一般	重要	很重要
知识	○	○	○	○	○
信仰	○	○	○	○	○
艺术	○	○	○	○	○
道德	○	○	○	○	○
法律	○	○	○	○	○
习俗	○	○	○	○	○
能力	○	○	○	○	○
习惯	○	○	○	○	○

4.3 情感 [矩阵量表题] *

	很不重要	不重要	一般	重要	很重要
个体情感	○	○	○	○	○
集体情感	○	○	○	○	○

4.4 利益 [矩阵量表题] *

	很不重要	不重要	一般	重要	很重要
个人回报	○	○	○	○	○
家庭收益	○	○	○	○	○
族群利益	○	○	○	○	○

4.5 经费 [矩阵量表题] *

	很不重要	不重要	一般	重要	很重要
政府支持	○	○	○	○	○
个人捐资	○	○	○	○	○
集体募集	○	○	○	○	○

4.6 时间 [矩阵量表题] *

	很不重要	不重要	一般	重要	很重要
充裕富足	○	○	○	○	○
不足间断	○	○	○	○	○

4.7 平台 [矩阵量表题] *

	很不重要	不重要	一般	重要	很重要
实训平台	○	○	○	○	○
教育平台	○	○	○	○	○
展示平台	○	○	○	○	○
宣传平台	○	○	○	○	○

5. 反馈机制（请根据您的理解对以下二级指标的重要程度进行评价）[矩阵量表题] *

	很不重要	不重要	一般	重要	很重要
5.1 传承主体	○	○	○	○	○
5.2 传承内容	○	○	○	○	○
5.3 传承过程	○	○	○	○	○
5.4 传承效果	○	○	○	○	○

5.1 传承主体 [矩阵量表题] *

	很不重要	不重要	一般	重要	很重要
人数变化	○	○	○	○	○
技能水平	○	○	○	○	○
参与时间	○	○	○	○	○
参与频度	○	○	○	○	○

5.2 传承内容 [矩阵量表题] *

	很不重要	不重要	一般	重要	很重要
完整性	○	○	○	○	○
系统性	○	○	○	○	○
合理性	○	○	○	○	○
有效性	○	○	○	○	○

5.3 传承过程 [矩阵量表题] *

	很不重要	不重要	一般	重要	很重要
集体组织	○	○	○	○	○
个人随机	○	○	○	○	○

5.4 传承效果 [矩阵量表题] *

	很不重要	不重要	一般	重要	很重要
知晓度	○	○	○	○	○
参与度	○	○	○	○	○
认可度	○	○	○	○	○
自觉度	○	○	○	○	○
传播面	○	○	○	○	○

附录4：西南地区少数民族传统体育文化传承机制指标体系调查问卷

西南地区少数民族传统体育文化传承机制指标体系
调查问卷（第三轮）

尊敬的专家：

您好！十分感谢您百忙中对我们的问卷进行指导并填写相关内容！以下是国家社科基金项目——《西南地区少数民族传统体育文化传承机制研究》为构建西南地区少数民族传统体育文化传承机制指标确定权重而设计的专家咨询问卷，烦劳拨冗填写并给予指导，您的意见或建议将作为课题研究的重要参考依据。此问卷不涉及您的个人信息，请放心填写！

再次感谢您的支持和帮助，顺祝身体健康、工作顺利！

联系电话：13558685925

E-mail：yujihan2017@163.com

课题组
2019年8月

西南地区少数民族传统体育文化传承机制一级指标
（请您对以下一级指标的重要程度进行评价）[矩阵量表题] *

	很不重要	不重要	一般	重要	很重要
驱动机制	○	○	○	○	○
实施机制	○	○	○	○	○
表达机制	○	○	○	○	○
保障机制	○	○	○	○	○
反馈机制	○	○	○	○	○

1 驱动机制(请您对以下二级指标的重要程度进行评价)[矩阵量表题] *

	很不重要	不重要	一般	重要	很重要
1.1 家族文化	○	○	○	○	○
1.2 宗教文化	○	○	○	○	○
1.3 娱乐休闲	○	○	○	○	○
1.4 竞技竞赛	○	○	○	○	○
1.5 实用功能	○	○	○	○	○

1.1 家族文化 [矩阵量表题] *

	很不重要	不重要	一般	重要	很重要
家祭	○	○	○	○	○
家礼	○	○	○	○	○
族规	○	○	○	○	○

1.2 宗教文化 [矩阵量表题] *

	很不重要	不重要	一般	重要	很重要
宗教伦理	○	○	○	○	○
宗教礼仪	○	○	○	○	○

1.3 娱乐休闲 [矩阵量表题] *

	很不重要	不重要	一般	重要	很重要
娱乐	○	○	○	○	○
健体	○	○	○	○	○
益智	○	○	○	○	○
养生	○	○	○	○	○
交往	○	○	○	○	○

1.4 竞技竞赛 [矩阵量表题] *

	很不重要	不重要	一般	重要	很重要
民间竞赛	○	○	○	○	○
官方比赛	○	○	○	○	○

1.5 实用功能 [矩阵量表题] *

	很不重要	不重要	一般	重要	很重要
生产工具	○	○	○	○	○
交通工具	○	○	○	○	○
装饰器具	○	○	○	○	○

2　实施机制（请您对以下二级指标的重要程度进行评价）[矩阵量表题] *

	很不重要	不重要	一般	重要	很重要
2.1 师徒制	○	○	○	○	○
2.2 师生制	○	○	○	○	○
2.3 族群制	○	○	○	○	○

2.1 师徒制 [矩阵量表题] *

	很不重要	不重要	一般	重要	很重要
师傅—学徒型	○	○	○	○	○
师父—徒弟型	○	○	○	○	○

2.2 师生制 [矩阵量表题] *

	很不重要	不重要	一般	重要	很重要
教师—学生型	○	○	○	○	○

2.3 族群制 [矩阵量表题] *

	很不重要	不重要	一般	重要	很重要
族内型	○	○	○	○	○
族间型	○	○	○	○	○

3　表达机制（请您对以下二级指标的重要程度进行评价）[矩阵量表题] *

	很不重要	不重要	一般	重要	很重要
3.1 传承主体	○	○	○	○	○
3.2 传承内容	○	○	○	○	○
3.3 传承场域	○	○	○	○	○
3.4 传承介质	○	○	○	○	○
3.5 传承环境	○	○	○	○	○

3.1 传承主体 [矩阵量表题] *

	很不重要	不重要	一般	重要	很重要
技能水平	○	○	○	○	○
知识储备	○	○	○	○	○
个人愿望	○	○	○	○	○
经济条件	○	○	○	○	○
健康状况	○	○	○	○	○
总体数量	○	○	○	○	○

	很不重要	不重要	一般	重要	很重要
年龄结构	○	○	○	○	○
家人态度	○	○	○	○	○
工作类型	○	○	○	○	○
学历层次	○	○	○	○	○
族群地位	○	○	○	○	○

3.2 传承内容 [矩阵量表题] *

	很不重要	不重要	一般	重要	很重要
基本知识	○	○	○	○	○
制作工艺	○	○	○	○	○
技术技能	○	○	○	○	○
民族文化	○	○	○	○	○
族群谱系	○	○	○	○	○
风俗惯习	○	○	○	○	○

3.3 传承场域 [矩阵量表题] *

	很不重要	不重要	一般	重要	很重要
自然场域	○	○	○	○	○
特定场域	○	○	○	○	○

3.4 传承介质 [矩阵量表题] *

	很不重要	不重要	一般	重要	很重要
身体	○	○	○	○	○
文字	○	○	○	○	○
语言	○	○	○	○	○
图片	○	○	○	○	○
影像	○	○	○	○	○

3.5 传承环境 [矩阵量表题] *

	很不重要	不重要	一般	重要	很重要
内部(项目特点、历史、难易程度等)环境	○	○	○	○	○
外部(政治、经济、文化等)环境	○	○	○	○	○

4 保障机制(请您对以下二级指标的重要程度进行评价)[矩阵量表题]*

	很不重要	不重要	一般	重要	很重要
4.1 制度	○	○	○	○	○
4.2 文化	○	○	○	○	○
4.3 情感	○	○	○	○	○
4.4 利益	○	○	○	○	○
4.5 经费	○	○	○	○	○
4.6 时间	○	○	○	○	○
4.7 平台	○	○	○	○	○

4.1 制度 [矩阵量表题]*

	很不重要	不重要	一般	重要	很重要
国家制度	○	○	○	○	○
地方制度	○	○	○	○	○
家族制度	○	○	○	○	○

4.2 文化 [矩阵量表题]*

	很不重要	不重要	一般	重要	很重要
知识	○	○	○	○	○
信仰	○	○	○	○	○
艺术	○	○	○	○	○
道德	○	○	○	○	○
法律	○	○	○	○	○
习俗	○	○	○	○	○
能力	○	○	○	○	○
习惯	○	○	○	○	○

4.3 情感 [矩阵量表题]*

	很不重要	不重要	一般	重要	很重要
个体情感	○	○	○	○	○
集体情感	○	○	○	○	○

4.4 利益 [矩阵量表题]*

	很不重要	不重要	一般	重要	很重要
个人利益	○	○	○	○	○
家庭利益	○	○	○	○	○
族群利益	○	○	○	○	○

4.5 经费 [矩阵量表题] *

	很不重要	不重要	一般	重要	很重要
政府支持	○	○	○	○	○
个人捐资	○	○	○	○	○
集体募集	○	○	○	○	○

4.6 时间 [矩阵量表题] *

	很不重要	不重要	一般	重要	很重要
充裕富足	○	○	○	○	○
不足间断	○	○	○	○	○

4.7 平台 [矩阵量表题] *

	很不重要	不重要	一般	重要	很重要
实训平台	○	○	○	○	○
教育平台	○	○	○	○	○
展示平台	○	○	○	○	○
宣传平台	○	○	○	○	○

5 反馈机制（请您对以下二级指标的重要程度进行评价）[矩阵量表题] *

	很不重要	不重要	一般	重要	很重要
5.1 传承主体	○	○	○	○	○
5.2 传承内容	○	○	○	○	○
5.3 传承过程	○	○	○	○	○
5.4 传承效果	○	○	○	○	○

5.1 传承主体 [矩阵量表题] *

	很不重要	不重要	一般	重要	很重要
人数变化	○	○	○	○	○
技能水平	○	○	○	○	○
参与时间	○	○	○	○	○
参与频度	○	○	○	○	○

5.2 传承内容 [矩阵量表题] *

	很不重要	不重要	一般	重要	很重要
完整性	○	○	○	○	○
系统性	○	○	○	○	○
合理性	○	○	○	○	○
有效性	○	○	○	○	○

5.3 传承过程 [矩阵量表题] *

	很不重要	不重要	一般	重要	很重要
集体组织	○	○	○	○	○
个人随机	○	○	○	○	○

5.4 传承效果 [矩阵量表题] *

	很不重要	不重要	一般	重要	很重要
知晓度	○	○	○	○	○
参与度	○	○	○	○	○
认可度	○	○	○	○	○
自觉度	○	○	○	○	○
传播面	○	○	○	○	○

参考文献

期刊类：

[1] 白永生, 方征, 马辉. 论经济全球化形势下我国少数民族传统体育文化的保护及发展 [J]. 中央民族大学学报, 2006（6）: 93-97.

[2] 曾超. 保靖司主传承机制研究 [J]. 湖北民族学院学报（哲学社会科学版）, 2018, 36（3）: 31-37.

[3] 程彩霞. 南京历史文化之品格及其传承机制探析 [J]. 江苏社会科学, 2006（6）: 139-143.

[4] 戴文忠. 云南少数民族传统体育的起源与发展 [J]. 体育文史, 1996（4）: 28-30.

[5] 丹珠昂奔. 试说藏民族的形成 [J]. 中央民族大学学报, 1999（5）: 139-146.

[6] 丁雨. 新时期少数民族传统体育文化的保护与传承 [J]. 贵州民族研究, 2016（5）: 180-183.

[7] 董素云. 西南少数民族传统体育特征及其功能的现代发展 [J]. 贵州民族研究, 2012（3）: 157-160.

[8] 段军刚. 传统文化与少数民族传统体育文化研究 [J]. 体育文化导刊, 2004（4）: 40-41.

[9] 方桢, 黄光伟. 云南少数民族传统体育的地域文化特征 [J]. 体育文化导刊, 2006（5）: 91-93.

[10] 方征. 少数民族传统体育文化多样性保护的人类学解读 [J]. 体育文化导刊, 2016（5）: 83-86.

[11] 冯胜刚. 关于正确定义中国少数民族传统体育文化的研

究 [J]. 贵州民族研究,2004（4）：117-121.

[12] 冯胜刚. 南方喀斯特地区少数民族传统体育价值观研究——以贵州为例 [J]. 贵州民族研究,2011（1）：44-50.

[13] 冯胜刚. 生活方式变迁中贵州少数民族传统体育发展契机研究 [J]. 贵州民族研究,2012（5）：178-182.

[14] 高学德,翟学伟. 政府信任的城乡比较 [J]. 社会学研究,2013（2）：6-7.

[15] 谷枫,韦晓康,于浩. 藏族传统体育俄尔多的社会功能及文化内涵研究 [J]. 西安体育学院学报,2011,28（3）：264-268.

[16] 管宁. 文化生态与现代文化理念之培育 [J]. 教育评论,2003（3）：7-11.

[17] 郭永东. 论多元文化圈对西南少数民族传统体育的影响 [J]. 体育文化导刊,2005（8）：37-39.

[18] 国伟,田维华. 贵州少数民族传统体育的传承和发展 [J]. 体育学刊,2009（9）：98-101.

[19] 韩晗. 期待原生态回归 [J]. 民族论坛,2007（1）：19-20.

[20] 韩慧,郑家鲲. 新中国成立 70 周年我国体育社会组织发展：历程回顾、现实审思与未来走向 [J]. 体育科学,2019,39（5）：3-12.

[21] 韩玉姬,韦晓康,王洪坤. 藏族"响箭"文化生态剖释 [J]. 青海民族大学学报(社会科学版),2019,45（1）：113-119.

[22] 胡剑. 清代民间的家规与族规 [J]. 四川档案,2017（6）：57-58.

[23] 黄银华,龚群. 少数民族传统体育文化资源开发中存在问题及对策探析 [J]. 中南民族大学学报(人文社会科学版),2009（1）：78-80.

[24] 姜明,文格西. 西南地区少数民族传统体育文化特点及发展趋势 [J]. 西南民族大学学报(人文社科版),2004,25（10）：54-56.

[25] 赖云华. 云南少数民族传统体育可持续发展研究 [J]. 昆

明大学学报,2008（4）：106-108+111.

[26] 朗杰.藏族牧民的抛石绳——"古朵"[J].化石,1987（2）：26.

[27] 李凤成.从师徒关系到约定契约：武术文化传承机制演变的价值审视[J].体育与科学,2017,38（3）：32-37.

[28] 李红.贵州少数民族传统体育的文化特征及传承保护[J].贵州民族研究,2014（5）：55-57.

[29] 李宏妮.苗族文化在学校教育中的传承机制探析——评《贵州苗族地区教育发展与民族传统文化变迁》[J].中国教育学刊,2017（6）：149.

[30] 李荣启.对非遗传承人保护及传承机制建设的思考[J].中国文化研究,2016（2）：20-27.

[31] 李晓通,等.我国少数民族传统体育文化传承机制研究[J].体育文化导刊,2014（7）：36-39.

[32] 李学江.生态文化与文化生态论析[J].理论学刊,2004（10）：118-120.

[33] 李志清.少数民族传统体育起源与变异探析[J].体育科学,2004（1）：68-72.

[34] 刘东渝.试论民族地区高校对少数民族传统体育文化的传承[J].成都体育学院学报,2007,33（5）：127-128.

[35] 刘坚,吕赟,徐长红.城市化进程中少数民族传统体育文化传承与保护[J].体育与科学,2009（6）：34-36.

[36] 刘梦溪.百年中国：文化传统的流失与重建[J].南京师范大学文学院学报,2004（3）：1-10.

[37] 刘锡诚.传承与传承人论[J].河南教育学院学报（哲学社会科学版）,2006（5）：24-36.

[38] 刘铮,郝凤霞;贾文彤,等.我国西部少数民族传统体育文化安全略论[J].成都体育学院学报,2013,39（5）：48-51.

[39] 刘宗碧.我国少数民族文化传承机制的当代变迁及其因应问题——以黔东南苗族侗族为例[J].贵州民族研究,2008（3）：

160–166.

[40] 龙忠德．贵州少数民族传统体育的流变与传承发展的理性思考[J]．贵州民族研究，2012（3）：161–164.

[41] 芦平生．西北少数民族传统体育文化的社会价值[J]．上海体育学院学报，2005，29（6）：10–13.

[42] 栾桂芝．对中国少数民族传统体育文化的再认识[J]．中南民族大学学报（人文社会科学版），2003，23（2）71–73.

[43] 罗正琴．少数民族传统体育文化传承机制建构[J]．武术研究，2018，3（12）：98–101.

[44] 马辉，方征．少数民族传统体育文化探源[J]．宁夏大学学报（人文社会科学版），2004（6）：107–109.

[45] 庞元宁，蒋仕延．西南地区少数民族传统体育文化基征考[J]．北京体育大学学报，2002，25（6）：734–736.

[46] 屈植斌，顾晓艳．我国少数民族传统体育传承实施机制的系统构建[J]．北京体育大学学报，2015，38（4）：45–51.

[47] 饶远，王丽静．云南少数民族体育产业发展的思路与构想[J]．体育文化导刊，2003（2）：12–13.

[48] 任莲香．体育全球化与少数民族传统体育文化[J]．甘肃社会科学，2010（1）：81–83.

[49] 石宗仁．苗族文化传承机制漫议[J]．民族论坛，1992（4）：42–47.

[50] 谭永洁．西南少数民族传统体育游艺分类及其特征[J]．中南民族大学学报（人文社会科学版），2004，24（6）：57–59.

[51] 唐忠毛．记忆理论视野中的文化传承问题[J]．南京大学学报（哲学·人文科学·社会科学），2017，54（6）：63–69+156.

[52] 田祖国，钟海平，白晋湘．西部地区少数民族传统体育文化与节日文化研究[J]．西安体育学院学报，2002，19（3）：1–3.

[53] 万金店，姚瑶，许嘉怡．中国优秀传统文化在高校的传承机制研究[J]．中共伊犁州委党校学报，2019（1）：94–98.

[54] 王洪坤，韩玉姬，梁勤超．少数民族传统体育文化发展的

生境困境与消弭路径 [J]. 体育科学,2019,39（7）：33-44.

[55] 王洪珅. 互动仪式链理论视域下的少数民族传统体育本质推演 [J]. 体育科学,2014,34（7）：36-40.

[56] 王南童. 浅析少数民族传统体育文化的传承 [J]. 贵州民族学院学报(哲学社会科学版),2003（5）：132-135.

[57] 王智慧. 社会变迁下的民族传统体育文化记忆与传承研究——沧州武术文化的变迁与启示 [J]. 中国体育科技,2015,51（1）：81-95+145.

[58] 韦晓康,方征. 民族文化生态建设与少数民族传统体育文化研究 [J]. 体育文化导刊,2006（8）：82-85.

[59] 魏征. 文化认同视野下佤族音乐传承机制研究 [J]. 贵州民族研究,2018,39（3）：72-75.

[60] 温和琼,敬龙军. 云南少数民族体育与新农村建设互动研究 [J]. 体育文化导刊,2011（12）：131-133+137.

[61] 吴湘军,白晋湘. 我国少数民族传统体育文化源流探究 [J]. 吉首大学学报(自然科学版),2008（4）：116-118.

[62] 吴小焱. 浅析少数民族传统体育项目的美学价值——以贵州独竹漂为例 [J]. 贵州民族研究,2014（9）：49-51.

[63] 夏琼华. 少数民族传统体育文化传承的教育策略 [J]. 体育与科学,2010（1）：70-72.

[64] 肖谋远,韦晓康. 少数民族传统体育文化传承与教育路径研究 [J]. 西南民族大学学报(人文社会科学版),2014（7）：218-221.

[65] 肖谋远. 非物质文化视野下西南少数民族传统体育的保护与发展研究 [J]. 成都体育学院学报,2009,35（4）：15-18.

[66] 肖宁. 论我国民族传统体育文化的传承机制 [J]. 山东体育学院学报,2008（2）：32-35.

[67] 谢芳. 合理开发利用贵州少数民族传统体育推动贵州旅游业的发展 [J]. 贵州民族研究,2003（1）：52-55.

[68] 徐强. 当代西方学者关于文化与人之间关系的思想述评

[J]. 伦理学研究,2014（4）:50-54.

[69] 徐咏. 贵州少数民族传统体育的传承与发展研究 [J]. 贵州民族研究,2011（6）:167-169.

[70] 薛强. 藏族传统体育古朵的现状调查与分析——以西藏阿里地区改则县为例 [J]. 西藏民族学院学报（哲学社会科学版）,2014,35（4）:135-138.

[71] 央珍,索朗白珍. 浅析那曲地区草场承包责任制的利弊 [J]. 西藏科技,2010（6）:18-22.

[72] 杨建军. 藏族工布响箭的生产性保护研究 [J]. 西藏民族大学学报（哲学社会科学版）,2016,37（6）:128-134.

[73] 杨金东. 论云南少数民族宗教文化的现代传承 [J]. 世界宗教文化,2017（3）:141-144.

[74] 杨敏,沈卫珍. 少数民族传统体育文化保护的问题与对策 [J]. 贵州民族研究,2014（8）:98-101.

[75] 尹晓燕. 云南少数民族体育的宗教渊源及影响 [J]. 贵州民族研究,2014,35（10）:114-117.

[76] 雍桂军. 关于西南少数民族传统体育保护创新的多元思考 [J]. 黑龙江民族丛刊,2010（3）:164-167.

[77] 于珍彦. 文化发展传承机制与增强民族凝聚力 [J]. 民主与科学,1994（2）:21-22.

[78] 袁华亭. 断裂与传承——"范式"视域内的少数民族传统体育文化 [J]. 贵州民族研究,2009（3）:63-67.

[79] 袁华亭. 对少数民族传统体育文化基本概念的探讨 [J]. 武汉科技学院学报,2006,19（12）:208-211.

[80] 张福三. 论民间文化传承场 [J]. 民族艺术研究,2004（2）:27-34.

[81] 张举文. 文化自愈机制及其中国实践 [J]. 北京师范大学学报（社会科学版）,2018（4）:50-60.

[82] 赵璐,李鹏飞. 重义轻利:中国传统家训族规教化的价值选择 [J]. 晋中学院学报,2008（4）:105-108.

[83] 赵世林.论民族文化传承的本质 [J].北京大学学报(哲学社会科学版),2002,39（3）：10-16.

[84] 赵苏喆.民族传统体育项目的分类及发展 [J].体育学刊,2007（5）：78-81.

[85] 钟全宏.少数民族传统体育文化的类型及特征 [J].广西民族大学学报(自然科学版),2008（1）：83-87.

[86] 朱琳,刘礼国,徐烨.论我国少数民族传统体育文化遗产保护 [J].体育与科学,2013,34（5）：78-82.

[87] 杨洪涛.基于 DEA 的科研机构科技资源配置效率评价 [J].科技进步与对策,2009,26（4）：115-118.

专著类：

[1] 冯天瑜.中华文化史 [M].上海：上海人民出版社,1990.

[2] 降边嘉措,吴伟.格萨尔王全传 [M].北京：五洲传播出版社,2006：59.

[3] 王有英.清前期社会教化研究 [M].上海：华东师范大学出版社,2005.

[4] [美] 罗伯特·帕特南.使民主运转起来 [M].王列,赖海榕,译.南昌：江西人民出版社,2001：159.

[5] 王洪珅.中国传统体育文化的生态适应论 [M].北京：中国商务出版社,2017.

[6] 张涛.中国少数民族传统体育文化生态学研究 [M].北京：中央民族大学出版社,2008.

[7] [美] 保罗·莱文森著.新新介质 [M].何道宽译.上海：复旦大学出版社,2011.

[8] 刘视湘.社区心理学 [M].北京：开明出版社,2013.

[9] 王强,包晓光.中国传统文化精神 [M].北京：昆仑出版社,2006：5.

[10] [英] 吉登斯.现代性的后果 [M].田禾译.南京：译林出版社,2000：32-33.

[11] [英] 爱德华·泰勒 . 原始文化 [M]. 连树声译 . 桂林：广西师范大学出版社，2005.

[12] 司马云杰 . 文化悖论——关于文化价值悖谬及其超越的理论研究 [M]. 合肥：安徽教育出版社，2011.

学位论文类：

[1] 王南童 . 少数民族传统体育纳入贵州高校体育课程资源体系的研究 [D]. 武汉体育学院硕士学位论文，2009.

[2] 邓开民 . 云南少数民族传统体育旅游资源开发利用研究 [D]. 北京体育大学博士学位论文，2012.

[3] 刘坚 . 云南省少数民族传统体育非物质文化遗产保护与传承研究 [D]. 北京体育大学博士学位论文，2012.

[4] 陈净 . 利他主义的科学诠释与文化传承机制研究 [D]. 华中师范大学硕士学位论文，2008.

[5] 王爱青 . 苗族文化在学校教育中的传承机制研究 [D]. 西南大学硕士学位论文，2009.

[6] 汪艳 . 传统伦理文化的传承机制研究 [D]. 苏州科技学院硕士学位论文，2010.

[7] 井祥贵 . 纳西族学校民族文化传承机制研究 [D]. 西南大学博士学位论文，2011.

[8] 董逢伟 . 河南心意拳非物质文化遗产的传承机制研究 [D]. 湖北大学硕士学位论文，2012.

[9] 李超 . 我国优秀传统文化传承机制研究 [D]. 河北师范大学硕士学位论文，2013.

[10] 夏梦琴 . 大理洞经音乐文化的教育传承机制研究 [D]. 大理大学硕士学位论文，2016.

[11] 陈印 . 畲族民间体育项目传承的社会实施机制研究 [D]. 集美大学硕士学位论文，2017.

[12] 蔚卓虹 . 少数民族传统体育文化传承机制研究 [D]. 西南大学硕士学位论文，2017.

[13] 李超 . 我国优秀传统文化传承机制研究 [D]. 河北师范大学硕士学位论文, 2013.

[14] 魏丽萍 . 云南省景谷县彝族打陀螺活动的形成、演进与发展研究 [D]. 云南师范大学硕士学位论文, 2015.

[15] 刘婷 . 羌族传统体育项目莎朗的挖掘整理与传承发展研究 [D]. 成都体育学院硕士学位论文, 2014.

网络资料类：

[1] 生产工具 . 百度百科 [EB/OL]. https：//baike.baidu.com/item/%E7%94%9F%E4%BA%A7%E5%B7%A5%E5%85%B7 2018-06-06.

[2] 文化认同 .360 百科 [WB/OL]. http：//baike.so.com/doc/6185295-6398545.html 2014-07-03.

[3] 血缘关系 .360 百科 [EB/OL].https：//baike.so.com/doc/5746078-5958833.html2018-08-26.

[4] 地缘关系 .360 百科 [EB/OL].https：//baike.so.com/doc/6577827-6791592.html 2018-03-02.

[5] 家族文化 .360 百科 [EB/OL].https：//baike.so.com/doc/7309924-7539511.html 2018-06-15.

[6] 需求层次理论 . 维基百科 [EB/OL].https：//zh.wikipedia.org/wiki/%E9%9C%80%E6%B1%82%E5%B1%82%E6%AC%A1%E7%90%86%E8%AE%BA 2019-3-25.

[7] 制度 .MBA 百科 [EB/OL].https：//wiki.mbalib.com/wiki/%E5%88%B6%E5%BA%A6 2016-10-13.

[8] 传统 . 维 基 百 科 [EB/OL].https：//zh.wikipedia.org/wiki/%E4%BC%A0%E7%BB%9F 2019-5-17.

[9] 反馈机制 . 互动百科 [EB/OL].http：//www.baike.com/wiki/%E5%8F%8D%E9%A6%88%E6%9C%BA%E5%88%B6 2019-08-03.

[10] 重构.百度百科 [EB/OL].https：//baike.baidu.com/item/%E9%87%8D%E6%9E%84/2182519 2017-10-16.

[11] 系统.维基百科 [EB/OL].https：//zh.wikipedia.org/wiki/%E7%B3%BB%E7%B5%B1 2017-5-30.

[12] 发展.百度百科 [EB/OL].https：//baike.baidu.com/item/%E5%8F%91%E5%B1%95/5040179 2018-07-19.

[13] 制度环境.360百科 [EB/OL]. https：//baike.so.com/doc/6444125-6657806.html 2013-06-22.

[14] 媒介.百度百科 [EB/OL].https：//baike.baidu.com/item/%E5%AA%92%E4%BB%8B 2018-09-20.

[15] 系统理论.360百科 [EB/OL].https：//baike.so.com/doc/5714821-5927547.html 2018-08-26.

[16] 节日.360百科 [EB/OL].https：//baike.so.com/doc/2054726-2173971.html 2019-05-27.

[17] 风俗.360百科 [EB/OL].https：//baike.so.com/doc/593643-628416.html 2019-05-13.

外文资料类：

[1] Jinghong Yan. *Minority Traditional Sports Culture Development Mode Adjustment in the Urbanization Process* [A]. Information Engineering Research Institute，USA. Proceedings of 2013 3rd International Conference on Social Sciences and Society（ICSSS 2013）Volume 39[C].Information Engineering Research Institute，USA：,2013：5.

[2] *The study on the development approaches of traditional sports culture and resources of minority people in Xinjiang*[A]. Wuhan Sports University，China、China Institute of Sport Science，Beijing，China.Proceedings of 2010 International Conference on Computer Science and Sports Engineering（CSSE 2010）[C].Wuhan Sports University，China、China Institute of

Sport Science，Beijing，China：，2010：3.

[3] F.W.Rudmin. "*Field Notes from the Quest for the First Use of 'Acculturation'*"，Cross-Cultural Psychology Bulletin，vol.37，2003，pp.24-31.

[4] Redfield，R.，Linton，R. & Herskovits，M.J.（1936）. *Memorandum on the study of acculturation*，American Anthropologist，38，pp.149-152.

[5] F.W.Rudmin. *Critical History of the Acculturation Psychology of Assimilation*，*Separation*，*Integration*，*and Marginalization0*，Review of General Psychology，vo.l7，2003，pp.3-37.

[6] J.W.Berry. "*Psychology of Acculturation*"，in J.J.Berman（ed.），Nebraska Symposium on Motivation，1989：Cross-culturalPerspectives，Lincoln：University of Nebraska Press，1990，pp. 201-234.

[7] D. J. Sam，J. W. Berry. *The Cambridge Hand book of Acculturation Psychology*，pp.12-19，35.

其他类：

[1] 刘建明，张明根.应用写作大百科 [Z].北京：中央民族大学出版社，1994，10.

[2] 刘文英.哲学百科小辞典 [Z].兰州：甘肃人民出版社，1987，1.

[3] 亢世勇，刘海润.现代汉语新词语词典 [Z].上海：上海辞书出版社，2009，11.

[4] 莫衡，等.当代汉语词典 [Z].上海：上海辞书出版社，2001，4.

[5] 阮智富，郭忠新.现代汉语大词典·上册 [Z].上海：上海辞书出版社，2009，12.

[6] 甘惜分.新闻学大辞典 [Z].郑州：河南人民出版社，1993,5.

[7] 廖盖隆,等.马克思主义百科要览·下卷 [Z].北京：人民日报出版社,1993,3.

后　记

　　千百年来,地大物博、物产丰饶的中华大地孕育了无数炎黄子孙,中华文明的河流在华夏大地浩浩荡荡地流淌了几千年,滚滚向前的波涛带给我们无数关于过往的遐思。勤劳、勇敢、智慧、质朴的各族人民,在不断的创造和积累中描绘了中国传统文化的精美画卷,先祖圣贤的儒家、道家、法家、墨家经典思想影响深远,建筑、戏曲、书法、国画、诗词、音乐、中医无不是中国传统文化厚重和精深的体现。仰望星空,似乎还能听见古琴的旋律悠扬,似乎还能看见战场的刀光剑影;掩卷沉思,不禁感叹华夏大地的波澜壮阔,不禁慨叹中华文明的悠远浩博;立足当下,依然能够感受到历史变迁的风起云涌,依然能够感受传统文化的五彩斑斓……

　　"汇集百川优势、兼容八方智慧"的中国传统文化源起于各族人民的伟大实践,是各民族思想文化和观念形态的集合,历经了世代传承而形成了独特品格,在中国发展的各个历史阶段都熠熠生辉。然而,事随境迁,全球化和现代化已然成为世界性景观,世界多极化和文化多元化已经成为必然趋势,以"传统"为价值核心的中国传统文化不得不面临生存忧虑,并且日渐严峻。以"传统"为根的中国传统文化要在现代化的境况中寻求生存空间,是一个不得不面对而又没有退路的选择。

　　在中国传统文化的大家庭中,各民族创造的传统体育文化是特色鲜明的一员,不同生产方式、不同生存环境、不同宗教信仰、不同风俗习惯都塑造了传统体育文化的独特个性。西南地区是我国民族分布最为集中的区域,在此繁衍生息的各个民族,在长期的生产生活实践中创造了极具民族特色的传统体育文化,在我国民族传统文化的画卷上光辉四射。然而,在社会现代化转型变革和世界文化碰撞交流日益频繁的情势下,其作为传统文化而具有的魅力日渐消退,尤其是伴随中国近代化进程而涌入的西方体育文化,以其统治全球的势态裹挟着西方工业文明的价值观在中华大地上攻城略地,中国体育文化生态因此发生巨变,体育赛场上充斥着西方体育竞技、国人的健身休闲方式也以西方体育项目居多、各级学校体育课中教学内容被西方体育占据、民族传统体育的竞技比赛也广泛采用西方体育的规制……显然,中国传统体育文化的生存已经面临严峻考验。

"一个民族的文化生存,不仅要通过与异质的他者对话来汲取营养,而且还要通过与自身的历史对话来获得身份的认同和'根'的感觉"。① 鉴于此,本研究认为,西南地区少数民族传统体育文化在当下的发展虽然面临诸多挑战,但也应以积极的姿态去面对,要在新的体育文化生态中寻求适应,一方面要"反求诸己",以史为鉴,认真剖视自身存在的问题和缺漏,另外,要立足当下,积极对话西方体育文化来丰富自己。通过梳理和检视发现,"传承"是西南地区少数民族传统体育文化发展的核心问题,传承中断或不能有续传承,其发展问题也是枉谈。因此,选取"传承机制"作为抓手进行研究,力图通过梳理西南地区各少数民族传统体育文化的特点、传承中存在的现实问题,进一步探讨分析传承机制的理论框架,在论证其科学性和合理性的基础上,对西南地区少数民族族群进行了传承机制方面的社会调查,了解广大民众对于传统体育文化传承的主观认识和理解;同时,选取了代表性的传统体育活动作为个案,从生成背景、传承情况、存在问题三个方面对其传承机制进行考察和分析,以便找出不同类型传统体育活动在传承机制维度的差异性和一般性规律;在个案分析的基础上,对西南地区少数民族传统体育文化的传承机制进行了总体样貌的概括和 5 个维度的综合分析。最后,对西南地区少数民族传统

---

① 王强,包晓光.中国传统文化精神[M].北京:昆仑出版社,2006.

体育文化传承机制的调适和重构进行了详细阐述,提出了调适的基本原则和路径,确定了重构的基本思路并从驱动机制、实施机制、表达机制、保障机制和反馈机制5个方面提出了具体的重构措施。

《西南地区少数民族传统体育文化传承机制研究》项目,虽然旨在促进少数民族传统体育文化这种传统文化在当前体育文化生态中的有效传承和持续发展,并从出发点上试图维护少数民族传统体育文化的"传统"地位和价值,但在采取的研究方法和范式上还是具有西方的科学思维。需要指出的是,本研究深刻地认识到"科学是一把双刃剑,一方面对引导人们走向现代文明可赋予理性和方法,另外,虽不一定割断传统,却足以让人们失去对传统的温情"①。然而,吉登斯也说过:"传统不是静态的,因为它必然要被继承文化遗产的新生代加以创造。"② 所以,用西方科学的方法来研究中国传统文化,或许会给人"方枘圆凿"之感,但"文化传统在传承的过程中,不仅需要增添新的内容新的典范,而且需要对异质文化进行吸收和融合。传统往往不是单一的,而是一种综合。对不同异质的文化传统的吸收和融合,可以使固有传统因注入新的血液而勃发生机,并变得更健康、更有免疫力"③。同时还因为"他山之石,可以攻玉"。

《西南地区少数民族传统体育文化传承机制研究》课题自2014年启动以来,一直未曾停止探索,期间经历了思路和框架的多次调整和修改,经历了从肯定到否定再到肯定的折磨,经历了家庭、孩子、工作和研究任务间的多次冲突和调适,经历了研究中的迷茫困惑和柳暗花明,经历了调研和调查中资料数据收集的焦虑和无奈,经历了自我知识和能力不及所带来的无助,也经历了历经坎坷之后收获满满的喜悦……所做的所有尝试和努力,都希

---

① 刘梦溪.百年中国:文化传统的流失与重建[J].南京师范大学文学院学报,2004(3):1-10.
② 吉登斯.现代性的后果[M].田禾,译.南京:译林出版社,2000:32-33.
③ 刘梦溪.百年中国:文化传统的流失与重建[J].南京师范大学文学院学报,2004(3):1-10.

望西南地区少数民族传统体育文化能够有续传承和持续发展,从树苗长成参天大树,从小树林变成广阔森林,任凭风吹雨打……